本书受“三亚学院引进人才启动项目”
资助出版

ZHIYE NIANJIN
POJIE YANGLAO SHUANGGUIZHI

职业年金
破解养老双轨制

黄 诚 著

北京理工大学出版社
BEIJING INSTITUTE OF TECHNOLOGY PRESS

图书在版编目（CIP）数据

职业年金破解养老双轨制/黄诚著. —北京：北京理工大学出版社，2016. 4

ISBN 978-7-5682-2049-1

Ⅰ. ①职…　Ⅱ. ①黄…　Ⅲ. ①养老保险制度-研究-中国　Ⅳ. ①F842. 67

中国版本图书馆 CIP 数据核字（2016）第 056495 号

出版发行／北京理工大学出版社有限责任公司
社　　址／北京市海淀区中关村南大街 5 号
邮　　编／100081
电　　话／（010）68914775（总编室）
（010）82562903（教材售后服务热线）
（010）68948351（其他图书服务热线）
网　　址／http：//www. bitpress. com. cn
经　　销／全国各地新华书店
印　　刷／保定市中画美凯印刷有限公司
开　　本／710 毫米×1000 毫米　1/16
印　　张／19. 25
字　　数／313 千字
版　　次／2016 年 4 月第 1 版　2016 年 4 月第 1 次印刷
定　　价／68. 00 元

责任编辑／李慧智
文案编辑／李慧智
责任校对／孟祥敬
责任印制／王美丽

前　言

我国已经进入老龄化社会，越来越多的人开始关注自己未来的养老并认识到养老问题的重要性。对长期存在于我国养老保障制度中的双轨制问题，很多人表示不满。养老双轨制是指我国社会养老保障制度针对机关事业单位人员和企业职工及其他社会成员的两种完全不同的养老保障制度。退休前，机关事业单位人员不用缴纳养老保险费，企业及其他社会人员需要缴纳自己工资总额8%～28%的费用，退休后，机关事业单位人员可以领取自己工资总额80%～100%的养老金，而缴纳养老保障费的企业及其他社会人员，则只能领取个人工资总额30%～40%的养老金。针对这种不公平的社会养老保障制度，近年来，社会各界人士，包括人大代表、政协委员、媒体和知识分子等，一直呼吁改革与并轨。值得欣慰的是，在本书即将成稿之时，我们终于等到了养老双规制改革的突破性进展。2015年1月14日，国务院发布了《关于机关事业单位工作人员养老保险制度改革的决定》，多年来备受诟病的养老保险“双轨制”终于成为历史。在这个《决定》中，最核心的内容是为机关事业单位人员建立职业年金制度。如果没有这个制度的安排，我国养老双规制的并轨问题，可能还会拖延几年，可以说职业年金制度是破解养老双规制的重要制度。

在此背景下，本书对职业年金制度的重要性、理论基础、运行机制、组织治理和国外实践，以及职业年金破解我国养老双规制的内在逻辑等内容，进行了全面论述。本书的职业年金是一个广义概念，是指和职业人员有关的年金，即凡是职业人员所工作单位的雇主为其雇员建立的养老保障制度都属于职业年金范围，包括了狭义的企业年金、公共年金和职业年金的概念。本书的理论价值在于，一是提出了职业年金破解我国养老双轨制的思路和具体办法，并分别从养老保障中的公平性、政府责任和职业年金在养老保障制度中的核心地位等三个不同角度，论证了职业年金破解养老双轨制的合理性与科学性。二是从职业年金机制的角度，深入研究了职业年金的内在发展动力、法律和经济关系，以及各参与主体之间的委托代理关系、博弈关系。三是从组织理论的角度，界定了职业年金运行的组织性质，通过对职业年金组织与一般企业组织、网络组织的比较，描述了其组织特征。

在具体内容安排上，本书共分七章，第一章我国养老双轨制及其问题。首先描述了我国养老双轨制带来的一系列社会问题，介绍了养老双轨制形成的历史原因和我国养老保障制度改革历程，最后，展示了社会各界对养老双轨制改革的呼声。第二章职业年金制度。首先对职业年金概念进行了定义，接下来介绍职业年金的产生与发展、职业年金的理论基础和职业年金一般发展模式，最后对职业年金的主要参与者和职业年金运行的主要业务流程进行了分析与研究。第三章国外职业年金介绍与启示。这一章主要介绍了国外不同国家的养老保障制度概况和职业年金的发展现状，及国外的制度与经验对我国养老双轨制改革与并轨的启示与借鉴。第四章职业年金破解我国养老双轨制，是本书研究的主要内容。首先，从养老保障中的公平性、养老保障中的政府责任和职业年金在养老保障制度中的核心地位三个不同角度论证了职业年金在社会养老保障体系中重要性，在此基础上，提出职业年金破解我国养老双轨制的具体思路和办法。第五章职业年金制度建设与管理。主要分析和研究了职业年金制度建设和管理的问题。第六章职业年金机制。从机制的角度，分别分析和研究了职业年金发展的动力、职业年金内在的经济与法律关系、职业年金主要参与主体之间的委托代理关系和博弈关系。第七章职业年金治理。分析研究了职业年金的组织性质、组织特征以及组织内的委托与信托关系。最后对我国《企业年金管理办法》规定的组织类型、内在组织关系及其特征，进行了解析并提出存在的问题与改进办法。

黄　诚

2015 年 12 月于三亚

目　　录

第一章　我国养老双轨制及其问题

第一节　养老双轨制

养老双轨制，顾名思义就是关于养老的两个轨道上的制度。所谓两个轨道上的制度就是没有交集的制度。在我国城镇，一轨指机关和事业单位人员的养老制度，另一轨是企业人员的养老制度。养老制度包含两个阶段，一个阶段是工作阶段，另一阶段是退休阶段。工作阶段，企业人员要缴纳工资总额的28%（个人缴8% + 单位缴纳20%）作为退休养老金的代价，而机关和事业单位人员可以分文不缴；退休阶段，企业人员的退休金只能拿到退休前工资的30% ~40%，而机关和事业单位人员的退休金可以拿到退休前工资的80% ~100%。由此看出，我国的养老双轨制差别之大令人惊异。机关和事业单位人员工作阶段不用缴纳一分钱，退休后可以拿到退休前工资的80% ~100%；企业人员工作时缴纳了如此之高的费用，退休后却只能拿到退休前工资的30% ~40%。更令人称奇的是这种如此不公平的制度，竟然在我国存在20年之久。

中国社科院发布《2012社会保障绿皮书》和《中国社会保障收入再分配状况调查》指出，现阶段不同养老保险制度的养老金最低是200元，最高10 000元，最高相差近50倍，而养老“双轨”是造成差距的重要原因。社科院的调查报告显示，机关事业单位只有3.8%认为养老金不能满足需要，而92.3%的机关事业单位离休人员领取的养老金高于4000元/月，无一低于2000元/月。而企业职工养老金替代率（指退休金与退休前工资之比率）不足20%的群体比比皆是，个别职工每月养老金仅为200元。一位拥有40多年工龄、享受政府津贴的专家级人才，退休后养老金是他在政府机关退休的大学同学的1/4。根据中国劳动统计年鉴数据，1990年公务员人均离退休费是企业的1.2倍，到2005年则扩大到2.1倍；1990年事业单位人均离退休费是企业的1.1倍，到2005年则是1.9倍；从1991到2005年，公务员人均退休金的年均增长率是16.3%，事业单位是15.8%，而企业仅为10.9%。

我国养老金存在的严重不公是世界罕见的，已经成为分配不公的主要表现形式。不仅体现在个人缴费上的严重不公，更体现退休后领取养老金的严重不公。在缴费上，党政机关以及部分事业单位职工个人不缴纳养老费用，企业职工每月要从工资总额里扣划个人养老金，企业还要另行支付一笔费用。党的十八大，率先提出实现社会公平正义，是重大的思想进步，讲出了人民的心声。然而，十八大召开了近一年，议论多时的破除养老双轨制仍未见动作。不禁要问，切割自身利益为何这么难？改革开放，提高了人民生活，增强了国力，同时也伴生出不同的社会等级群体，养老双轨制随之而生。不夸张地说，养老双轨制的出现，是有悖于社会公平正义的。

前不久，几位专家站在自身利益的前提下，推出推迟退休年龄的论证。这对靠体力、被动就业的最基础劳动者是不公平的。最起码应在消除养老双轨制后再来论证推迟退休年龄，不然是本末倒置。如果说，破除养老双轨制是件难事，却不尽然。当年，广大的农民工和城镇人员就业，推行养老统筹是件好事。但相关决策者们没进行论证，把这类人群划归社会养老统筹范畴，而没划归行政养老系列，本身就显现出相关决策者的私心。进而实行的事业单位改革，又把相当一些人划归社会养老统筹，再次显现不公。因为参加社会养老统筹者是要个人缴费的，而行政系列者养老是不用个人缴费的。这就出现一个理论误区，社会养老统筹说的是社会却主要是个人缴费支撑，而行政系列人员的养老金额由纳税人出资，靠的是社会。还有不可思议的，两类体系的人死后连丧葬费标准也不同。生前有地位区分，难道身后还有尊卑？

第二节 养老双轨制带来的社会问题

养老双轨制给我国带来了一系列社会问题，除不公平外，还存在分割社会为体制内、体制外两个阶级，增加政府财政负担，社会保障资金不足，企业负担重，政府信誉损失，贫富差距，社会不和谐，影响社会治安秩序，等等一系列社会问题。

一、制度设计不公平

制度不公平是最明显的问题，也是最大的问题。同样的学历，同样的职称，同样的经历，单位不同，退休后拿到的退休金差距完全不同。甚至企业高工不如机关勤杂工。在现实中这种案例比比皆是。刘总，高级工程师，退休前第一汽车制造厂的副总工程师，20 世纪 60 年代大连工学院毕业，我国汽车工业早期开创者，今年 76 岁，每月退休金 3500 元。他的老伴，与他同年考上大学，不同的是医学院毕业，职业为医生，属于事业单位，退休金 5800，高出刘总 65%。笔者还认识一位老人，今年 80 岁了，20 世纪 50 年代清华大学毕业，一直在北京机械局下属的一家工厂工作，直到退休，现在的退休金也是 3000 多元。而他同时代所属机械局的一个普通工人，退休金是他的 2 倍，现在可以拿到 6000 多元。这些老知识分子每每提到养老双轨制，都愤愤不平，伤透了他们的心。

一位拥有 40 多年工龄、享受政府津贴的专家级人才，退休后养老金却是他在政府机关退休的大学同学的 1/4。公务员和相当一部分事业单位人员在职时不用缴纳养老保险，退休后却能领取高于企业人员的养老金，且公务员的退休金由国家财政支付，“显然有失公平”。“两个高工不如一个机关勤杂工，三个高工不如一个小学教师。这样的例子比比皆是。”比如同是部队转业人员，从企业退休和从机关事业单位离休，待遇会截然不同。

二、分割社会不同阶级，引起社会矛盾

养老双轨制人为地把社会人群分为对立的两个阶级，即体制内和体制外两个阶级群体，造成不良社会风气，引起不必要的社会矛盾。体制内人员没有创造社会财富却拿着高工资、高退休金，常常受到体制外退休人员的攻击和责难；而体制内人员并不认可体制外人员的观点与看法，双方因为退休金的不公平问题发生的争吵是司空见惯的事情。在家庭、公共场所，以及网络上，我们经常可以看到这种争吵、责骂和攻击，这是引起目前社会矛盾的一个重要原因。

三、加大贫富差距

在城镇，我国贫穷人口基本上包括两部分群体，一是企业下岗职工与失业人员，二是效益差的企业职工。20 世纪 90 年代，国企改革造成大批企业职工下岗失业，尤其“三线”军工企业职工，为国家做出牺牲和贡献，却被迫下岗自谋出路。下岗职工是政府改革的牺牲品，是被政府甩掉的财政包袱。下岗失业人员这部分群体，连基本生活都没有保障，哪有钱缴社保，人老后他们只能拿最低的城镇生活保障金。效益差的企业职工，企业没多少利润，要么不给职工缴纳社保，要么缴最低档次的社保。因此，退休后领取的养老金也是最低档次的。相反，官员群体掌握权力，有

大量的灰色收入。近年来，我国经济建设GDP至上，政府主导公共基础设施建设，是所谓的“铁公鸡”，同时，地方政府的财政严重依赖土地出让金，大力支持房地产产业，使得政府官员一方面寻租空间巨大，工程建设和房地产成为腐败高发地，另一方面土地出让金又不受人大财政预算监督，政府机构有能力为机关人员发放各种福利和补贴，除去工资外的隐形收入大增。致使政府机关人员和企业下岗职工收入差距越来越大。大搞“铁公鸡”和房地产的结果，导致多数实体工业发展空间被严重挤压，经营环境非常差，企业利润微薄，结果是大多数企业职工收入都不高。

四、政府机构臃肿，财政不堪重负

据非官方统计（官方没有具体数据），目前我国财政供养人员（不创造财富吃财政人员）达7000多万人，每年增长超100万。我国机构臃肿是大家公认的事实，每一届新政府都要进行机构改革与精简，但是越改机构越庞大，政府人员越来越多。为什么会是这样？关键还是官员的好处多，其中退休养老金高也是一个重要原因。一方面，社会上有门路的想尽一切办法往体制内挤；另一方面，每年有大批大学毕业生报考公务员，希望进入公务员队伍。目前在我国，公务员是最吃香的职业。谁家如果有人在政府机关工作，说话硬气，走路神气。机构臃肿，财政供养人员庞大，自然是财政不堪重负。除了在职的要供养，根据养老双轨制，退休人员的退休金也要财政供养。就像蓄水池，只进不出，水早晚会有溢出。财政也一样，一旦经济放缓或下滑，税收减少肯定供养不起这么多人，政府财政早晚会崩溃。

五、导致社会创新者积极性不高

人人都知道，社会财富是企业创造的，企业职工与退休人员可以说是社会财富的直接创造者。如果没有企业做出的贡献，社会就不能生存，更谈不到什么发展。我国养老双轨制度导致社会有这样的共识：创造财富的人，得不到财富。在这样的制度、这样的政策之下，谁还会创业？谁还会创新？谁还会创造财富？近年来的现实也确实是这样，有路子的进体制，有点路子的往体制上靠，什么路子都没有的就炒作、投机。

六、加重企业税赋

我国企业税费之高，非企业人员难以想象。工业企业投资、购入设备和原材料征收17%的增值税，服务业征收3%～20%不等的营业收入税，所有企业要为职工缴纳的五险一金为支付工资的42.5%，就是说，假如企业为一个职工支付1000元工资，相应地要支付425元五险一金。另外，企业还要缴纳25%的所得税。在西方国家，像五险一金之类属于社会保障范围，应由国家财政负担，而我国企业职工的社会保障统统由企业负担。我国的政府机构臃肿，人员数目庞大，在职人员的工资和福利，以及离休人员的离休金，需要财政支付。同时，像“铁公鸡”之类的投资要拉动GDP增长，也需要财政支付。大量的财政支付钱从哪里来？都需要从企业抽取税费，造成我国企业税赋高。企业税赋这么高，有点利润都缴给政府了，哪里又有多余资金扩大再生产？哪里有资金搞研发？企业不发展，不创新，国家经济就不可能有持续发展的源泉和动力。一些经济学家看到了问题的实质，喊了多年要减轻企业税负，就是无法减下来。有些人会说，一些西方国家的税赋也很高呀，是的，我们知道北欧国家的税赋可能比我们国家的税率还高，同时我们也知道北欧国家的社会保障体系之好，令我们只能有羡慕的分。人家把收上来的税用到民生，用到社会保障上来，而我们收上来的税多数用来养庞大的政府机构人员，以及通过“铁公鸡”的投资让一些官员腐败到自己的口袋里去了。企业税负降下来，那些臃肿的政府机构人员怎么办？没有“铁公鸡”的投资，有权力的官员哪里会有腐败的空间？

七、社会养老保障资金不足

我国已经进入老年社会，据估算到2030年我国65岁以上老年人口将达到4.5亿，占总人口比例的30%。就是说，3个人要养1个老人。但是，养老资金却严重不足。至于缺口多少，还难以测算，这与经济增长水平、物价水平和养老制度等因素都有关系。未来养老问题是我国面临的一个巨大挑战。表面上，养老保障资金不足是由于老年人口增加的原因，看起来和养老双轨制没有任何关系，其实不然，养老制度设计不合理也是资金缺口的主要原因。首先，机关与事业单位在职人员应与企业职工一样，缴纳养老保险金。可以填补一部分养老金的缺口。其次，机关与事业单位人员离休金，应与企业职工退休金持平，这样会减少养老金的支出。最后，如果做到以上两点，没有好的退休福利待遇，机关事业单位就没有太大的吸引力了，就会有一部分人退出公务员队伍，也不会有千军万马考公务员的怪象了。公务员和事业单位人员的减少，退休金支付就会大幅度降低，养老保障资金的缺口就可能改善。

八、政府信誉损失，影响政府形象

差距悬殊的分配政策，使政府在威望上大打折扣。近年来，呼吁改革养老双轨制的声音不断，但进展缓慢，即使改革也是先从事业单位开始，政府机关公务员的养老问题放在之后。养老金双轨制是对社会主义制度的讽刺，是对为人民服务的讽刺，是对和谐、公平社会的讽刺，是对服务性政府的讽刺。公务员和普通老百姓的退休金不能缩小差距，党和政府做得再多，也不能让广大老百姓信服，政府声誉只能是越来越差。

九、社会不和谐因素

养老双轨制还导致家庭不和、同学反目、邻里矛盾等各种社会问题出现，严重影响我国和谐社会的建设。比如一个家庭中，夫妻两人有相同的学历、相似的经历，不同的是一个从机关退休，另一个从企业退休，两人的退休金相差悬殊，难免因为退休金多少问题而产生矛盾。假如在职时，从企业退休一方的职位比从机关离休一方的还高，企业退休一方的心理更不平衡，这种差距毫无疑问是家庭不和的一个重要因素。这种现象不但在家庭有，在社会上的同学之间、战友之间、邻里之间、社区内等随处可见，平时的聊天与交往过程中，对退休老人来说，这是个不能触碰的话题。因此，养老双轨制是我国建设和谐社会的重要障碍。

十、影响社会治安秩序

由于双轨制导致的收入悬殊差距的存在，容易导致穷人受气、富有者神气、互相伤和气的怪毛病，出现人与人之间的不团结，甚至一切以金钱摆平、不顾一切的大案、血案，威胁和影响了社会治安。

2012 年 2 月 18 日 20 时 45 分许，大同市副市长王伟国被其妻兄杀害。2 月 19 日 12 时，犯罪嫌疑人周云在山西原平市境内一高速路服务站被抓获。周云的犯罪动机是因多次找王伟国要求在退休前从企业调到事业单位工作均未果，心生不满遂产生报复念头。2012 年周云临近退休，而他对养老双轨制两种待遇的差别之大心里清楚，他真的很想和公务员、事业单位人员一样沾体制的光，也真的急了眼，这一急眼就杀人了。这种杀人动机，让人同情，又觉可悲。正是因为他们之间亲戚关系的存在，工人周云才固执地认为，自己和养老双轨制中那一根强势而幸福的轨道若不能接轨，是可忍孰不可忍。多年来，网上见过针对养老双轨制的诉苦文、公开信、评论文数不胜数，虽深知养老双轨制导致的悬殊退休金差距，但从没见过因此引发的具体血案，更没见发生在亲戚之间的类似悲剧。

第三节　养老双轨制形成的历史原因

养老双规制度产生的原因和我国养老退休制度的发展历史有关。我国养老退休制度大致经历建国初期的初建阶段、调整阶段、倒退阶段、恢复阶段及改革阶段。

一、初创阶段

这一时期，基本建立了与我国经济实力、历史条件相适应的养老保障制度，并且在沿袭我国传统并借鉴原苏联经验的基础上，制定了一系列养老保障政策与法规，为以后我国机关事业单位和职工养老保险制度的发展打下了坚实的基础。但是在传统的计划体制下，我国政府对社会生活主张实行全面干预，在养老保险政策中，表现出明显的重积累轻消费、重生产轻生活、重集体轻个人、重城市轻农村、重公平轻效率的倾向，从而导致在我国公民养老保险制度上形成特定的“二元化”结构。其主要标志就是养老保障水平在单位、户籍以及行政身份三个指标上显示出巨大的差异。这就为我国整个社会保障制度的双轨制埋下了伏笔。

这一阶段关于退休养老制度，起初没有成文的法令和规定，到1955年12月我国发布了《国家机关工作人员退休处理暂行办法》，才正式规定了退休职工的待遇标准。其中《国家机关工作人员退休处理暂行办法》规定：第一，工作年限已满5年，参加工作前主要依靠工资过活的，劳动年限总共满25年、年满60岁的男子及劳动年限总共满20年、年满55岁的女子，可以退休。根据工作年限长短，分别发给本人工资50%～70%的退休金。第二，工作年限已满10年，因劳致疾丧失劳动能力者，因工致残丧失工作者，可以退休。其退休金为本人工资的70%，工作年限在30年以上者，发给本人工资80%的退休金。第三，对革命有重大贡献的工作人员，其退休金经有关部门批准，可以酌量提高。第四，工作人员退休后死亡时，由其退休后所居住地点的县级人民委员会在优抚费项下，一次加发其家属本人3个月退休金的丧葬补助费。至此，我国国家机关事业和单位职工的养老保险制度基本建立。同企业职工的养老保险制度相比较，机关事业单位人员退休保险项目和保险待遇基本相同。国家机关事业单位的养老待遇费用由国家机关行政经费和事业单位的事业经费直接支付，综合管理工作由国家人事部门负责。截至1956年底，全国被劳动保险制度覆盖的职工达1600多万人，而参加退休养老保险的人数则达2300万。

二、调整阶段

这一阶段，根据国民经济和社会发展的新形势、新情况，我国对初步建立起来的单位养老保险制度进行了相应的调整和补充。调整措施，主要是把企业、事业单位职工和国家机关职工退休制度统一起来。同时，扩充了退休人员困难救济内容，并初步形成了按照职工和干部不同身份区分退休制度的格局。

1957年，我国在初步完成三大改造任务的基础上开始转入有计划地全面进行社会主义经济建设时期。为适应新的形势，中央政府开始逐步调整社会保障制度。1958年初，修改补充了干部、工人退休退职的规定，使退休退职制度更为健全。同年2月，国务院公布了《关于工人、职员退职处理的暂行规定（草案）》，放宽了退休条件，适当提高了待遇标准（其中规定，从事工作满20年的政府工作人员，若健康不佳，不能继续工作，允许提前退休，退休金按本人工资的70%给付），从而解决了企业和机关退休退职办法不统一的矛盾。20世纪60年代初，我国国民经济处于大规模调整时期。为了减轻财政负担，精简职工，1962年6月，国务院制定和颁布了《关于精简职工安置办法的若干规定》。凡精简下来的老弱残职工，符合退休条件的做退休处理；不符合退休条件的做退职处理；对家庭生活有依靠者，发给退职补助费；家庭生活无依靠者，则由当地民政部门按月发给相当于本人原标准工资40%的救济费。

三、倒退阶段

总体上，这一时期是我国社会保障制度的大倒退时期。1966年5月至1976年10月十年动乱期间，我国社会保险制度受到严重的干扰和破坏。《劳保条例》被污蔑为腐蚀职工的修正主义条例，受到根本否定。1969年管理社会保险的专门机构——内务部被砸烂撤销，中央政府主管民政工作的专职机构不复存在，征集、管理和调剂社会保险金的制度也被废止，社会保险退化为企业保险、单位保险，形成了“各扫门前雪”的局面。

四、恢复阶段

自“文化大革命”结束尤其是1978年实施改革开放以来，我国国内经济迅速发展，经济体制和劳动制度改革全面开展，养老保险制度的地位与作用日益受到党和国家的重视。鉴于职工退休退职办法在许多方面已不能适应新的形势要求，国务院在1978年6月颁布了《关于安置老弱病残干部的暂行办法》和《关于工人退休、退职的暂行办法》。这两个办法对1958年的退休办法做了较大改动，将老弱病残干部和工人的退休分开分别拟定了办法，在退休待遇上也有较大修改。一是放宽了离休条件；二是把退职补助费由过去一次发给的办法，改为按月发给相当于本人标准工资的40%的退职生活费，并规定按此计算的退职生活费低于20元的按20元发。

五、改革阶段

中共十四届三中全会决定，中国建立社会主义市场经济体制。大会通过的《中共中央关于建立社会主义市场经济体制若干问题的决定》（以下简称"《决定》"）提出，"城镇职工养老和医疗保险金由单位和个人共同负担，实行社会统筹和个人账户相结合"，明确了养老保险基金实行"社会统筹与个人账户相结合"的原则。这个《决定》是造成我国养老保险双轨制的根源，因为改革内容主要围绕企业职工进行，而机关事业单位人员的养老退休保障制度没有改变。在此《决定》基础上，从1991年开始，整个20世纪90年代，关于我国养老保障制度的改革都是针对企业职工进行的。具体内容如下：

（一）企业职工退休费用社会统筹

企业职工养老保险费用的社会统筹就是改变企业退休费用由原单位自行支付的办法，改为由全社会统一筹集资金、统一支付的办法。实行退休费用社会统筹，是解决经济体制改革过程中经济问题和社会问题的重要方面，是保障退休人员基本生活的一项重大改革措施。职工退休费用社会统筹的试点工作，自1982年开始在江苏省泰州市，广东省江门市、东莞市等个别地区进行。1984年后，各地劳动部门在当地人民政府的领导下，迅速在全国范围内普遍开展统筹工作。统筹的范围首先在国营企业中实施，后来在集体所有制企业开展。统筹的项目，原则上包括了退休人员长期性开支的各项费用。提取比例一般是按职工工资总额，本着以支定筹，略有结余的原则进行。至1993年12月，全国国有企业全部实现县、市一级退休费用社会统筹。集体企业职工的养老保险统筹达到1900余个，外商投资企业亦有850余个。全国共有60万户各类企业的8100多万职工和1800万退休人员参加退休费社会统筹。

（二）劳动合同制职工养老保险制度的建立

1986年7月12日，国务院颁布《国营企业实行劳动合同制暂行规定》，具体规定了劳动合同制职工养老保险的办法。这一制度的建立和实施是改革我国传统的用工形式，打破铁饭碗和终身制用人制度的重要措施。这一制度首次正式确立了企业、个人、国家三方共同筹集养老保险基金的原则；劳动合同制工人养老保险金，采用基金积累式筹集方式。企业按劳动合同制工人工资总额15%缴纳；劳动合同制工人按不超过本人标准工资3%缴纳。规定还对劳动合同制工人的医疗费、丧葬补助费等做了规定。

（三）基本养老金计发办法改革

随着企业工资制度改革的深入，企业内部分配自主权确立，出现了分配形式的多样化，打破了以标准工资为主体的等级工资制的分配格局，从而使标准工资概念逐渐淡化，加上标准工资在职工工资收入中所占的比重下降等情况，劳动部在1992年5月印发了《关于改革基本养老金计发基数和计发办法的意见（征求意见稿）》（劳险字〔1992〕11号），广泛征求各地的意见，并组织部分市、县进行测算论证，模拟运转。经过100多个市、县的试点后，1993年10月19日，劳动部发布《关于基本养老金计发办法改革试点工作的通知》（劳部发〔1993〕275号），改变了1954年确立的以标准工资为基数的养老金计发方法，实现了基本养老金由社会性养老金和缴费性养老金两部分组成。（1）社会性养老金以职工退休时本省、自治区、直辖市上一年月职工平均工资为基数，按照企业职工本人缴费年限分段计发：企业和职工本人缴费满15年及其以上的，按职工平均工资的25%计发；企业和职工本人缴费满10年不满15年的，按职工平均工资的20%计发；缴费满5年不满10年的，按职工平均工资的15%计发。（2）缴费性养老金以职工本人指数化月平均缴费工资为基数计发：缴费满5年的，每满1年，发给职工本人指数化月平均缴费工资的1%。缴费不满5年的，按照在职期间缴费年限每满1年，一次发给本人指数化月平均缴费工资3个月的生活补助费。（3）严格控制待遇水平的增长幅度。基本养老金计发办法的改革是对计发基数和待遇结构进行调整，待遇不宜过多增加。按照该办法计发的基本养老金，低于原规定计发标准的差额部分可以补齐；高于原规定标准的，其增加幅度最高不得超过20%。试点地区基本养老金总水平提高的幅度不得超过现行待遇水平的2%，所需费用从退休费用统筹基金中开支。（4）建立离休、退休人员基本养老金随职工平均工资增长指数定期调整的制度。职工离休、退休后领取的基本养老金，根据经济发展和养老保险基金的收缴情况，从离退休的下一年起，每年7月1日按照本省、自治区、直辖市或当地上一年职工平均工资增长率的50%～80%调整一次。职工平均工资负增长时不做调整。基本养老金计发办法改革前已经离休、退休、退职的人员，原待遇不做变动，其基本养老金可按照上述办法进行调整。

（四）职工个人缴费制度

1991年6月26日国务院发布《关于企业职工养老保险制度改革的决定》（国发〔1991〕33号），指出："随着经济的发展，逐步建立起基本养老保险与企业补充养老保险和职工个人储蓄性养老保险相结合的制度。改变养老保险完全由国家、企业包下来的办法，实行国家、企业、个人三方共同负担，职工个人也要缴纳一定的费用。"同时还规定："职工个人缴纳基本养老保险费，在调整工资的基础上逐步实行，缴费标准开始时可不超过本人标准工资的3%，以后随着经济的发展和职工工资的调整再逐步提高。职工个人缴纳的基本养老保险费，由企业在发放工资时代为收缴。"企业和职工缴纳的基本养老保险费分别记入《职工养老保险手册》。

1995年3月1日，国务院在总结《关于企业职工养老保险制度改革的决定》的基础上，又发布了《关于深化企业职工养老保险制度改革的通知》（国发〔1995〕6号），提出基本养老保险费用由企业和个人共同负担，实行社会统筹和个人账户相结合。并对实行企业职工基本养老保险社会统筹与个人账户相结合提出两个实施办法，由各地选择，并要求进行修改完善。

这两个实施办法，均确定了职工本人上一年度月平均工资为个人缴费工资基数，职工平均工资低于当地职工平均工资60%时，按60%计算缴费工资基数；超过当地职工平均工资300%以上的部分，不记入缴费工资基数，也不记入计发养老金的基数。个人缴费的比例按不低于个人缴费工资基数的3%比例缴费。以上两个文件为我国建立社会统筹和个人账户相结合的养老保险制度的建立奠定了基础。

1997年7月国务院发布《关于建立统一的企业职工基本养老保险制度的决定》，提出要在1998年年底前，在全国范围实行统一的基本养老保险制度。主要内容是：（1）统一缴费比例。企业缴费比例一般不得超过企业职工工资总额的20%；个人缴费比例1997年不得低于本人缴费工资的

4%，以后逐步提高到8%。（2）统一个人账户的比例。按个人缴费工资的11%为每个职工建立基本养老保险个人账户；个人缴费部分全部记入，其余部分从企业划入。（3）统一养老金计发办法。基本养老金由基础养老金和个人账户养老金两部分组成；基础养老金按上年度职工月平均工资的20%计发，个人账户养老金按其账户储存额（包括利息）的1/120计发。（4）建立和完善离退休人员基本养老金正常调整机制。

从我国养老保险制度发展历程不难看出，企业职工和机关事业单位的保险制度从建国初期的统一、分开、混乱、恢复到目前为止只针对企业职工的改革，而机关事业单位一直延续财政支付的制度。所以，我国养老双轨制的形成实际上是从1991年养老保障制度改革开始。经济学家孙飞认为，养老金双轨制是20世纪90年代我国引入的养老保险体制，制度设计存在先天缺陷，仅将企业纳入社会保障体系，形成“统账结合”的养老保险格局，而政府机关与事业单位未纳入社保体系，退休金由国家财政统一发放，养老金双轨制自此发育不良。

产生这一问题的根源在于当前行政体制存在障碍，政府机关与事业单位既是最大受益者，又是政策制定者。

第四节　我国养老保障制度改革历程

改革开放30年来，我国社会保障制度的改革和发展历程可以分为四个阶段：第一个阶段是1978—1991年的恢复性改革阶段，第二个阶段是1991—2000年的探索性改革阶段，第三个阶段是2000—2006年的“做实”试点阶段，第四个阶段是2006年十六届六中全会提出基本建立“覆盖城乡居民的社会保障体系”的“全覆盖”阶段。

一、1978—1991年改革意识萌发阶段

中国养老保障制度建立于1951年，主要覆盖城镇企业职工。根据当时的《中华人民共和国劳动保险条例》，社会保险经办机构按职工工资总额的3%提取劳动保险基金，并在全国范围内调剂使用。1955年，国家建立了机关、事业单位工作人员的养老保险制度。1958年，国家根据当时的实际情况，将企业和机关事业单位的两个养老保险制度在适当放宽养老条件和提高待遇标准的基础上做了统一规定，并一直沿用到1978年。1978年由《关于工人退休、退职的暂行办法》和《关于安置老弱病残干部的暂行办法》所取代。这个历史阶段的社会保险的特点是，所有的个人福利与生

老病死都由企业负担。从这个意义上讲，这个阶段的保险是“企业保险”，而不是“社会保险”。这种保险制度既为社会主义建设做出了巨大的贡献，但同时也存在着比较严重的问题，它显然不能适应改革开放的形势和经济转型的需要。总的看来，1978 年以前“传统社会保障制度”既是国际共产主义运动的一个合理延续，也是中国特殊历史条件下特殊经济体制的产物，是计划经济体制下不可避免的、具有保障支持作用的“子制度”，它为新中国的工业化发展立下了汗马功劳。

1966 年开始的十年“文化大革命”对当时的社会保障制度造成了严重冲击。1978 年召开的中共十一届三中全会扭转了我国社会经济的混乱局面，为社会保障制度改革提供了宽松的政治、社会条件。

总之，1978 年以前我国社会保障制度的典型特征是“企业保险”，而 1978—1991 年这一阶段主要是维持、巩固和完善这种制度模式，因此这一阶段的主要目的还是为了解决历史遗留问题和恢复被“文化大革命”破坏的养老保障制度。与此同时，这一阶段的一些改革措施也积极促进了“企业保险”向“社会保险”的转变。例如，从 1984 年开始，中国开始尝试养老保险费用的社会统筹，其目的是“还原”社会养老保险的基本职能，并在江苏省泰州市，广东省东莞市、江门市，辽宁省黑山县等地开始试行退休人员的退休费社会统筹。在统筹方面，自 1986 年起首先实现了全国县、市一级的养老保险费社会统筹，进而又推进省一级的统筹工作。至 1994 年全国先后有北京、天津、上海、吉林、河北、山西、青海、江西、湖南、福建、宁夏、陕西、四川 13 个省、自治区、直辖市实现了省级统筹。包括铁道、煤炭、水利、电力、邮电、中国建筑工程总公司、交通、人行、民航总局、石油天然气总公司、有色金属总公司在内的 11 个行业实行了养老保险的系统统筹。

二、1991—2000 年改革设计、实施与探索阶段

1991—2000 年这 10 年是中国社会保障制度的探索性改革阶段，也是我国企业职工社会保障制度框架形成的重要时期。在这个时期，社会保障制度的形成主要由以下 4 个重要法规文件构成：

1991 年 6 月，国务院发布《关于企业职工养老保险制度改革的决定》，开始尝试性地进行社会养老保险结构的改革实践。在养老保险的筹资方面，确定社会养老保险费用由企业和职工双方共同筹资，职工个人按本人工资的 3% 缴纳养老保险费。在制度结构上，确定探索建立国家基本养老保险、企业补充养老保险和个人储蓄性养老保险相结合的多层次养老保险

体系。在这个多层次的养老保险体系中，第一个层次是基本社会养老保险，在全国统一强制实施，适用于城镇各类职工。第二个层次是由用人单位依据自己的经济情况自主决定量力举办的企业补充养老保险，它对第一层次具有补充作用，是多层次养老保险体系的重要组成部分。第三个层次是职工个人储蓄性养老保险，个人根据经济能力和不同需求自愿实施。当时制定这个制度模式的目的是想通过企业补充养老保险和个人储蓄性养老保险的方式调动多方面的积极性，适当分散国家的经济负担，并能够适当积累起一定的基金，促进经济发展。这个文件只是提出了政策性的概念与决议，并没有实行。

到了 1993 年中共中央十四届三中全会通过的《中共中央关于建立社会主义市场经济体制若干问题的决定》正式决定实行社会统筹和个人账户相结合的社会保险制度，其中，一个最重大的突破是关于个人账户的设置，“社会统筹和个人账户相结合”实际上就是社会统筹和积累制的结合。另一个突破是要求建立统一的社会保障管理机构，社会保障行政管理和社会保险基金经营要分开，社会保障管理机构主要是行使行政管理职能；社会保险基金经办机构，在保证基金正常支付和安全性和流动性的前提下，可依法把社会保险基金主要用于购买国家债券，确保社会保险基金的保值增值。

1995 年 3 月，国务院发布的《关于深化企业职工养老保险制度改革的通知》具体确定“社会统筹与个人账户相结合”的实施方案，确定“统账结合”是中国城镇企业职工基本养老保险制度改革的方向。提出到 20 世纪末，基本建立适应社会主义市场经济体制要求，适用于城镇各类企业职工和个体劳动者，资本来源多渠道，保障方式多层次，社会统筹与个人账户相结合、权利与义务相对应，管理服务社会化的养老保险体系。但在实际运行中，由于对探索建立一种新的社会保障制度存在认识上的差异，同时也由于在具体操作中遇到了地方与中央、行业与地方，不同省份各市、县之间利益不一致，形成了城镇职工养老保险制度的多种方案并存的破碎局面。结果导致了在全国产生了上百种改革方案，也导致了地区之间养老金水平相互攀比，中央难以管理、调控，职工跨地区流动困难等问题。这些现象在一定程度上暴露出中国养老保险改革的深层次矛盾和改革的复杂性。

1997 年 7 月国务院颁布《关于建立统一的企业职工基本养老保险制度的决定》，为解决养老保险制度多种方案并存的破碎局面，采取了以下措施：（1）在养老保险费的筹集方面，按职工工资的 11% 建立养老保险个人账户，其中个人缴费最终上升到8%，企业缴费划入的部分最终降低到3%；（2）在企业缴费的控制方面，企业缴费（含划入个人账户部分）的费率以不得超过工资总额的20%为限；（3）养老金的构成由基础养老金和个人账户两部分组成。（4）将11个行业统筹划归地方社会保险机构管理。至1997年末，11个参加行业统筹的在职职工人数为1400万人，占国有企业职工总数的15.8%，离退休人员360万人，占参加统筹企业离退休人数的13.2%。（5）为了加速养老保险制度改革，国务院还决定在行业统筹移交地方统一管理的同时，加大推进省级养老保险统筹的力度，确立了基本养老保险基金省级调剂金制度的推进计划。确定到2000年，在省、自治区、直辖市范围内，要基本实现统一企业缴纳基本养老保险费比例，统一管理和调度使用基本养老保险基金，对社会保险经办机构实行省级垂直管理。

三、2000—2006年个人账户“做实”试点阶段

在“社会统筹和个人账户相结合”的制度模型下，由于改革前退休的“老人”，以及改革前参与工作、改革后才退休的“中人”缺乏积累，这造成统筹账户存在巨大支付缺口，各地社保部门均调用个人账户资金用于当期支付，个人账户有名无实，长年“空转”。挪用个人账户造成的新债，加之远未偿还的“隐性负债”旧债，一起将偿付责任推向了未来。个人账户的长期空转不仅严重打击了个人缴费的积极性，而且背离了统账结合的改革方向。

2000年，国务院决定选择辽宁省进行完善城镇社会保障体系试点，颁布了《关于印发完善城镇社会保障体系试点方案的通知》，决定从2001年7月开始在辽宁省进行完善城镇社会保障体系试点工作。试点的内容主要有两个方面：第一，将个人账户的规模从11%降到8%；第二，逐渐将个人账户由个人全部“做实”，到2003年11月底，全省参加企业基本社会养老保险人数687万人，累计征收做实个人账户资金83.6亿元，个人账户计清率为99.9%。辽宁试点的核心内容是将一直“空账”运行的个人账户“做实”，实行真正的“半积累制”。辽宁试点的其他内容还包括：完善城镇企业职工的基本养老保险；解决下岗职工的安置、结束旧的劳动关系，完成再就业中心向失业保险并轨工作的历史使命；实施城镇居民最低生活保障；推进城镇企业职工的基本医疗保险；探索社会保障筹资的途径和管理方法；推进社会保险的社会化管理。目标是建立独立于企业、事业单位之外、资金来源多元化、保障制度规范化、管理服务社会化的社会保障体系。

2003 年，党中央、国务院决定，在黑龙江和吉林两省进行扩大完善城镇社会保障体系试点工作，提出在总结辽宁省试点经验的基础上，通过两省的试点，为完善我国城镇社会保障体系进一步积累经验。2005 年 12 月，国务院发布《关于完善企业职工基本养老保险制度的决定》，从 2006 年起又将试点改革扩大到除东三省之外的八个省、区、市，包括天津、上海、山东、山西、湖北、湖南、河南和新疆。

四、2006 年至今由政策上升到法律阶段

2006 年中共十六届六中全会提出到 2020 年建立覆盖全民的社会保障体系。

2007 年底，《中华人民共和国社会保险法（草案）》提交全国人大常委会审议，草案确定了“广覆盖、保基本、多层次、可持续的方针”，明确了我国社会保险制度的基本框架，对社会保险的覆盖范围、社会保险费征收、社会保险待遇的享受、社会保险基金的管理和运营、社会保险经办机构的职责、社会保险监督以及法律责任等方面做了规定。经过 3 年的讨论修改，《社会保险法》由全国人民代表大会常务委员会第十七次会议于 2010 年 10 月 28 日通过，并决定 2011 年 7 月 1 日起施行。《社会保险法》的实施，使我国的社会养老保障制度由过去的政策层面上升到法律层面。但遗憾的是，这部法律有它的不完整性和不公平性。比如第四条规定：“中华人民共和国境内的用人单位和个人依法缴纳社会保险费。”而在第十条中又规定：“职工应当参加基本养老保险，由用人单位和职工共同缴纳基本养老保险费。公务员和参照公务员法管理的工作人员养老保险的办法由国务院规定。”一方面规定用人单位和个人依法缴纳社会保险费，另一方面，又回避了机关和事业单位人员的养老保险问题。由此引起社会各界的不满，进一步加剧了改革我国养老双轨制的呼声。

第五节　养老双轨制改革的呼声与最新进展

从 1993 年我国养老双轨制开始形成到现在，养老双轨制已经存在了 20 年，在此期间，养老双轨制给我国带来一系列社会问题，引起极大的社会矛盾和广大人民群众的不满。社会上要求改革养老双轨制这种不公平制度的呼声一直不断，每年两会期间都有人大代表和政协委员提议尽快改革养老或并轨养老双轨制问题。

一、社会呼吁改革的声音

人民网2011年“你最关注的十大问题”调查中，“社会保障”以24 284票位居榜首，“司法公正”和“个人收入”分别位居第二、三位。94%的网民认为，企业职工和公务员养老制度实行双轨制非常不合理。网友建言：取消退休双轨制，让广大群众享受公正、公平的阳光（共有20 623人次参与有关“社会保障”的调查，其中22%的被调查者拥有社会保险）；在职工社会保障制度中，25%的网民最关心养老保险；94%的网民认为，企业职工和公务员养老制度实行双轨制非常不合理；社保制度还存在的问题中，16%的人认为异地报销存在障碍，13%的网民认为还有一些保险报销门槛过高，报销数额小，保障人群范围小等问题。也是同样问题，在2010年的两会调查中，社会保障中的养老保险以104 304票排在首位；2009年的两会调查，社会保险位居第八位；2008年社保养老也进入两会调查前十。

凤凰网2013年的一项调查。调查人数：11 499人，调查结果：养老金双轨制难以废除的原因是什么：1. 相关利益部门阻碍9207票占47.6%。2. 政府决心不够大8124票占42.0%；3. 改革需要逐步推进668票占3.5%；4. 国家财力不够480票占2.5%；5. 其他原因858票占4.4%。二、你认为未来5年能否废除养老双轨制：1. 能，2619票占22.8%；2. 不能，6242票占54.3%；3. 不清楚，2638票占22.9%。

2013年10月21日，关于养老金改革问题引起媒体关注，中青报《机关养老金不并轨　改革都似“耍流氓”》一文提到：针对养老金的现状不容乐观的问题，某网友说：我们要求并不高，公务员们交多少，我们也交多少；公务员们拿多少，我们也拿多少；公务员们65岁拿，我们也65岁拿。如今的问题是，公务员并不缴费，却拿最高的养老金。因此，只要机关养老金不并轨，任何需要参保人让利的养老金改革，都疑似“耍流氓”。网友普遍表示担心：几千万公务员未缴纳养老金，却领取一般人三倍的退休养老金，把特权当作阶层的一种福利。有网友指出，企业退休人员的退休金是政府机关和事业单位同等资质退休人员待遇的1/2或1/3。退休双轨制不公正导致养老金差距悬殊。退休待遇双轨制是最大的分配不公，消除退休双轨制，是消除贫富差距的重要措施之一。

“政高企低的退休双轨制，明显歧视企业直接创造财富的劳动者。”“下岗工人的生活太难了，体弱多病的更难，生活保障不了，更谈不上有病就医。”网友建议，改善民生应该首先从落实社保政策上下工夫。网友

"前进"说，取消退休双轨制，是人民的强烈呼声。"两会"的代表、委员们应把这个问题纳入议题，重新研究制定公平、合理的法规，让广大人民享受公正、公平的阳光。

二、两会呼吁改革的声音

"退休双轨制"政策造成了企业退休人员养老金和机关事业单位差距悬殊的不公平、不公正问题，经过这么长时间网友们的讨论、媒体的评论、百姓的议论，不仅早已家喻户晓、人人皆知，而且也早已成为社会关注的热点、各地和国家两会的焦点、民生民意问题的重点，更是政府回应企业退休人员呼声的难点！近年来，围绕养老金双轨制、延迟退休年龄、养老金缺口、养老基金投资体制等问题，每年全国两会期间都是热点话题。

很多各地和全国两会的代表与委员以及心地善良的专家、学者们，面对着荒谬无理的退休政策，曾经多次提出批评与建议。他们入情入理、直言不讳，意见与建议明确、具体，充分表达了他们对企业退休人员的同情与关爱，也体现了他们公道正派、渴望和谐的良知！新闻媒体、各地和国家"两会"代表与委员以及很多专家、学者，在多次的评论、建议和提案中提出的"企业退休人员曾经是国家财富的直接创造者"的观点、企退人员"对国家的经济建设有过重要贡献"的观点、"国家对上世纪五十年代至七十年代参加工作的退休职工是欠了账"的观点、"退休金差距过大有悖共享改革成果"的观点、"在职时要讲效率，退休后应论公平"的观点、"缩小与机关事业单位养老差距，是国家必须支付的一个转型成本"的观点、应"多一点雪中送炭，少一点锦上添花"的观点、"企业养老金应该向公务员看齐"的观点、"养老金不公平现象必须改革"的观点、"退休金应从速告别身份不平等"的观点、"养老不公已成为社会和谐一大隐患"的观点、"和谐社会的重点应该是利益关系和谐"的观点、"初级阶段更要强调公平正义"的观点、"中央财政应该建立企业退休人员补偿基金，专门对这部分企业退休职工给予必要而适当的经济补偿"的观点、"国家应该大幅度提高企业养老金，取消企业、机关事业单位退休人员养老金的差距"的观点、"从调整国民收入分配格局和财政支出方面入手"解决养老差距问题的观点、"我们不能再继续亏欠他们了"的观点、"要制定和健全企业退休职工退休金增长的积极政策与长效机制"的观点、"要站在科学发展观和执政为民的高度来认识和解决问题"的观点、"全国必须有一个合理统一的社会保障制度包括养老金制度"的观点以及"公务员应该在改革中起表率作用，不能排除在改革之外”的观点等，都是非常正确的观点！这些观点之所以正确，就是因为它符合社会发展的正确方向，代表了5000多万企退人员最关心、最直接、最现实的利益与愿望！

《中国养老金发展报告2012》主编、中国社会科学院世界社保研究中心主任郑秉文说，公务员和相当一部分事业单位人员在职时不用缴纳养老保险，退休后却能领取高于企业人员的养老金，退休金多数由国家财政支付，这就是公众觉得非常不平衡的地方。全国政协委员于天忱认为，如果现有养老金管理体制不变，即使企业职工养老金年年涨，政府机关、事业单位退休人员与企业退休职工养老金差距越拉越大的现象也不会得到根本改变。可借鉴离休人员养老金“单轨制”模式，将企业退休人员与政府机关、事业部门退休人员养老金管理并入同一序列，统一政策、统一标准、统一管理。

地产大佬、全国政协委员黄文仔公开表示：“严格来说，公务员领取的退休金也是纳税人的钱，现在公务员与企业员工的退休金差距有3至5倍，明显有滥用职权之嫌，退休金发放早就应该一视同仁。”娃哈哈集团公司董事长、全国人大代表宗庆后也表示，“养老双轨制是最大的不公平，改革已经很急迫”。2011年的政府工作报告曾明确，要积极推进机关和事业单位养老保险制度改革，通过改革现行单位保障制度，统一公务员、事业单位和企业基本养老保险制度模式。此前很多人都寄望于通过制定《社会保险法》来打破养老金双轨制。但2010年10月底颁布的《社会保险法》只规定，“公务员和参照公务员法管理的工作人员养老保险的办法由国务院规定”，这意味着涉及公务员和事业单位养老金的改革并不在《社会保险法》覆盖范围内。2012年6月，国务院公布《关于批转社会保障“十二五”规划纲要的通知》，其中明确要研究制定公务员和参照公务员法管理单位的工作人员养老保险办法。

“养老并轨喊了那么多年，也搞了5个试点，可总体进展缓慢，为什么?”全国政协委员李志军指出，养老双轨制的根源还是在于行政体制中的“隐形障碍”——政府机关既是退休养老金政策的制定者又是受影响者。因此，只有在政府职能转变问题上有所突破，实现政事彻底分开，机关事业单位管理体制改革顺利进行，养老金“双轨制”才能从根本上破解。李志军委员表示，“养老金双轨制带来的问题日益凸显，改革势在必行”。事业单位改革牵涉面非常广，是个极其复杂的系统工程。据了解，目前我国约有126万个事业单位，事业单位从业人员约4000万名（含退休职工），规模庞大，“这部分职工的权益也应该保护。”

许多代表委员表示，改革养老金双轨制不是把机关事业单位的养老金拉下去，而是将企业职工养老金提上来。

2008年，温家宝总理在全国“两会”闭幕后与中外记者见面时说：如果说发展经济、改善民生是政府的天职，那么推动社会公平正义就是政府的良心。养老制度与社会分配密切相关，更体现社会公平正义。我国宪法中规定了工人阶级崇高的政治地位，但在经济上，他们却沦为低收入群体，被不平等的退休双轨制所困扰，这既不合情理，也不合逻辑，甚至是不合法的。因此，要建立和谐社会，消除当前日益加大的贫富差距，必须消除退休金双轨制。“养老金双轨制”的问题、成因、危害、改革的必要性和紧迫性等，社会早有共识，关键是决策者的勇气、决心、具体方案层面的问题。正如宋晓梧委员所说，“问题实质不是理论争论，而是利益调整”。

养老双轨制把人分为三六九等，诸如此类的还有城乡二元制。文明发展至今，这样的制度竟然仍根深蒂固。全国政协委员张泽熙则认为，尽管国务院连续9年给企业退休职工增加养老金，但由于企业退休职工养老金基数远低于机关、事业单位退休人员养老金基数水平，因此，同比例增长养老金，企业退休职工依然跟不上机关事业单位退休人员的增长幅度，绝对值之间的差异不是缩小了，而是增大了。

三、难道双轨变三轨？

刚满60岁的刘教授，多次想把早已写好的离休申请书交到他所在的南京某高校人事处，但总是下不了决心。在过去的2013年，他刚刚获得了一项“千万级”的科研项目。本来，面临退休的他将顺理成章享受“延聘”教授的待遇，继续把这个项目做完；如今，他犹豫不决了。进入6月以来，南京市多所高校的人事处收到了教授、博导们要求7月1日之前退休的申请书。对这些教授、博导来说，退休还是延聘，成为近一个多月最为纠结的选择。刘教授的好几个同事都递交了退休申请书。“延聘”如今为何成了“烫手山芋”？

教授、博导们，为何又愿意放弃未来几年的高待遇，选择现在“平稳”退休呢？在南京师范大学人事处，已经有二三十名教授递交了退休申请书。由于教授们要求在7月1日之前办完退休手续，该校人事处正处于比较“紧迫”的工作状态。各学院的退休名单这两天就要上报，学校层面会尽快出台相关政策为他们办理退休手续。这些教授、博导全部是达到法定退休年龄但符合学校“延聘”条件的人员。虽然教授、博导工资待遇各不相同，但退休之后待遇普遍都会大幅下降，降幅大多或为50%。因此，“延聘”对于教授、博导们来说，不仅代表着荣誉，更代表着待遇。是什么让这些教授、博导“催促”着校方人事处尽快办理退休手续呢？

近半个月前的6月11日，南京师范大学人事处网站挂出了一则通知：关于教职工达到法定退休年龄申请办理退休手续。该通知称，《事业单位人事管理条例》即将实施，目前江苏省尚未有明确的文件和相关规定出台，经学校研究，退休工作仍按学校原文件原规定执行。如已到国家法定退休年龄拟申请退休的教职工，经学校审批后即可办理退休手续。正是该通知提到的《条例》，使大家颇感焦虑不安。即将于7月1日实施的《条例》第35条规定：“事业单位及其工作人员依法参加社会保险。工作人员依法享受社会保险待遇。”在社保顶层设计和养老改革“并轨”大趋势的背景下，这条原本属于原则性的规定却引发了临近退休的事业单位人员的广泛消极预期。“老教师都非常关心这件事，不达到法定退休年龄没办法，达到法定退休年龄的老师也很纠结，大家普遍的想法是，虽然退休之后收入会减少，但为了防止以后退休比现在退休拿得还少，他们愿意现在退休。”学校虽然没有正式下发通知，但称6月25日之前递交申请的，都可以算作是7月1日之前退休。南京大学人事处也向各个学院下发了文件，其传递的信息与南京师范大学的通知一致。在教授圈子里还流传着一个传闻：南京审计学院已为符合条件的15名教授办理了退休手续。这次教授、博导大规模集中退休，对于高校教育事业来说会有很大的冲击，会影响现有师资队伍的结构，后续师资的补充等都会成为重要的问题。“教师队伍的紧缺，对于学校来说仍然是个难题，但由于未来政策的不确定性，学校也不好强留。”延聘的教师并没有办理退休手续，他们的各种待遇和考核均与在职人员相同，在延聘期间占用所在单位的编制和岗位职数。大部分高校的延聘管理办法中并没有明确规定延聘期间若遇到事业单位养老改革他们将采取何种政策。只有2011年《西北工业大学教职工延聘管理办法》中提到：“如遇国家有关退休等社会化政策出台，延聘人员与其他在职人员同等对待。”南京多所高校对待教授申请退休这件事，非常谨慎和认真。改革路径选择高校教师要求“提前退休”并不是首次出现。2008年12月中旬，广东省有关部门一份事业单位人事制度改革计划方案“广泛征求意见”，此举就已经在高等教育、医疗等行业领域，引发了一股“提前退休”风波。如今，放弃延聘对于南京的教授、博导们来说，正成为一个现实的选择。就一般重点大学而言，退休教师的收入一般只有在职的一半左右，一些比较热门学院的退休教师的工资会比在职时下降更多。

企业和机关事业单位的养老“双轨制”还没有解决，现在又要把事业单位当包袱单独推出去，难道双轨要变成“三轨”吗？

四、柳暗花明

千呼万唤的养老双轨制并轨政策终于出台了。2015 年 1 月 14 日，国务院发布了《关于机关事业单位工作人员养老保险制度改革的决定》，多年来备受诟病的养老保险“双轨制”也终于成为历史。截至 2015 年 11 月，已有黑龙江、四川、山东、上海、江苏、福建、吉林、辽宁、山西等 19 个省份陆续对外公布各地实施具体办法。

根据这项《决定》，改革后，机关事业单位工作人员实行社会统筹与个人账户相结合的基本养老保险制度。

关于基本养老保险缴费的规定。基本养老保险费由单位和个人共同负担。单位缴纳基本养老保险费的比例为本单位工资总额的 20%，个人缴纳基本养老保险费的比例为本人缴费工资的 8%，由单位代扣。按本人缴费工资 8% 的数额建立基本养老保险个人账户，全部由个人缴费形成。个人工资超过当地上年度在岗职工平均工资 300% 以上的部分，不计入个人缴费工资基数；低于当地上年度在岗职工平均工资 60% 的，按当地在岗职工平均工资的 60% 计算个人缴费工资基数。个人账户储存额只用于工作人员养老，不得提前支取，每年按照国家统一公布的记账利率计算利息，免征利息税。参保人员死亡的，个人账户余额可以依法继承。

关于基本养老金计发办法的规定。决定实施后参加工作、个人缴费年限累计满 15 年的人员，退休后按月发给基本养老金。基本养老金由基础养老金和个人账户养老金组成。退休时的基础养老金月标准以当地上年度在岗职工月平均工资和本人指数化月平均缴费工资的平均值为基数，缴费每满 1 年发给 1%。个人账户养老金月标准为个人账户储存额除以计发月数，计发月数根据本人退休时城镇人口平均预期寿命、本人退休年龄、利息等因素确定。决定实施前参加工作、实施后退休且缴费年限累计满 15 年的人员，按照合理衔接、平稳过渡的原则，在发给基础养老金和个人账户养老金的基础上，再依据视同缴费年限长短发给过渡性养老金。具体办法由人力资源社会保障部会同有关部门制定并指导实施。决定实施后达到退休年龄但个人缴费年限累计不满 15 年的人员，其基本养老保险关系处理和基本养老金计发比照《实施〈中华人民共和国社会保险法〉若干规定》执行。

关于养老保险关系转移接续的规定。参保人员在同一统筹范围内的机关事业单位之间流动，只转移养老保险关系，不转移基金。参保人员跨统筹范围流动或在机关事业单位与企业之间流动，在转移养老保险关系的同时，基本养老保险个人账户储存额随同转移，并以本人改革后各年度实际缴费工资为基数，按12%的总和转移基金，参保缴费不足1年的，按实际缴费月数计算转移基金。转移后基本养老保险缴费年限、个人账户储存额累计计算。

《关于机关事业单位工作人员养老保险制度改革的决定》同时还规定：机关事业单位在参加基本养老保险的基础上，应当为其工作人员建立职业年金。单位按本单位工资总额的8%缴费，个人按本人缴费工资的4%缴费。工作人员退休后，按月领取职业年金待遇。职业年金的具体办法由人力资源社会保障部、财政部制定。

该项决定在政策上确定了养老双轨制并轨的大方向，具有历史性意义，但在具体实施细节上没有具体规定，还有很多微观层面上的技术性工作需要改革与推进。

作者认为整个《决定》最值得称赞的是这句话："机关事业单位在参加基本养老保险的基础上，应当为其工作人员建立职业年金。"而这句话的核心就落在职业年金四个字上，因为只有为机关事业单位人员实行职业年金制度，养老双轨制才能并轨，换句话说，只有职业年金才能破解我国养老双轨制。

第二章　职业年金制度

第一节　职业年金概念

一、职业年金的概念

在定义职业年金之前，首先了解什么是年金。年金一词来自西方国家，表达年金的英语单词有两个，一个是 annuity，是广义上的年金涵义，是指一定时期内，有定额资金流入或流出，或者说是定期、定额的现金流入或流出现象；另一个是 pension，专指养老金或退休金。Annuity 主要是指对资金管理方式，pension 从性质上界定是老年人获得的一种资金，也就是说 pension 是 annuity 的特殊形式。

二战后年金制度在西方国家得到普遍发展，年金制度是发达国家社会保障制度中最主要的内容，在社会支出中是占比例最大的部分。年金制度的最基本作用在于保证社会成员在丧失劳动能力时能够得到正常的生活资料，因而参与年金制度的经济者包括国家、职业单位、家庭和个人共同合理分担养老的责任和义务，在年金制度中扮演着不同的角色。发达国家年金制度由国家公共年金、职业（企业年金）年金与个人年金三层次构成。中国实行公共年金（基本养老保险）、职业年金（企业年金或补充养老保险）和个人年金（个人储蓄性年金）。公共年金是第一层次，也是年金制度的核心，它按国家统一政策，强制实施，体现职工平等的社会保险权利，其覆盖面广，保障水平相对较低，用于保障退休人员的基本生活。职业年金是第二层次，由国家规定实施政策（如优惠政策和补充水平等）和实施条件，达到规定条件的职业单位可以实行，经济效益好时可多补充，经济效益差时可少补充或暂不补充；不符合规定条件则不允许实行。个人年金是第三层次，由职工根据个人收入情况自愿参加，国家在政策上给予适当的优惠政策。

职业年金是第二层次的年金，是在职人员所在单位和个人对第一层次年金的补充。本文所理解的职业年金包括了企业为职工建立的企业年金，指职业人员工作单位为其提供的补充养老保险总称。在我国应该包括为公职人员提供的职业年金和企业办理的企业年金。

按照国外职业年金运行情况，职业年金的主要特点是：第一，具有保险性和稳定性。职业年金是职业人员单位为其职员建立的退休养老保障制度，是一项确定性福利制度，是构成单位薪酬福利管理的重要部分；第二，具有强制性。职业年金是为了减轻国家财政负担、保障职业人员退休后的生活，促进社会公平而推出的，具有一定的强制性，否则达不到预期的效果；第三，具有激励性和延期支付。职业年金与职业人员的服务时间长短、业绩等指标挂钩，具有较强的激励特征。同时，职业年金由单位和个人按一定比例出资成立，在员工工作期间按规定投资运作、保值增值，员工只能在退休后获取职业年金，年金具有受法律保护延期支付的特点。

在职业年金理论研究与实际运营中，职业年金制度和职业年金计划（方案）这两个概念经常使用，为避免理解上的混乱，做以下解释。

职业年金制度是指在国家政策指导下，由职业人员事业单位为其雇员建立的一项养老保险制度，是基本养老保险的重要补充，也是多层次养老保险体系的一个重要组成部分。

职业年金计划（方案）是建立职业年金的用人单位依据国家有关法律法规和政策，通过合法程序制订的本单位职业年金实施计划和运行程序。职业年金方案包括的内容有：参加人员范围；资金筹集方式；个人账户管理方式；职业年金管理方式；职业年金计发办法和支付方式；支付职业年金待遇的条件；组织管理和监督方式；企业与职工双方约定的其他事项等。

二、职业年金的作用与意义

（一）养老保障

职业年金制度的最基本作用在于保证社会成员在丧失劳动能力时能够得到正常的生活资料。职业年金制度的发展使市场经济体系中出现了专门的经济机构向老年退休人员提供收入。这种经济机构不仅为员工提供了将个人工作期间的收入在时间上进行再分配的手段，而且借助这种机构，政府、企业也可以将一部分最初以税收、利润等形式存在的经济收入转移支付给员工，这样就在市场经济体系中形成了用于支付职工退休后收入的专门资金来源。因此，职业年金制度的出现与发展无疑会有助于老年贫困问题的解决。人的一生中通过劳动获取生活资源的时间段是有限的，为了保证劳动期间与退休期间的收入不产生较大的起伏而影响正常生活，职业年金制度起到将个人的经济收入资源在一生中不同时段进行再分配的功能。

（二）人才资源管理的重要部分

首先，雇主在自由竞争的市场中寻找员工，员工也将退休年金计划视为维系劳动关系的重要基石，而没有设立退休年金计划的单位很难吸引和留住真正的优秀员工。因此，有些雇主明知道退休年金计划的现金收益不会与付出的成本相符，但仍然设立退休年金计划以吸引人才。事实上，退休年金计划虽然不能绝对改善员工的士气与工作效率，但如若不设立退休年金计划，则会有相反的效果。因此，雇主都会设立退休年金计划以增加自己的核心竞争力，实行退休年金制度遂成为雇主必需的策略之一。

其次，生、老、病、死是人生必须经历的生存阶段。每位在职员工都会有年老的时候，届时其生产的价值会小于所得的报酬，成为社会负担而不再是人力资源。解决老年退休经济问题，一般而言，有几个办法可供选择：第一，辞退老年员工。此方法不人道，也不合法，不可能采用。第二，仍然保留员工现有工作岗位，并给予相同的报酬。该办法增加成本，很少业主采用这个办法。第三，雇主仍然留用年老员工，但将其调到相对不重要的工作岗位，并给予相同或较低的报酬。不过由于可供调配的岗位不会如此多，该法依然不可行。第四，有规划的职业年金制度。此办法可使雇主和雇员合理分摊养老成本，同时保持雇主正常稳定，是解决员工老年经济安全问题最理想的做法。

总的来说，职业年金计划的设立，可以促进生产力，使年老体弱者自然退出，以比较人性化的方式来解决老年经济问题。从整个社会来看，使用退休金制度解决老年经济安全问题，应是一个成本较低的方法，而且，职业年金计划的成本是由众人通过长时间来分摊，不仅照顾年老者的经济生活，也促进与增加了经济活动的效益。职业年金制度的存在与发展，弥补了由于市场经济发展造成的职业人员晚年收入来源减少的问题，使社会经济体系中出现了专门以保障老年收入来源为目的的制度，为解决在市场经济发展中出现的老年贫困问题建立了条件，这是人类社会经济关系发展中的一个进步。

（三）弥补国家退休养老金的不足

一般来说，国家举办的国家基本养老保险计划，只能够维持老年人的基本生活所需费用，并且容易出现浪费、低效率且经营不善的问题。欧盟国家、高福利国家提供的高保障养老制度使国家财政的支出到了难以为继的地步。而职业年金能够减轻国家在养老保障方面的支出，弥补国家退休养老金的不足。在欧、美、日等西方发达国家，一般通过税收优惠政策诱导、鼓励雇主与雇员自愿参加职业年金计划，从而推动职业年金制度快速发展。

（四）促进经济增长

职业年金成为经济增长的动力，很大程度上源于年金投资理念的转变。职业年金不同于通常所讲的养老年金，养老年金是指退休人员领取的生活费用。而从市场意义上讲，职业年金则是指集中社会上的养老年金，委托专业管理机构用于产业投资或证券投资等其他投资，以实现保值增值的目标（其特点是数额巨大，可利用时间长）。

首先，职业年金的运作促进了老龄人口消费的增长。美国是一个老龄化国家，老年人的消费能力是影响其消费水平的重要因素。美国目前有2900 万人按月领取社会保障养老年金，占全国 65 岁以上老年的人口的92%。由于近 10 年来年金的成功运作，年金的收益率一直维持在高水平，80 ~90 年代，美国私人管理的职业年金基金，扣除通货膨胀因素，年平均收益在 10% 左右，在很大程度上提高了老年人的退休金收入，使老年人口消费水平大大提高。其次，稳定并提高了公众对未来的预期。根据美国一份调查显示，66% 的被调查者认为，一直到退休，他们的生活将稳定在目前的水平上，19% 的人甚至认为会有所提高。巨额的职业年金对于保障公众未来退休生活，稳定其对经济前景的信心起到重要作用，大约有一半的私营企业职业人员和 3/4 的政府员工受惠于职业年金的保障。

美国职业年金市场化运作的初衷是解决养老年金的保值增值，以确保未来退休人口的生活质量。从目前的状况来看，这个目标无疑是达到了，更令人惊喜的是，职业年金同时也成为美国经济健康成长的推进器。

（五）为资本市场提供了重要的资金来源

职业年金可以为国内资本市场提供所需的发展资金，而透明流动的资本市场的建立不仅能为退休者创造更大的财富，还能缓解政府财政压力，并为发展中的企业注入资金。职业年金基金主要源于雇主为其雇员建立的退休金计划和个人退休账户。由于每个员工薪金的固定比例通常被存入年金账户，所以职业年金的现金注入量相当稳定，同时，退休年金的支付现金流出也不难预算；职业年金从积累到发放存在着几十年的间隔。这些特点保证了职业年金可以进行长期理性的投资。此外，从投资中赚取的利息收入和资本利得可以得到联邦所得税豁免，除了实际支付的现金养老金外，受益人对年金的供款也不需纳税。所有这些极大地激发了人们对职业年金的供款热情。在规范的资本市场中，职业年金的金融资产总额不断攀升。

第二节　职业年金的产生与发展

职业年金最早产生于美国，1875 年美国的运通公司为其职工建立了世界上第一个职业年金计划。当时美国处于资本主义经济初期，大量农村劳动力从农村流向铁路建设、矿山开发等基础设施建设第一线。私有企业为了鼓励职业人员长期为企业服务，开始自愿为职业人员提供残疾、退休养老等福利性措施。尤其铁路、石油、公用事业等行业建立职业年金的情况比较普遍。早期建立的职业年金计划覆盖率比较低，以高级管理人员为主，低层职业人员只有工伤造成的“永久残疾”才可以一次性领取一笔经济补偿。早期的职业年金资产权益归属于企业而不是职工，如果职工退休前离开企业则任何经济补偿也得不到。第二次世界大战以后，职业年金得到迅速发展。这主要是各国通过立法，一方面规范职业年金发展，另一方面强制性推进职业年金发展。战后初期的经济萧条是促进年金计划发展的又一推动因素。在萧条时期，雇主难以支付工会所要求的工资水平，因此，从工会和雇主双方来看，通过年金制度向职工提供收入保证成为缓解紧张的劳资关系的重要途径。1948 年美国最高法院批准了全国劳资关系委员会的一项规定，即雇主有法律义务与工会商定向雇员提供年金收入的条件。20 世纪 50 年代初期朝鲜战争造成的劳动力紧张，又成为促使雇主用年金手段吸引劳动力的外部因素。50 年代中期以工会为代表的集体谈判中，年金计划成为一项重要的内容。这种集体谈判使得年金计划从以往由单个厂商举办转变为由若干厂商联合举办的行业性年金计划。政府也越来越寄希望于职业年金在提供老年收入保障方面发挥更大的作用。

1889 年德国俾斯麦政府以劳动者阶层为对象，制定了《老年和残废保险法》，第一次由政府出面对工业化给职业人员阶级带来的损害采取补偿措施。英国的威廉·贝弗里奇爵士在 1942 年提出了《社会保险和相关服务——贝弗里奇报告》（以下简称《贝弗里奇报告》）的报告。在报告中，贝弗里奇爵士构想了一个面向全民的社会保障体系。它的基本特征是，通过个人、雇主、政府的共同缴纳，向社会成员提供普遍性的基本生活保障。《贝弗里奇报告》对战后西方国家，尤其是欧洲国家社会保障体系的建立产生了深远的影响。战后初期，西方各主要国家如英国、瑞典等国工党或社会民主党上台执政，这对于实行《贝弗里奇报告》提出的构想提供了政治条件。战后 20 多年中，西方国家经济与人口持续增长，为年金制度的迅速发展提供了经济条件。这一时期，各国政府举办的职业年金制度一般都采取非年金储备、以支定收、现收现付的方式。这种方式支付老年年金的资金来源是以国家的税收手段为后盾的。这种方式的年金计划要求在总人口中，劳动人口所占比例相对稳定或增加，这样，从劳动人口平均征收的费用就可以相对稳定或下降。在这种年金制度下，如果国民收入持续增长，那么，社会用于赡养老年人的费用在国民收入中所占的比重就会逐步下降，不会给社会带来沉重的经济负担。20 世纪 50 年代和 60 年代，西方各主要工业国家经济高速增长，同时人口出生率也有一个很大的提高。这样一个特定的历史环境为职业年金的发展提供了十分有利的社会经济条件。

20 世纪 20 年代，诸如银行、公用事业、采矿、石油等行业的大部分公司都建立了正式的雇主职业年金计划，同时，也有少量的制造业厂商建立了职业年金计划。到 1929 年，美国共有 397 个年金计划在实施，大约 370 万职工参加了私人年金计划。总起来看，在这一阶段，雇主为雇员举办年金计划主要是作为一种人事管理手段而不是作为雇员应当享有的一种权利来实施的。雇主许诺给予退休收入的雇员主要是那些有技术、有管理经验的高级雇员，提供这一收入的主要目的是促使他们长期留在公司工作。因此，这一时期出现的年金计划所覆盖的主要是那些公司的高级管理人员，而不包括广大的一般职业人员；这种年金福利与雇员所在的公司岗位紧密相连，雇员如果离开公司就会失去这种待遇。与此同时，年金计划在财务上也并不是健全的，雇主所许诺支付的退休年金往往没有相应的专项资金账户，而是与公司的其他资金混杂，因此，一旦公司发生财务危机，已经许诺给雇员的待遇便得不到保障。除了由雇主举办年金计划以外，在 20 世纪初，一些工会组织也开始为自己的成员举办退休收入保障计划，如各种互助储金会等组织。美国的第一个由工会举办的老年收入计划是 1912 年由火车头工程师兄弟会举办的，到 1928 年，美国大约 40% 的工会成员所在的工会举办了各种老年收入保障计划。但是，工会组织举办的这些计划往往受到工会财力的制约，同时也受工会成员数量的限制，因此并没有成为较为普遍的形式。20 世纪 30 年代的大危机给资本主义各国经济造成严重破坏，也给雇主举办的私人年金计划造成巨大的危机。由于在此之前的私人年金计划财务上并不健全，许多年金计划并不具有相应的资金保证，使不少年金计划陷于破产。

战争给各主要工业国家的经济带来了巨大的破坏，也给人民带来了巨大的灾难。因此，还在战争进行期间，西方各主要国家的政治家们在筹划战后重建问题时，就开始把向人们提供全面的社会保障作为战后重建的一项重要内容。美国总统罗斯福在美国参战前就提出，战争的目的之一是要使人们的需要得到满足，要使人们摆脱恐惧。罗斯福和丘吉尔在《大西洋宣言》中提出，要“以向所有人提供安全、改善劳动条件、发展经济、提供社会保障为目标，使各国在经济领域展开充分合作”。加上已有的税收优惠，从20世纪50年代开始，职业年金又进入了一个新的扩张时期。60年代是职业年金制度继续发展的时期，这一时期不同于50年代的特征是，在50年代主要是年金计划数量的增长，而在60年代则是已有的年金计划覆盖面的扩大，这主要是由举办年金计划的公司部门的就业量扩大造成的。

由于早期职业年金发展过程中普遍存在忽视职工权益或随意剥夺职工应得权益的现象，再加上西方发达国家工会力量的强大，逼迫政府通过严格立法规范职业年金发展以保障职工合法利益。例如1972年瑞典通过了一项宪法修正案，规定所有雇主有义务为其职工建立积累型职业年金；1974年美国国会通过《雇员退休金保障法》，其中大部分条款是如何保障职工权益；1975年联邦德国制定了《企业退休金法》；1991年澳大利亚立法强制性规定雇主必须为其雇员建立积累型职业年金。

20世纪70年代以后，由于石油危机带来的低经济增长率、高失业率和通货膨胀率，以及日益加剧的人口老龄化问题，导致许多工业化国家重新审视传统的高福利型社会保障模式。尤其是西欧国家，20世纪60年代政府对社会养老保障支出只占GDP 2%～4%，到了70年代普遍超过5%，这对政府来讲是一种沉重负担。因此，改革社会养老保障制度，减轻政府财政负担成为西方国家政府的共识。此时，世界银行提出了社会养老保障三支柱体系理论，即社会养老保障的责任由政府、企业和个人三方面共同负担，改变了当时西方国家普遍由政府全部或大部分承担社会养老保障的做法。这种理论为减轻政府财政负担提供了依据，得到世界上大多数国家的支持。因此，各国政府通过立法、税收优惠政策等手段大力发展职业年金，使得职业年金在西方国家迅速发展。在这种历史潮流下发展中国家也应势而为，改革和发展本国的社会养老保障制度。以智利为代表的拉美国家建立了强制性的以个人账户为基础的职业年金制度，年金管理与运营完全市场化。个人如果对管理自己账户的养老金管理公司不满意可以自由转移账户。不同养老金管理公司之间为争夺个人账户进行激烈竞争。由于竞争的充分性和完全市场化的运营，使得以智利为代表的拉美国家养老金市场迅速发展。在亚洲国家，建立了以新加坡为代表、以政府集中管理为模式的、强制性中央公积金养老制度。中央公积金养老制度虽然没有拉美国家的养老金制度市场化程度高，但得到国家政策性支持比较多，因此发展也很迅速。

第三节　职业年金的理论基础

一、养老保障三支柱理论

世界银行于1994年发布的研究报告《防止老龄危机：保护老年人及促进经济增长的政策》针对西方发达国家人口老龄化、经济增长缓慢、政府在社会保障上支出过大造成财政赤字等问题，首次提出社会养老保障三支柱体系理论，其主要内容是：减少以现收现付型为基础的国家管理的公共养老责任，增加以年金积累为基础的、以税收优惠政策给予支持的职业年金养老责任，鼓励个人或家庭以储蓄和购买商业养老保险的方式养老。表2－1列出了三支柱养老保障体系及其特征。第一支柱仍然以国家养老保障为基础，与以前不同的是大幅降低其承担的养老责任，由以前负担80%～100%到只负担40%的养老水平。保持政府集中管理、具有收入再分配和照顾低收入阶层、实现社会公平的作用。第二支柱职业年金是三支柱体系重点发展和世界银行推崇的部分，建议政府应该以税收优惠政策或者强制性规定大力推动职业年金发展。该理论认为第一支柱是以牺牲社会效率和经济发展为代价，保证了社会公平。那么，第二支柱恰恰弥补了第一支柱缺陷，重点在于其具有的效率性和促进经济作用，同时，是解决社会老龄化问题、政府财政赤字的有效手段。

表2－1　养老保障三支柱体系及其特征

	第一支柱	第二支柱	第三支柱
名　　称	社会基本养老保险	职业年金	个人储蓄养老
目　　标	基本养老保障	补充养老保障	补充养老保障
意　　义	通过收入再分配体现社会公平	通过资金积累体现社会效率	通过储蓄性积累体现社会效率

续表

	第一支柱	第二支柱	第三支柱
管理方式	政府集中管理	社会化市场化管理	社会化市场化管理
财务形式	现收现付	年金积累	年金积累
资金筹集	政府税收	企业或职工的缴费	个人储蓄
替代率水平	30%	40%	10%

世界劳工组织对于世界银行提出的三支柱体系有着自己的看法：首先，他们认为，不能把三支柱体系作为“包医百病”的良方，也从来没有“放之四海而皆准”的社会保障制度。一个可持续发展的社会养老保障制度必须与本国政治制度、经济制度以及人口结构、经济发展水平等相适应，因此，不一定适合所有国家。每一个国家有自身特殊情况，必须根据每一个国家的情况制定适合本国特情的社会养老保障制度。另一方面，当一个国家的政治、经济、人口等环境发生变化时其社会养老保障制度也应做相应调整与改变。其次，他们认为建立多层次、多支柱体系的社会养老保障是必要的，这样可以多方面筹集资金、全社会共同关心和负担社会养老问题，有助于有效地解决社会养老问题。世界劳工组织与世界银行关于建立多支柱、多层次社会养老保障体系的目的不同。前者强调的是整个社会共同关心和负担社会养老问题，有助于有效地解决社会养老问题；后者的初衷是减轻国家养老负担、政府财政赤字以及经济发展缓慢问题。第三，世界劳工组织认为社会养老保障必须更多关注社会公平问题，养老制度与政策更多向社会贫困阶层、低收入阶层倾斜。因此，他们的结论：体现社会效率而缺乏社会公平的职业年金并不一定比现收现付模式好，这是世界银行与劳工组织最大分歧所在。世界银行非常推崇以个人账户为基础的职业年金，并向各国政府积极建议。世界劳工组织反对这种做法，并认为职业年金长期发展的结果是，“富者恒富，穷者恒穷”，没有钱为自己建立积累账户的低收入人群其老年生活仍然没有保障，因此，职业年金的社会保障制度是富人的“游戏”，是为富人建立的养老保障制度。

其他学者在三支柱体系基础上提出了四支柱、五支柱养老保障制度。四支柱体系是把三支柱中的国家养老支柱拆分为两个支柱即一部分仍然为现收现付财务模式，提供最基本的养老保障，另一部分以个人账户为基础的年金积累模式，是对基本保障的适当提高。例如我国社会基本养老保险就属于这种形式，分为社会统筹部分和个人账户部分。这样以国家税收为基础的两个支柱，职业年金一个支柱和家庭养老支柱共四个支柱。五支柱体系是把职业年金部分又拆分两部分，即一部分是国家按一定标准强制职业人员所在单位必须为其职工建立，另一部分是职业人员所在单位在强制性基础上自愿建立。

二、人身风险理论

人的一生从出生、婴幼儿、少年、青年、壮年到老年经历了不同阶段。在整个人生过程中，人的身体或生命都存在着不可预知的风险，如疾病、意外事故、战争、饥饿、犯罪、失业、失去收入来源等风险。不同人生阶段面临的主要风险也不同：婴幼儿期主要是疾病风险；青、壮年阶段主要面临失业风险；老年阶段主要是失去收入来源风险。假如从 60 岁退休算起活到 80 岁的话，一个人 20 年没有收入来源面临如何生活问题。因此，保障老年人基本生活是社会养老保障制度要解决的问题。

三、需求层次理论

对职业年金的产生与发展，也可以用马斯洛的需求层次理论解释。马斯洛把人的需求分为五个层次，从低到高依次是：生理需求、安全需求、交往需求、尊重需求和自我实现需求。

老年人需求也遵循需求层次理论，其最基本需求是生理需求，即吃、穿、住、行等。如果生理需求得不到解决的话，老年人就面临生存问题，因此，解决老年人生理需求是政府的基本责任，一般通过社会基本养老保险解决。对于更高层次的需求，如安全需求、尊重需求等，则可以通过职业年金或个人、家庭储蓄方式解决。假如某位老年人退休前所在工作单位可以提供较好的退休养老保障，或家庭比较富裕可以保证老年人有较好的退休生活，比起每月仅能维持基本生活的老年人，自然会有安全感和优越感。

四、消费函数理论

1975 年米尔顿·弗理德曼提出了消费函数理论，其基本观点是：消费与收入的关系是持久消费(C_p)取决于持久收入(Y_p)，两者有恒定不变的比例关系，即

$$C_p = kY_P。$$

这个观点建立在以下三个假设基础上。首先，一个家庭收入由两部分组成，即持久收入 Y_p和暂时收入 Y_t；消费也由持久消费 C_p和暂时消费 C_t组成。即：

$$Y = Y_p + Y_t$$
$$C = C_p + C_t$$

其次，持久消费在持久收入中所占比例是固定不变的常数，即$C_p = kY_p$ $(0 < K < 1)$。进一步假设所有不同收入的家庭，K 值是一样的，这意味着不同收入的家庭储蓄的比例是一样的。第三，暂时消费与暂时收入无关，即一笔意外收入并不会增加消费。这意味着意外收入增加了储蓄。

米尔顿·弗理德曼的消费函数理论主要说明了以下问题：一是人们的消费水平取决于持久性收入，与暂时性收入无关；二是通过储蓄方法对收入进行持久性消费。人的一生分为收入阶段和无收入两阶段，老年时无收入阶段依靠青、壮年时的收入阶段储蓄安排以避免老年经济风险，是非常必要的。因此，具有储蓄性的养老金计划安排是防止老年经济风险有效的手段。

五、生命周期理论

该理论认为：人的一生中经历工作前期、工作期、退休期等不同阶段，其消费与收入之间存在某种确定性关系，即人的一生有正储蓄与负储蓄之分。工作期间收入大于消费，形成正储蓄；退休后没有收入，用以前的储蓄进行消费，这是负储蓄。个人储蓄总额在工作期呈上升趋势，在退休期呈下降趋势。生命结束时，全部储蓄用完。一生中全部收入与总消费相等。

这种观点建立在以下假设基础上：第一，人是理性的，能以理性方式处理自己的收入与消费问题，使收入效用最大化；第二，人以自己生命周期中全部预期收入来安排其全部预期消费；第三，个人拥有财产数量影响其边际消费水平，即财产多，边际消费水平低；财产少则边际消费水平高。图 2－1 为人生命周期中的收入与消费关系。

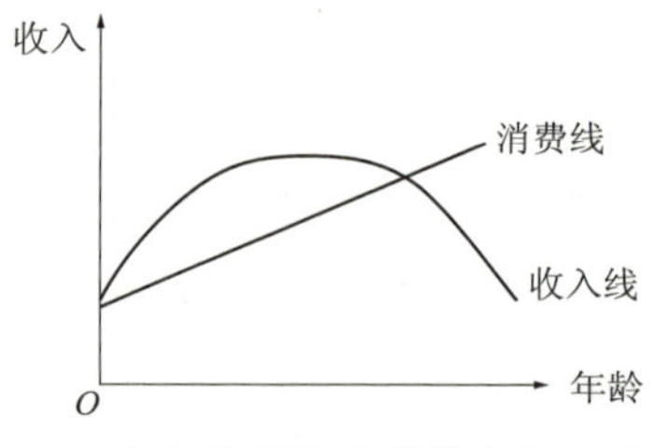

图 2－1　人生命周期中的收入与消费关系

生命周期储蓄理论说明了一个问题，即人们工作期间要为老年退休做储蓄安排。

六、人力折旧理论

美国学者 Welling Guier 提出“人力资本折旧”理论。他认为，机器、厂房等固定资产经过常年使用需要逐年提取折旧费对其进行维修保养。人力资本同固定资产一样，随年龄增大工作能力下降，资本价值也逐年降低，因此，也需要在工作期间提取折旧费用对其进行补偿。工作单位为其职员建立职业年金制度就相当于人力资本折旧费用。早在 1912 年美国学者李·威林·斯奎尔就说过这样的话：“从整个社会经济观点看，没有哪个雇主有这样的权利，即在一个行业中让员工耗尽了 10 年、20 年、30 年或 40 年精力后，然后撒手不管让他们像海上漂浮物一样在社会上游荡。”。这种观点说明了雇主不论从道义上还是从理论上都应该为雇员退休做好适当安排。

七、延期工资理论

美国的 Albert de Roode 提出了“延期工资”的概念。延期工资理论是对人力折旧理论的修正与发展，并得到学术界认同。该理论认为，雇员退休金其实应该属于其工资的一部分。员工工资一般分为两部分，即货币工资和福利津贴，退休金属于员工福利津贴部分。因此，雇主为其雇员支付退休金是其雇佣劳动力的成本，是合理与应当的。员工有权选择是货币性工资还是退休金作为其劳动报酬所得。但由于大多数人倾向于货币性工资对消费缺乏理性和计划性，使员工退休生活难以得到保障。所以，政府往往采取引导、鼓励、甚至强制性措施让员工选择退休金作为其劳动报酬一部分以保障其正常退休生活。延期工资概念意味着职业年金财产权益属于职工所有而非雇主。该理论最大贡献是解决了职业年金资产权益性质问题。

八、商业权益理论

该理论是比较早期的关于职业年金性质的研究，该理论认为职业年金是雇主对长期忠诚雇员的一种赏金或酬劳，是一种恩惠性的支付。是否给员工建立职业年金雇主完全有自主权，这要根据人力资源战略和竞争需要来确定。这种理论与延期工资理论观点是完全相对立的，该理论说明了职业年金资产权益归属于企业雇主，而不是员工应得的劳动报酬。

九、储蓄替代理论

储蓄替代理论是新古典经济学关于效用最大化理论在老年收入问题研究中的运用。这一理论以西方经济学中的要素收入分配理论为前提，在此基础上考察已经作为要素收入的价值如何在要素所有者一生中分配。它的基本内容是，认为年金制度是人们储蓄活动的替代物。这一理论把人的整个生命过程划分为工作阶段和退休阶段，人们在心理上总是试图将其所掌握的资源在一生中进行适当的分配，以便使消费在一生中保持在一个相对稳定的水平上。人们在工作阶段并不消费他们的全部收入，而是拿出一部分作为储蓄用于退休阶段的消费。因此人们在工作时期进行正储蓄，在退休阶段进行负储蓄，从而使全部收入在一生中形成一个稳定的消费流。这一理论认为，职业年金制度的出现是为了方便人们的这种储蓄活动，是通过年金的缴纳与支取，来代替以往人们的储蓄行为。所以年金的缴纳与受益应反映人们为保持老年收入的储蓄倾向，否则，人们将通过自身的储蓄行为对职业年金制度实际形成的当期消费与未来消费的比例进行调整，使实际消费与储蓄的关系符合人们心理倾向所决定的比例。因此，按照这一理论，在理想状态下，有着完善的劳动市场和资本市场，没有税收，没有不确定性，那么，人们缴纳的养老准备金就被看作人们所愿意进行的储蓄的替代物。这一理论所依据的假设包括人们对一生收入、消费量以及从一定收入的消费中得到的满足程度有比较清晰的了解。这些假定前提是十分严格的，明显表现出新古典经济学的理论特征。在这些前提不完全具备时，例如，当存在着国家对职业人员作为年金准备金缴纳的收入部分实行免税时，就会改变职业人员收入预算线的斜率，从而改变职业人员原有的消费与储蓄比例。对这一理论持批评观点的一派认为，不仅税收优惠会改变职业人员按照效用最大化原则调整自己的消费—储蓄比例，而且当资本市场上投资收益发生变化时，还会对职业人员产生收入效应和替代效应。当国家税收优惠政策不变时，一方面，投资回报率的提高可以使职业人员预期终生收入增加，这种情况会进一步使职业人员增加消费、减少储蓄；另一方面，投资收益率的提高也会使职业人员增加消费所带来的机会成本提高，从而促使职业人员减少消费。究竟职业年金制度会引起储蓄和消费比例怎样的变化，并不是能够通过理论的逻辑来说明的。从对这一理论的批评，我们可以看出，虽然从纯粹的意义上看，职业年金可以是职业人员为保证自己退休阶段收入而进行储蓄的一种实现形式，但是国家对职业年金准备金的税收政策、资本市场的变化等因素，使得职业年金制度的存在改变着社会的实际消费—储蓄比例。所以，并不能简单地把职业年金制度看作是人们储蓄的替代物。

十、隐含协议理论

这一理论是美国经济学家萨缪尔森在 1958 年的一篇论文中提出的。此前，德国经济学家 W. 施瑞博 1955 年也提出过类似的理论。这一理论的基本内容是，每一代人只有在生命的工作阶段创造消费品，因此，每一代人在他们具有生产能力的阶段上，通过赋税的形式将所生产的一部分产品交给国家，用以赡养正处于退休阶段的一代。他们之所以愿意这样做，是因为可以通过国家的作用，使每一代人达成与国家之间的隐含协议，当他们支付退休一代的收入时，他们就取得一种权利，即当他们处于退休阶段时，下一代人将用自己创造的生活资料养活他们。这一理论成为现收现付型职业年金制度的理论依据。这一理论同样是将人的一生划分为工作阶段与退休阶段。在这一划分的基础上，萨缪尔森假设每个人在工作阶段生产一个单位不能保存的消费品，退休阶段不生产任何产品，同时资本不带来收益。在这些假设下，他认为当每一代人都缴纳收入中一个固定比例作为赡养退休一代人的费用时，这笔费用的利息率就等于人口的自然增长率。以后，阿隆又对萨缪尔森的理论加以补充，认为利率不仅来自人口的增长率，而且在人均收入增长的情况下，个人缴纳的费用的利率就是人口增长率与生产率增长率之和。但他们强调的是仅靠市场的作用是不能使这种利率变成现实的，因此，需要由社会出面协调。通过社会的强制作用或协议作用，使年轻人不愿支付老年人生活费用的问题就可以得到解决。年轻一代支付老年人的生活费用，那么社会也会向他们的后代提出同样的要求。这样，萨缪尔森就把社会保障活动解释为一隐含的代际之间的赡养协议。就个人而言，虽然没有真正进行投资，但是从一定意义上看，当他间接地“购买”一种公众对他的义务时，也就是在为自己的退休阶段进行投资。因此，这种理论说明了以现收现付型为基本运行方式的社会保障体系又具有保险计划的性质。W. 施瑞博认为，在市场经济条件下，人们为了使自己只能在工作阶段获得的收入在一生中得到重新分配，就必须加入这种隐含协议。他认为，在税率不变、人口增长率以及预期寿命不变的情况下，退休人员可以享受到社会生产率增长的好处。也就是说，退休一代的投资“回报”相当于生产率的增长率。总之，W. 施瑞博和萨缪尔森认为，纳税人支付退休者的收入就是与政府之间形成的一种隐含的交换，通过支付退休者的收入，交换对政府的预期，即政府将采取强制手段向后代征税以支付自己退休时的收入。这种理论的前身来自德国的所谓“Mackenroth 命题”，这一命题是西方年金制度，尤其是国家年金，从储蓄（或者叫保险）

方式向现收现付（代际转移）方式转变的一个重要依据。Mackenroth 在 1952 年提出，“一个简单而又明显的事实是，所有受益人的消费必须来自当期的生产，不管从个人角度看是积累的年金还是储蓄，当前消费的唯一来源只能是当前生产，没有其他来源”。换句话说，Mackenroth 认为不管职业年金制度的形式怎样，不管是保险方式还是社会保障方式，抑或是社会援助，所有的受益必须由劳动一代来支付。尽管个人当前进行储蓄以备将来之需，但届时只能由那时处于劳动阶段的社会成员来提供消费资料。因此他认为，从社会的观点来看，现收现付的方式是唯一可行的年金制度。这一理论的不当之处在于它只看到所有受益人的消费必须来自当期生产就否认储蓄作为老年收入来源的作用，从而认为现收现付是唯一可行的。诚然，即使在储蓄方式下，当人们退休后用以往的储蓄额来购买的生活资料确实来自当期生产，但是，在经济活动中储蓄本身并非只是将一部分价值储藏起来，而是用于投资以扩大生产能力和提高生产率。因此，当人们退休使用储蓄作为生活来源时，面对的是由以往储蓄与投资带来的更多的生活资料。这里，储蓄作为经济增长的因素起着重要作用。在 20 世纪 50 年代的经济条件与人口发展的状况下，这种隐含协议理论对现收现付年金制度的形成与发展具有一定的推动作用。

第四节　职业年金发展模式

一、现收现付型和基金积累型

从资金收支流动角度考虑，可以分为现收现付型和基金积累型。现收现付型是指职业年金的资金流动以现有缴费资金使用即可支付退休职员的养老金，资金收与支之间的时间差很短，资金收支后的余额也很少或者基本相等。收上来的资金来自现有雇主和雇员的缴费，支出的资金是付给退休人员的养老金，收支相对平衡。现收现付型要求缴费大于或等于对养老金的支出，否则会出现不平衡，长时间的话制度就难以继续下去。在人口老龄化现状下，劳动人员不断减少而退休人员不断增多的情况下，现收现付型的职业年金制度面临巨大挑战。

现收现付以横向的现时的资金平衡为原则，进行资金运营管理，在满足现时收支平衡的情况下，仍有部分多余资金进行积累，以保证未来一定时期内的资金需求。既有转移支付和收入再分配的社会公平功能，又具备一定的资金运营效率。现收现付的缺点：在运营管理上比较复杂，涉及的技术环节比较多。

基金积累型是指一定时期内，依托某个固定账户通过定期缴费进行资金的长期积累，当职业人员退休时账户中积累的资金就可以作为退休养老金。这种制度需要职业人员在工作阶段就开始积累，积累的时间越长，账户中的积累资金越多，个人获得的退休养老金也相应越多。基金积累型是一种权益确定型的制度，每人有一个账户，账户中积累的资金归属个人所有，它不具有保险共济特征，是一种储蓄性质的养老保障制度。

积累型是一种长期纵向的以资金平衡为原则的筹集与管理模式，它要求劳动者在工作期间把一部分收入积累起来，形成集中的基金，由专业金融机构运营与管理，当劳动者退休后，根据个人缴费额与投资收益情况，来确定养老退休金多少。具体操作中，通过为每一个人建立个人账户，记录个人缴费、投资收益与养老金支付。积累型的特点：从资金管理角度，能实现长期的纵向的资金平衡；从个人收入与消费角度，能实现人生的收入与消费的平衡；从金融角度，通过资金储蓄性积累能形成资金规模；从社会管理角度，体现了效率优先原则。积累型的优点：以收定支，能防止人口老龄化给社会带来的冲击，劳动者的权利与义务关系紧密，不存在支付危机和代际收入转移的社会矛盾；能较好地与国家宏观经济结合起来，通过积累资金的投资运营，能够调节宏观经济矛盾和经济结构，促进经济发展；积累资金通过对资本市场的长期投资，能够稳定资本市场和推动资本市场的发展；由于养老金支付水平与个人缴费水平直接挂钩，具有激励个人缴费的积极作用；作为单位对其职员福利政策的一部分，单位为职员缴费进行资金积累，具有吸引人才和保留人才的作用。积累型的缺点：资金积累的时间长，形成的资金规模比较大，面临的通货膨胀风险、利率风险、汇率风险等外部环境风险较大，资金的保值增值压力较大；资金通过专业机构的管理与运营，委托代理风险较严重；没有转移支付和收入再分配功能，社会互济性弱；由于资金积累的挤出效应，缴费者工作期间的消费支付水平相应降低。

二、待遇确定型和缴费确定型

待遇确定型（denfined benefit plan，DB 型）是指职业人员的退休养老金标准在制度建立初期根据个人的职位、学历、工作年限及缴费水平等因素，事先就确定下来。待遇确定型一般采用现收现付型的资金管理方式，没有严格的个人所有权益，也不设立个人账户。缴费确定型（defined contribution plan，DC 型）是指在制度建立开始就规定了职业人员缴费的比例、缴费数额计入个人账户内，通过长期积累并对资金投资运营使之保值增值，当职业人员达到退休年龄时，从账户支取养老金。缴费确定型与积累型紧密联系，两者有类似的地方。一般情况下，缴费确定型通过个人账户进行积累。

待遇确定型和缴费确定型两种类型各有优缺点，待遇确定型对于职员来讲，最大好处是可以获得一个稳定的、可预期的养老金替代率，但资金管理者要承担长期的资金投资保值增值风险。从长期来看，能否为职业人员提供退休后确定的养老金待遇，在通货膨胀风险、利率风险、汇率风险、政策风险、经济风险、政治风险等各种风险存在的情况下，要做到制度建立之初的承诺，具有极大的挑战性。缴费确定型则弥补了待遇确定型的缺点，没有待遇标准的承诺，退休后养老金待遇的多少与个人在职时的缴费多少有直接关系，并且每人建立了自己的账户，账户随人走，可以促进人才的流动。不足之处是可能形成贫富差距，在职时收入高低，决定了退休后的待遇高低。也就是说，身份决定待遇。贫者永贫，富者恒富。这对缩小社会贫富差距非常不利，也不利于社会公平。

三、强制型和自愿型

根据法律规范程度不同，职业年金可以分为强制型和自愿型。强制型职业年金由国家通过立法，要求职业人员所在单位必须建立职业年金计划并强制实施，实施人员范围、缴费水平、年金管理等由国家做出具体规定，个人和工作机构的选择余地较小。目前，欧洲多数国家采取强制型职业年金计划，强制型能保证职业年金的覆盖面较广。强制型的理论基础来源于有限理性学说。该理论认为，几乎所有的个人都由于信息不完备或未来的不确定而无法为养老做恰当的准备，而且，相当一部分人的短视行为将直接导致其养老准备的不足。因而，为了克服个人在这方面的有限理性，需要有一个外在的更有理性的力量来强制每一个人按照某一计划行动。当然，强制性与政府的有关责任紧密联系，因为，如果政府以“最后出场人的”角色发挥作用，它就应该有权利采取某种强制措施，以使自己的支出负担最小化。

强制型不符合自由主义理念，目前世界上多数国家的职业年金计划还是自愿型。这种模式下，国家规定基本的政策，由职业人员和所工作机构根据经济状况自行决定是否实行、如何实行以及实行的程度。缴费通常由双方共同承担，承担比例自行商议。从世界上其他国家实践看，为鼓励职业年金的发展，政府对实行自愿型的职业年金在缴费、投资收益、领取养老金等环节给予一定的税收优惠。自由主义和效用论是自愿型的理论基础。自由主义者认为，自由的行动是指个人根据自己的知识，选择自己的方法，进而追求自己的目标，它的实现必须基于不以他人的意志为转移的外部条件。强制会限制自己知识的充分利用，遏制个人的创造性。在不断进步的社会中，任何对自由的限制都会使经受了考验的事业在数量上减少，进而使进步的速度降低。而在这样的一个社会中，行动自由之所以给予个人，不是因为他由此获得更大的满足感，而是因为如果让他按照自己的意愿行事，而不是按我们要给予他的命令去做，他将能更好地为我们中的其他人服务。自由主义者认为，国家机器的任务只有一个，这就是保护人身安全和健康，抵御任何暴力侵犯与侵略。一切超出这一职能范围的政府行为都是罪恶，因为，国家每一个干预行动都是破坏性的，原想通过干预行动来解决的问题不但得不到解决，反而会带来更多类似的问题。效用论则认为，一个人的幸福程度取决于他从消费行动中所获得的满足程度即效用，而一个人的满足程度是一种主观感受，只有自己最清楚，所以，只有每个人按照自己的意愿去行事，才能实现福利最大化。按照这些理论，个人应该在自愿的情况下而不是受强制性政策的约束去参与养老金年金的积累计划。

四、政府导向型与市场导向型

自从现代经济学诞生以来，关于市场与计划的争论一直就没有停止过。但是，近几十年来国内经济发展的实践证明，恰当而渐进的市场化改革在一定的情况下会极大地促进生产力的发展。因而，在养老保障领域，市场化改革目前已经成为一种主流思想。然而，人们在养老保障如何市场化上还存在着很大分歧，主要表现在：是所有项目市场化还是部分项目市场化？在一个职业年金计划中，有资金筹集、账户管理、年金投资、年金保管和养老金支付等不同的职能定位，是不是每一个职能都要市场化？新加坡的养老金计划全部实行政府管理，美国的养老金计划全部市场化，而智利的养老金计划，在账户管理和年金投资上实行市场化，在年金保管上则实行政府集中管理，即非市场化。职业年金计划，从收到支的不同环节中，哪个环节需要市场化或是否每个环节都要市场化，在以效率为前提条件下，根据各国的情况而定。

五、集中管理型与分散管理型

集中管理与分散管理主要指资金的管理类型。集中管理体制的优势主要体现在可以利用集团的力量获取规模效应，集中管理体制还因为管理成本低而受到赞赏。此外，集中管理还来自契约理论和信息经济学理论的支持。按照这些理论，分散的个人缺乏必要的信息和知识，将容易做出错误的决策，在谈判中的讨价还价能力也受到限制，很容易签订不公平契约，而且难以对其代理人进行有效监督，委托代理问题比较严重。而在集中管理体制中，由个人组成的集体，进行集体决策、谈判和监督等活动，将在一定程度上解决上述问题。但是，分散管理体制的支持者对此进行了反驳，他们认为，分散管理体制能够促进竞争，有竞争才能有效率，而集中管理体制容易滋生官僚主义和腐败行为，妨碍有效竞争，因而降低效率。

六、公司型和契约信托型

按法律基础和组织形态划分，职业年金可分为公司型和契约信托型。公司型是指职业年金的管理以公司的形态进行运营与管理。公司董事会决定职业年金的若干重大事项和投资决策问题，包括选择投资管理人、年金资产托管人及年金投资战略与方向等。契约信托型职业年金是指发起人发起设立职业年金后，职业年金成为独立的财产，通过一定的信托契约安排，年金财产由专业的年金管理机构进行运营与管理。

公司型职业年金的每只年金都是一个公司，有自己的董事会和股东大会，年金持有人就是年金的股东（职业年金缴费人）。公司型年金与一般商业性公司有相似的地方，但又有一些区别：一是资产性质不同。一般商业性公司的资产具有一定的专用性，以固定资产的形式表现，公司型职业年金资产以流动性资产为主，表现为金融证券性资产。二是法律基础不同。一般商业性公司以《公司法》为法律基础而构建，经营活动以《合同法》《民事商法》为法律基础，公司型职业年金组建的法律基础有专门的职业年金法法律，运营与管理活动多以专门的金融活动法律为基础。三是内部机构设置的区别。公司型职业年金虽然有股东大会和董事会，但一般没有经营管理人员，公司雇员也较少，职业年金的经营管理与投资活动大多以外包的方式，委托给外部专业机构。一般商业性公司则不同，虽然也有业务外包，基本上是公司的非核心业务，公司的核心业务则由自己的专业经营管理团队负责。四是委托代理问题更为突出。由于公司型职业年金把所有业务全部外包，所有权与经营管理权分离的问题更严重，委托代理形成的道德风险与逆向选择问题也相应地更为突出。

实际上，在公司型职业年金中，董事会的作用比较重要，一方面董事会受股东大会的委托，代表股东（年金持有人）的利益，决定公司的重要事项和年金投资方向和战略，另一方面，董事会有选择和监督年金专业管理机构的责任。美国是世界上年金业最发达的国家，其年金资产几乎占全世界年金资产价值的一半。美国是公司型职业年金的代表，有一整套保护职业年金利益人的制度安排，就是以独立董事为核心，以控制关联交易为重点的职业年金治理制度。

契约信托型职业年金又可具体细分为，一般契约型年金和信托型年金，之所以把信托型从契约型单独分离出来，是因为大多数的契约型表现为信托型职业年金。一般契约型是以合同法为法律基础，年金持有人与年金管理人之间是代理契约，信托型契约年金是以信托法为法律基础，年金持有人与管理人之间是信托契约。契约型年金是由年金持有人缴纳一定的资金形成年金后，通过契约关系，把年金资产交与年金管理机构运营与管理。年金持有人与年金管理人之间的权利与义务通过法律契约规范与约束。与公司型年金不同的是，在契约型年金下，年金持有人与年金管理人之间缺少董事会这一层机构，因此，年金管理人有更大的空间来运作年金。另外，从信托法和信托原理上讲，在信托型契约年金下，年金管理人被赋予更大的权力与责任，运营与管理信托年金。在信托型契约年金中，受托人处于核心地位，因此，对年金投资人权益的保护以及年金有效的管理，就主要依赖对受托人行为的有效规范，主要体现在三个方面：信托契约、信托原则和专门的年金法律法规。首先，信托契约是年金规范行为的基础。关于信托契约理论，目前为止有两种主要观点，即“分离论”与“非分离论”。“分离论”也称为“二元信托论”，该观点认为，信托契约应该以两个信托契约来构造委托人、受托人和受益人的权利与义务。第一个信托契约由年金持有人与年金管理机构签订，年金持有人是委托人和受益人，年金管理机构为受托人；第二个信托契约由年金管理机构与年金保管机构签订，年金管理机构是委托人，年金保管机构是受托人，年金持有人是受益人。“分离论”的主要优点在于年金持有人、年金管理人与年金保管人三者之间的权利与义务明确、清晰，能够形成互相牵制与制约的平衡关系，缺点是法律关系层次多，内部结构复杂。“非分离论”还有人叫作“一元论”或“统一论”，该理论的观点是把年金持有人、年金管理人与年金保管人三个主要参与人的权利与义务统一在一个信托契约内，形成三位一体的信托契约框架。在该信托契约框架下，年金管理机构是委托人，年金保管机构是受托人，年金持有人是受益人。“非分离论”下的单一信托契约虽然克服了“分离论”的两个信托契约造成的关系层次多的问题，但单一信托契约存在致命的问题是：年金管理机构作为委托人是值得怀疑的，因为，年金管理机构并不拥有年金的财产所有权，年金的实际所有权属于年金持有人。其次，信托原则是信托型契约年金治理的理论依据。信托原则主要有三个：第一，信托财产独立原则。信托财产独立性原则是保护年金持有人权益的重要设计，其主要内容有：①混同排除，受托人必须将信托财产与其自有财产或管理的其他信托财产相分离；②遗产、破产排除，信托契约签订后，受托人死亡或依法解散、撤销或宣告破产使信托终止时，信托财产不得作为遗产或被清算之财产；③强制执行排除，受托人的债权人不得对信托财产强制执行；信托财产不得与受托人的债务相抵消；④抵消排除，信托财产产生的债权与债务不得相互抵消。第二个是受托人忠诚义务原则。受托人在信托契约下对受益人负有忠诚义务。所谓忠诚义务是指受托人须以受益人的利益作为处理信托义务的唯一依据，不得在处理信托义务时考虑自己的利益或图利他人，就是避免与受益人发生利益冲突之行为。具体表现：受托人严禁与信托财产发生交易行为；如果受托人与信托财产发生交易行为的话，必须证明该交易行为是“绝对公平与透明”。第三个是受托人信赖义务原则。信赖义务是个比较抽象的概念，具体讲，信赖义务是指受托人的“善良管理人”义务，要求受托人在处理信托事务时应该具有正常的技术和谨慎水平。

一般的信托原则并不能有效规范契约型职业年金受托人行为的需要，各国对职业年金都有专门的立法。如英国的《养老金法》；美国的《职工退休收入保障法》等。在契约型年金中，由职业年金受托人控制投资决策，并对受益人负责。信托型职业年金对年金持有人权利的保护关键在于对受托人行为的规范，主要依赖信托契约安排和信托原则的执行等内容。

第五节　职业年金的参与者

围绕着职业年金参与主体，有缴费者、账户管理者、年金投资者和年金保管者，另外，还有对整个职业年金管理起决策中心作用的受托者和起监督作用的监督者。职业年金的参与客体就是职业年金及年金与附属于年金之上的有关权益（包括年金财产的所有权、占有权、处置权、受益权及知情权等）。客体主要有两部分构成：缴费本金与投资收益。但附属于年金之上的权益则比较多，主要有年金财产的所有权、占有权、处置权、受益权及知情权等内容。对权益的处理是职业年金管理的主要内容，也是造成管理复杂化的主要原因。图 2 – 2 为职业年金主要参与者示意图。

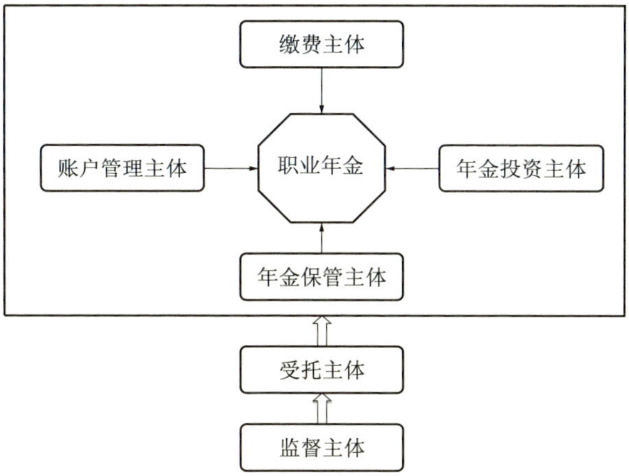

图 2－2 职业年金主要参与者

一、缴费者

缴费是职业年金中年金的来源，缴费者是职业年金权益的所有者。缴费者相当于现代企业制度中的股东，因此，缴费者也是职业年金管理权力的来源，是最高权力者。从法律的角度看，缴费者是职业年金委托人。职业年金的缴费一般有三种方式：一是雇主单独缴费；二是雇员单独缴费；三是雇主与雇员共同缴费。多数情况下，由雇主与雇员共同缴费。

雇主建立职业年金的目的是吸引人才和保留人才。作为缴费者的雇主其主要职责：一是发起与制订职业年金计划；二是按时缴纳费用保证职业年金运营的连续性；三是在制订职业年金计划的时候要保证计划的公平性，即做到高层管理者与低层职业人员之间、年老人员与年青人员之间、工龄长人员与工龄短人员之间的公平。

职业人员以自然人的身份存在，相对于雇主而言雇员则处于弱势地位。一方面雇主与雇员之间是雇用与被雇用的关系，雇员是被管理者，雇主是管理者，另一方面雇员用于缴费的资金来自于雇主发的工资。另外，职业年金管理中雇员不仅是缴费者，还是职业年金财产所有人及受益人。因此，雇员在职业年金管理过程中，其首要责任是缴费，其次，作为年金财产所有人也有承担年金管理风险的责任。

二、账户管理者

为每一个受益人设立单独的个人账户，记录受益人个人权益并在账户中积累年金，是保障受益人权益的有效办法。

账户管理者职责：①建立职业年金个人账户；②记录缴费以及职业年金投资收益；③及时与年金托管人核对缴费数据以及职业年金账户财产变化状况；④计算职业年金待遇；⑤提供个人账户信息查询服务；⑥定期向受托人和有关监管部门提交职业年金账户管理报告。

三、年金投资者

企业的缴费可以在个人账户中积累规模巨大的年金。积累年金的长期性决定其面临通货膨胀风险。因此，必须对积累年金进行有效投资，一方面规避通货膨胀风险，另一方面使其增值。

作为职业年金的投资者，在对年金进行投资的时候，应当遵循谨慎、分散风险的原则，充分考虑年金财产的安全性和流动性。其具体职责：①对职业年金财产进行投资；②及时与托管人核对会计核算和估值结果；③建立职业年金投资管理风险准备金；④定期向受托人和有关监管部门提交投资管理报告。

四、年金保管者

在职业年金管理过程中，需要对年金资产进行安全保管。制度漏洞或保管不当都可能使长期积累起来的年金遭遇巨大损失。因此，安排专业的、有资产管理经验的、具有强大资产偿付能力的独立资产托管机构或商业银行，作为职业年金的保管者，是职业年金管理的一项必要选择。

作为职业年金的保管者，其主要责任是保管年金资产的安全，具体地应当履行下列职责：①安全保管职业年金财产；②以职业年金名义开设年金财产的资金账户和证券账户；③对所托管的不同职业年金财产分别设置账户，确保年金财产的完整和独立；④根据受托人指令，向投资管理人分配职业年金财产；⑤根据投资管理人投资指令，及时办理清算、交割事宜；⑥负责职业年金会计核算和估值，复核、审查投资管理人计算的年金财产净值；⑦及时与账户管理人、投资管理人核对有关数据，按照规定监督投资管理人的投资运作；⑧定期向受托人提交职业年金托管和财务会计报告；⑨定期向有关监管部门提交职业年金托管报告。

职业年金托管人还负有监督投资管理人的职责，如果发现投资管理人的投资指令违反法律、行政法规和其他有关规定或合同约定，应当拒绝执行，立即通知投资管理人，并及时向受托人和有关监管部门报告。作为养老金的职业年金，要求有非常高的安全保障，所以，负有年金保管责任的年金托管人，必须保证年金资产的独立管理，禁止有下列行为：①托管的职业年金财产与其固有财产混合管理；②托管的职业年金财产与托管的其他财产混合管理；③托管的不同职业年金财产混合管理；④挪用托管的职业年金财产。

五、年金受托人

在职业年金管理过程中，有一个全面负责职业年金运营与管理并对结果承担责任的主体。由于雇主作为职业年金管理主导者有很多缺点，经过不断的改革与发展，实行年金财产所有权与经营管理权的分离，由外部专业金融机构负责职业年金的管理并对结果承担责任是可行的选择。即年金财产所有者作为委托人，信托给外部专业金融机构具体管理职业年金财产。因此，受托人是职业年金管理中最重要的参与者：一方面，受托人对委托人负责，并承担职业年金的管理责任，另一方面受托人在职业年金管理过程中居于决策者地位。具体讲，受托人应当履行下列职责：①选择、监督、更换账户管理人、托管人、投资管理人以及中介服务机构；②制定职业年金投资策略；③编制职业年金管理和财务会计报告；④根据合同对职业年金管理进行监督；⑤根据合同收取雇主和雇员缴费，并向受益人支付职业年金待遇；⑥接受委托人、受益人查询，定期向委托人、受益人和有关监管部门提供职业年金管理报告。发生重大事件时，及时向委托人、受益人和有关监管部门报告。

六、监督者

职业年金计划建立的基本目的是提供社会养老保障。职业年金一方面是退休职业人员的“保命钱”，另一方面通过投资成为金融市场的重要组成部分。所以，任何国家或地区的政府对职业年金管理都不敢掉以轻心，并实行相对严格的监管制度，保证职业年金持续、有效、健康的发展。在西方职业年金发展比较成熟的国家，政府监管机构主要通过制订职业年金管理的有关法律法规、政策等进行监管。政府监管机构主要包括：一是社会劳动保障部门，负责调整雇主和雇员的关系，保障雇员的合法权益；二是金融监管部门，负责对参与职业年金管理的金融机构进行资格审查与监督管理工作；三是税务部门，主要负责职业年金税收政策的调整与管理。

在市场化体制下，除政府监管机构外，社会中介机构也起一定的监督作用。社会中介机构主要通过接受委托，提供中介服务的方式间接监督。中介服务机构一般包括如下机构：投资顾问公司、信用评估公司、精算咨询公司、律师事务所、会计师事务所等专业机构。提供的中介服务主要包括如下内容：①为雇主设计职业年金计划；②为职业年金管理提供咨询；③为受托人选择账户管理人、托管人、投资管理人提供咨询；④对职业年金管理绩效进行评估；⑤对职业年金财务报告进行审计。

七、年金客体

职业年金资产是由雇主和雇员的缴费构成。缴费方式的不同则意味着职业年金所有权益的不同，进而影响到职业年金管理的决策权。

职业人员单独缴费意味着职业人员是所有权拥有者，在管理过程中拥有更大的影响力。同样道理，如果是职业人员所在单位独立缴费则单位法人对职业年金管理的影响力就比较大。另外，单位缴费的所有权益最终也要归属于职业人员，如何在职业人员与所在单位之间分配缴费所有权益，也是缴费管理的重要内容。

从表面看，职业年金管理只是处理年金的保管与投资问题，但附属于年金上的所有权、占有权、处置权、受益权以及知情权等许多问题，都要得到科学、有效的管理。与现代企业管理制度一样，职业年金管理的发展趋势也是要所有权与经营管理权的分离。为了使职业年金资产的管理更有效，必须设计出科学、合理的制度，一方面使职业年金资产更安全及在长期的积累过程中能够增值，另一方面也要使所有者的权益尤其是处于弱势地位的职业人员的权益得到有效保护。职业年金资产与权益的分配是职业年金管理的主要内容。职业年金的分配实际上是养老金发放的问题，以正确的方式通过正确的渠道把养老金发放到正确的人，是年金分配要处理的问题。年金权益的分配主要是年金投资决策权的分配、投资收益权的分配和企业缴费本金所有权的分配等。

根据职业年金从流入—积累—流出的过程分析，职业年金客体的性质主要有融资性、长期性、规模性、金融性、养老保障性以及所有权与经营管理权的分离性等。融资性是指职业年金资产通过缴费而形成，把小额的、零散的资金长期地汇聚起来，形成巨额资金。长期性是指职业年金的汇集过程比较长，一般长达几十年。规模性是指通过长期的不断积累可以形成规模巨大的年金资产。金融性是指职业年金主要以金融资产的形式表现，在年金的积累过程中，大部分投资于金融市场，比如股票、债券、银行存款、货币单据等的金融产品。养老保障性是建立职业年金的根本目的。年金所有权与经营管理权的分离性是指对职业年金的管理通常采取信托制度，由外部金融机构负责职业年金的运营与管理。

职业年金客体的性质决定了其具有以下特征：一是职业年金管理的风

险较大。长期性决定了职业年金面临通货膨胀风险、利率风险、汇率风险等。长期性、金融性、规模性以及所有权与经营管理权的分离性又决定了职业年金面临一系列的道德风险和逆向选择风险。作为年金所有权者之一的职业人员，由于其群体性、与所在单位比较处于的弱势地位以及职业年金受益人等特征，所有权与经营管理权的分离性容易导致职业人员权益被侵害的发生，也就是说，道德风险除了威胁职业年金资产的安全也威胁着职业人员的合法权益，尤其是作为所有权之一的所在单位与经营管理者合谋侵害职业人员的权益更容易发生。道德风险是职业年金运营的最主要风险，也是最难防范的风险，因此，防范道德风险必须依靠科学的、规范的、合理的、完善的制度。二是对职业年金管埋的安全性要求比较高，这是职业年金的养老保障性决定的。与一般企业的经营管理不同，追求高利润或高收益并不是职业年金管理的主要目标。因此，职业年金积累过程的投资必须保证不亏本，本金的亏损意味着养老金不能及时足额发放，也就失去了养老保障的意义。

第六节　职业年金的业务流程

职业年金业务流程中主要涉及资金流和信息流的管理。业务流程有四个环节即缴费环节、资金保管、投资环节和养老金支付环节。

在职业年金管理中，资金流是基础，信息流因资金流而产生。图 2－3 描述了资金流、信息流与管理者之间的关系。在这个图中我们看到，资金

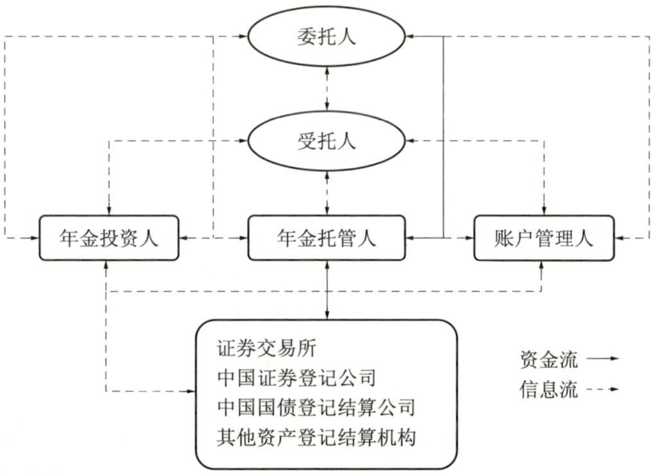

图 2－3　职业年金的资金流与信息流

流相对于信息流要简单一些，资金流只是在委托人、年金托管人和外部投资登记结算机构之间流动，受托人和账户管理人并没有参与资金流。信息流就复杂得多，所有参与者两两之间都有信息流把他们连接起来。

一、资金流

从资金流向划分，职业年金的资金流可以分为两大部分，即流入资金和流出资金。流入资金大致有三部分，缴费流入、投资本金收回与投资收益、个人账户转入资金。缴费是最主要的流入资金，这部分流入资金的特征是相对稳定。缴费日期和缴费数额都是事先确定下来的，没有特殊情况不会出现很大变化，即使有一些变化也可以预测，比如因为职业人员工资的增长使缴费基数增加从而增加流入资金量。流入资金的另外一个重要组成部分是投资本金的回收与投资收益的流入。投资本金回收没有形成资金总量的增加，是资金流的循环，而投资收益是资金的正流入，形成了资金的增加。个人账户转入资金是因新职员转入个人账户带来的外部转入资金。这部分资金是不可预测的、很随机的流入资金，数量上也不会很多。养老金支付是流出资金的主要部分，除此之外还有投资流出和转出账户资金。对个人账户来说，年金化的养老金支付是定期、定量的流出资金。对于职业年金计划来讲，养老金支付是可以预测的，流出资金相对稳定。但对于一次性支付的资金，预测就相对较难，因为职员的死亡、离职、紧急资金需求是随机的，因此，支付流程中保持一定的资金流动性，以便应付随机性资金流出。投资资金是追求资金增值的需要，但保证投资资金安全收回是投资流程管理最重要的内容。因职工离职个人账户转出形成资金流出也是随机性的，这部分资金流出量并不大，对资金流程造成的影响可以不去计算。

二、信息流

信息流大致可以分为五大类，即基本信息、缴费信息、投资信息、支付信息和账户转移信息。基本信息主要涉及参与者相关信息，除了受托人、账户管理人、年金托管人和投资管理人等参与者的名称、机构性质、注册资本、法人代表、信用等级、业绩表现等内容外，最重要的信息还是职业年金计划的基本信息，包括计划覆盖范围、参与条件、缴费方式、缴费比例；年金支付方式、提前一次性支取条件；职业年金模式、管理方式、年金投资政策与原则；参与者之间的有关契约合同等信息。缴费信息包括缴费时间、实际缴费、欠缴费、补缴费、累积缴费等信息。投资信息的信息量最大，它涉及当年与历年的投资组合、投资金额、投资期限、投资收益、资产总净值、投资组合净值等一系列信息。缴费及形成的投资收益，按一定年限逐渐或一次性归属到个人账户名下，形成权益归属信息。因此，权益归属信息主要有归属时间和归属金额。权益归属时间信息有每个账户当年应归属的具体时间、每个账户累计归属年限、每个账户剩余归属年限等。权益归属金额信息包括当年应归属个人账户金额、历年已经归属的累积金额、缴费归属总金额与投资收益归属总金额等。养老金支付一般按照个人申请、审核、同意和发放的程序进行，大量支付信息主要包括支付时间、金额和个人账户资金净额等。支付时间信息有第一次领取养老金的时间，当时退休职员的年龄，每月领取时间、截止日期，已经领取年限，现在退休职工的年龄，当年领取月数，领取总月数，估计剩余可领取月数，个人账户建立年限等。支付金额信息主要包括已经支付总金额、当年领取总金额、每月领取金额、账户剩余金额、正常支付金额、贷款金额、紧急支付金额等。账户转移信息主要包括要求转移账户的个人基本信息、账户转移原因、申请转移时间、转入职业年金计划的名称，个人账户积累年限、积累金额，个人缴费金额、企业缴费与投资收益已经归属个人账户的金额，是否有支付记录、支付时间与金额、何种原因要求支付等信息内容。

三、缴费流程

缴费是职业年金资产的主要来源。缴费流程管理要做到及时缴费、不漏缴和少缴。缴费流程主要在委托人、受托人、账户管理人和托管人四个参与者之间进行，缴费流程主要指缴费前的通知、实际缴费处理和缴费后的信息反馈等内容。具体缴费流程可用图 2－4 描述。

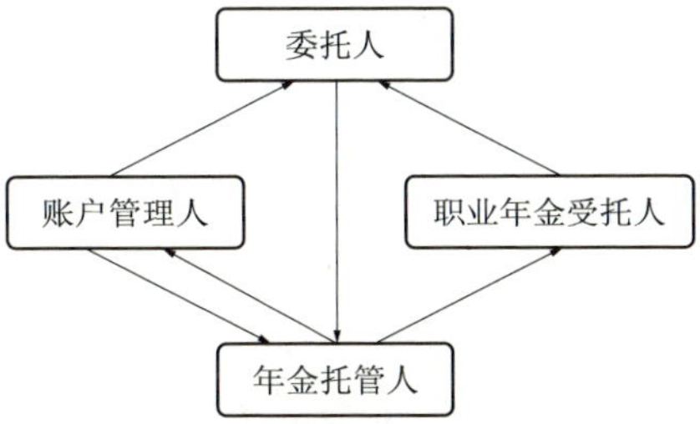

图 2－4　职业年金缴费流程

缴费流程主要有四步程序：① 账户管理人根据个人账户基本信息生成缴费通知单，内容包括缴费总额、雇主和雇员分别缴费金额、缴费月份、截止日期等；然后，账户管理人把缴费通知单发送给委托人和年金托管人。② 委托人接到缴费通知单后，按照缴费通知单的总额向年金托管人缴纳职业年金费用。③ 年金托管人收到缴纳费用后，根据实际收到金额与缴费通知单核实，把核实结果通知受托人和账户管理人。④ 受托人把实际缴费情况反馈到委托人，如果实际缴费金额少于应当缴费金额，则应当补缴。缴费流程管理必须满足如下要求：①缴费日期前，账户管理人及时通知委托人缴费以免委托人忘记缴费，致使缴费漏缴或延期缴费；②保证正确缴费以免少缴费；③缴费流程信息透明化，使得参与者能够互相监督和制约，保证职业年金的安全。

四、支付流程

养老金支付主要在受益人、受托人、账户管理人和年金托管人之间进行，主要包括受益人向受托人申请养老金、受托人核实申请人资格和账户管理人发放养老金等内容。图 2 –5 描述了养老金支付流程。

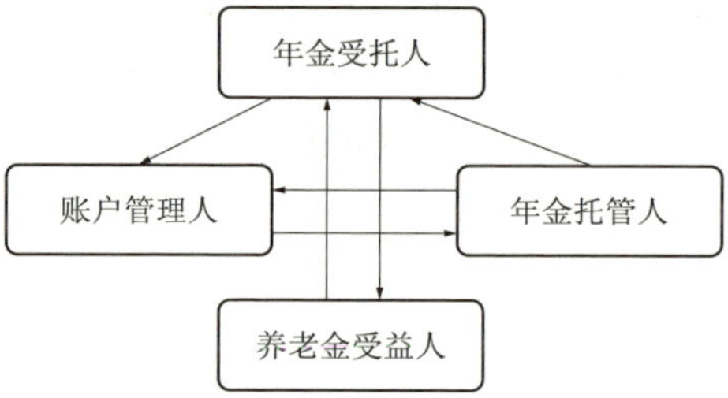

图 2 –5 职业年金支付流程

养老金支付流程图说明：①职业年金受益人向受托人申请领取养老金。②受托人对申请人的资格进行审核，如果符合领取养老金资格，通知账户管理人和申请受益人；如不符合，则退回受益人申请。③账户管理人收到受托人的支付养老金命令后，计算申请受益人的养老金金额，并通知年金托管人准备支付。④年金托管人按照账户管理人的通知，支付申请受益人养老金，同时把支付信息反馈给账户管理人和受托人。支付流程必须满足支付如下要求：①防止骗取、诈取养老金情况的出现，同时保证适合条件的受益人能够领取到养老金；②在支付过程中，不出现多领或少领的现象；③每支付一笔养老金，做到正确记录，不出现错误。

五、投资流程

投资流程参与者主要有四个，即受托人、投资管理人、年金托管人和账户管理人。投资流程的内容主要包括投资指令传递、执行投资指令、资产交割和投资收益分配。图 2 –6 描述了投资流程。

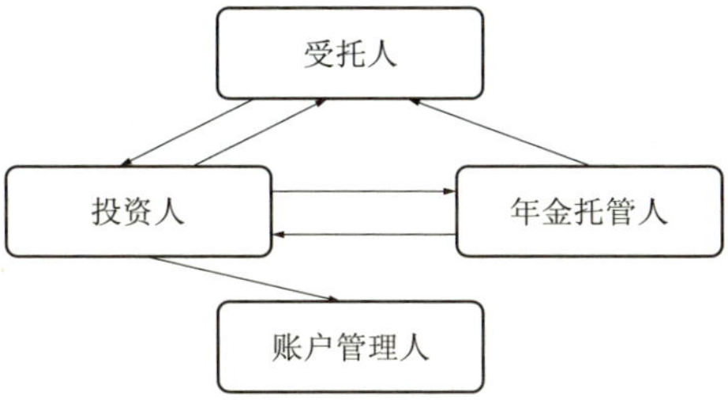

图 2 –6　职业年金投资流程

在图 2 –6 投资流程图中，投资程序有如下四步：①职业年金受托人根据投资策略和投资组合政策向投资人下达投资指令。投资指令具体内容，要根据受托人与投资人委托合同内容而定，如果委托合同授予投资人较大权力，则投资指令的内容只限于投资原则与投资策略；如果委托合同授予投资人较小权力，则投资指令内容可能包括投资组合类型、期限、不同投资工具占投资组合的比例等较为详细的内容。②投资人根据受托人的投资指令，具体执行投资计划或投资方案，同时，通知年金托管人按照投资方案或计划，向证券交易所或证券登记结算公司交付年金资产。③年金托管人检查投资指令是否符合确定的投资策略和相关政策，如符合，年金托管人按照指令如实交付年金资产，并把信息反馈给投资人和职业年金受托人；如不符合，年金托管人可以不执行投资人指令，同时把情况报告给职业年金受托人和投资管理人。④投资人把投资业绩报告给受托人，同时，通知账户管理人。账户管理人把投资收益分配给个人账户和企业账户。投资流程需满足如下要求：①投资按照职业年金投资原则和投资策略进行，并符合有关投资政策；②投资职能与年金管理职能分开，年金托管人负责保管年金安全的同时，还负责监督投资管理人；③保证年金安全的前提下，尽量使投资收益率提高；④投资信息传递过程中，保证迅速、及时、透明，做到各参与者之间互相监督与约束。

第三章　国外职业年金介绍与启示

第一节　英国的职业年金

一、养老保障体系概况

英国养老保障体系比较复杂，由单一免费养老金模式逐渐演化为包括雇主缴费、个人缴费，与收入挂钩的国家养老金制度，以及个人账户储蓄型养老金制度。

英国是福利国家型养老保险制度的代表，强调养老保险待遇的普遍性，基金来源于税收，由国家和企业负担，除附加养老保险外个人不需要缴费，保障水平较高。这种制度是在福利经济学和“贝弗里奇计划”的基础上建立起来的一种以国家为主体的全民普遍保障模式。在经历了20多年的“市场化”改革之后，形成了完善的“三支柱”体系，即由基本养老金、职业养老金（又称附加养老金）和私人养老金三部分组成。英国公职人员养老保险制度由国家养老金计划和私人养老金计划两部分组成。国家养老金计划有两种：国家基本养老金和国家第二养老金。国家基本养老金以强制性、费率统一和全面覆盖为特点。每个退休人员符合条件都可领取基础年金，费用由国家财政、雇主和雇员强制性缴费共同负担，通过征收国民保险税的方式实现，其中雇主12.8%，雇员11%。国家第二养老金是国家提供的与收入相关联的国家基本养老金附加额。1975年社会保险法案颁布以前称国家收入关联计划，该计划主要包括中低收入者和看护长期患病或身体残疾者的从业人员。私人职业养老金属于自愿补充供款型养老金计划以及其他私人保险（年金、寿险）等构成。

（一）国家基本养老金

国家基本养老金是英国养老保障体系的第一支柱，涵盖社会各阶层，为国民提供基本的退休收入保障，体现了社会福利的普遍原则。国家基本养老金采用现收现付制，国家财政兜底责任，以强制性、全民覆盖，统一费率和待遇再分配为特征，资金来源于雇主和雇员缴纳的社会保险费，费率相对固定。雇主费率 12.8%，雇员为 11%；对于高收入者费率相应提高，有不同档次，按 20% ~40% 的比例征收高收入税作为国家养老准备金，以应对养老金支付的风险。在待遇水平上，同当年物价挂钩，每年国会以法案的形式公布。每人获得国家养老基本金的金额与退休前的缴费多少无关，但会受到个人条件的影响，如性别、家庭情况等。另外，针对 60 岁以上、已经领取国家基本养老金的贫困人员，政府还有相应补贴以使其达到国家规定的最低收入标准。保障金补贴必须个人申请，当申请人的个人收入加上国家基本养老金达不到国家规定的最低收入标准时，可以申请保障补贴。近年来，英国养老保障体系面临重大挑战：一方面，在人口老龄化的压力下，资金年度结余逐渐减少，甚至出现收不抵支的情况；另一方面，其较低的收入替代率（大约 20%）无法满足民众的养老需求，导致民众对国家养老保障制度的满意度降低。

（二）国家补充性养老保障计划

国家补充性养老保障计划为养老保障体系的第二支柱，包括国家提供的收入关联养老金计划、国家第二养老金计划、雇主提供的职业年金计划和个人养老金计划，涵盖范围较广，雇员可以从中选择。

1. 收入关联养老金计划

收入关联养老金计划是 1975 年根据《社会保险法案》制定的，与个人收入相关联以国民保险方式缴费，现收现付方式，提供养老待遇水平大概为 25% 的替代率。1975 年以前，从法定意义上讲，英国只有国家基本养老金计划，少部分大型企业为职工建立了职业年金（企业年金）。收入关联养老金计划建立后，英国建立了一种综合性的养老保障制度，即由基本养老金制度和收入关联养老金制度构成。1975 的社保法案要求全体雇员参加强制性的收入关联养老金计划，之前参加职业年金的雇员可以选择保留或退出。

2. 国家第二养老金计划

为了应对日益严峻的收支不平衡问题，致力于为中低收入者、特殊职业者和残疾人员提供更加优厚的补充养老金，英国政府在 2002 年提出了国家第二养老金计划，目的在于取代 1975 年的收入关联养老金计划。该计划准入门槛低、任何履行国家养老金税缴纳义务、没有参加职业年金或个人养老金计划的雇员都自动具备参加该计划的资格；如果雇主为雇员提供了职业年金计划，雇员可以与政府协议退出国家第二养老金计划。在缴费率方面，残疾不能工作人员和需要照料人员不需缴纳任何费用；低收入者采用固定费率；高收入者采用累进费率。在待遇水平方面，收入越少替代率越高，对于普通收入者来讲，缴费满 40 年，替代率为 17% ~18%；待遇水平与物价挂钩，每年调整。

3. 个人养老金计划

随着人口老龄化程度加快，英国社会养老保障体系出现财政困难，政府为了节省福利开支，于 1986 年推出个人养老金计划，其目的是鼓励个人建立自己的养老金计划，减少政府支出。社会保障法案规定，雇员可以退出国家第二养老金计划、收入关联养老金计划或雇主提供的职业年金，从而建立完全属于自己的个人的养老金计划。国家通过减少个人保险费缴费比例方式奖励个人，政府将国民保险费的5.8%（个人缴费的2%，雇主缴费的3.8%）退回到个人账户中，同时对于退出国家养老金计划的个人政府还要提供2%的奖励金。个人养老金计划中，个人可以购买保险公司提供的养老保险产品。

4. 个人账户计划

2008 年英国政府推出的年金法案，进一步促进个人养老责任的承担，并改善雇员退休后的生活。该法案规定，政府于 2012 年引入个人账户制度，为没有参加职业年金或职业年金待遇水平较低的雇员提供低成本、人性化、便利性的养老保险储蓄计划：凡年龄 22 岁以上，年收入在 7500 英镑以上的雇员，将自动参加该计划。建立个人账户的目的在于改善中低收入者的退休水平，而不是要取代职业年金计划，因此，从其他计划中转入个人账户的资金受到严格限制。该计划的缴费率为雇员 4%、雇主 3%、政府 1%，所有缴费均进入个人账户。

（三）自愿性的养老储蓄

自愿性的养老储蓄为养老保障制度的第三支柱，包括自愿性缴费、独自的补充性自愿缴费以及各种私人储蓄和商业养老保险等。补充性自愿缴费计划实际上是企业内部计划，由雇主养老金计划的信托人提供储蓄渠道；而独自的补充自愿性缴费计划可通过财务顾问单独购买。2013 年英国政府公布了酝酿多年的养老金改革方案，新的养老金制度取消了现有的基本养老金、第二国家养老金等类别，合并为固定数额的养老金，这是英国近年来最大一次养老金改革。

二、公职人员养老保障计划

英国是世界上最早形成文官制度的西方国家。英国公职人员的范围，最早见于1859年《老年退休法》。按照该法规定，凡由英王直接任命或持有文职人员事务委员会合格证书、准予参加政府机关工作的人员以及酬金由联合王国统一基金或议会通过的款项支付的人员，均是公职人员。1977年，英国又将公职人员定义为内政与外交部门中的公职人员。目前，英国的公职人员指政府部门中除去政务官以外的所有工作人员。这些人中不包括由选举或政治任命产生的议员、首相、部长、国务大臣、政务次官、政治秘书和专门委员等政务官，也不包括政府经营的企事业单位的工作人员和自治地方工作人员，更不包括法官和军人。由于英国公职人员制度历史悠久，加上其他原因，受其影响的国家很多，如印度、斯里兰卡、马来西亚、澳大利亚、新西兰、肯尼亚、南非等国家公职人员的范围都和英国大同小异。从建立公职人员制度起，英国公职人员一直享有较为优厚的养老保险待遇。1950年，艾德礼首相宣布英国在世界上第一个建成了“福利国家”后，英国成为拥有最完备的社会保障法律体系的欧洲国家，英国公职人员的养老保险制度也得到进一步完善。英国实行社会保险和社会援助相结合的双重养老保险制度。首次相关立法是1909年的《养老金条例》，1925年开始实施《老年与遗属保险法》，现行立法始于1986年。英国的公职人员养老保险属于交叉型养老保险模式，即公职人员参加覆盖全体国民的养老保险制度。英国规定由财政部负责对文职人员退休总规划条款的实施，以保证执行《年金增长法规》。由政府下属的10个部门按照财政部的规定，计算和发放文职人员养老金。英国公职人员（和国民一样）养老金具体分为缴费养老金和非缴费养老金。前者是受益人要相应缴纳保险费的养老金，后者无须缴费；前者可以是不论缴费多寡的统一式养老金，或者按收入比例给予的养老金，后者可以无条件或有条件地给予。养老金的金额每年按工资或物价的变动进行调整。问题是英国福利国家政策相对忽略了市场经济条件下的效率原则，这就造成在福利政策理想与经济生活现实之间始终存在难以解决的矛盾。突出问题是以养老保险为主的社会保障开支日益增长以及目前复杂的养老保险制度设计，造成英国国民税收加重，对外竞争力减弱，政府财政困难。

养老保险改革的思路：强调扩大私人附加养老金，强调个人责任，对一些保障项目实行私有化改造。在维持现行体制的基础上，鼓励企业、社会团体和个人发挥更多的作用，以减少政府福利支出，提高社会保障效率。具体做法：提高公职人员养老保险缴费比例，扩大社会保障基金财源，如规定对1993—1994年度的退休年金甚至遗嘱年金开始征税。设法减少生活保障支出，确保养老保障开支的增长速度低于工资的增长速度。尝试把社会保障的某些项目进行私有化改造，改变原来由国家包办的做法。

三、职业年金计划

截止到2011年，英国参加职业年金的雇员为1560万人，大部分公共和私营雇员都加入了职业年金计划。近年来，公共部门雇员如政府、国有企业、公立学校、医院等参加职业年金的人数在增加，参与率高于私营部门。从财务类型看，参与待遇确定型、缴费确定型和混合型的人比例分别为50%、10%和40%。待遇确定型的比例远高于缴费确定型，为减少财务负担，目前对待遇确定型加以严格限制，新法案规定，2012年所有新雇员只能选择参加缴费确定型计划。

（一）制度框架

缴费实行强制性，由养老保障法案规定。所有22岁以上雇员都参加的职业年金雇主必须缴费，雇员缴费实行自愿原则。在英国有正式工作，就会成为个人账户系统的成员，年龄在22岁和养老金领取年龄（65岁）之间，都自动加入。雇员可以选择退出，允许重复进入或退出。待遇确定型的私营部门的职业年金不再向新员工开放，只有公共部门开放，私营部门大部分为缴费确定型。

（二）基金来源

基金来源于雇主缴费、雇员缴费和政府补贴。雇主如果建立职业年金，雇员选择退出后，政府会把雇主缴费返还一部分；雇员平均缴费为个人工资的11%；政府以缴费返还、税收优惠等形式对雇主、雇员进行鼓励和调整。

（三）基金管理

1. 管理方式

英国的职业年金大部分采用信托模式。有专业的职业年金监管机构，劳动和养老金部下属的养老金监管局负责对职业年金信托模式进行监管。2012年起，政府组建了个人账户管理委员会，对个人账户养老金进行监督和管理。委员会下设立投资管理委员会，专门对基金投资进行专业化研究与建议。具体的资产管理、账户管理和投资运作引入私营部门和企业参与。

2. 投资管理

个人账户管理委员会负责职业年金的投资管理与监督。鉴于个人能力与需求不同，一部分权益人希望获得个人账户更多投资决策权力，而另一部分人不愿意参与投资决策过程，因此，账户管理委员会就给予不同愿望的权益人不同的选择。对于有能力并愿意投资的人给予更广泛的投资选择权，而对于不愿意或没能力行使投资决策的人则直接把缴费纳入缺省基金。投资选择包括三个层次：第一，缺省基金。向那些不想做任何投资选择的成员提供，政府委托相关投资机构进行投资。关于缺省基金投资，政府监管机构有基本的要求：收益与风险平衡；分散投资；与权益人的生命周期匹配。第二，部分参与投资权的投资。个人可以参与投资决策也可以不参与，有充分的选择。第三，有更大投资选择权，向有需求并且有能力投资的成员提供。

（四）领取条件与方式

为适应工作变动，个人账户要具有可携带性，保留与转移具有便利性。年金领取有年龄限制，通常为工作退休年龄，特殊情况可以提前领取，原则是越早领取，额度越少，不鼓励早领取。基金公司、银行、保险公司提供公开的市场化年金产品，职业年金的领取方式需建立购买机制，年金权益靠购买年金产品而实现，不是一次性领取。为保障雇员退休后稳定的收入和理性消费，在政府监督与管理下，个人有部分权利从丰富的公开的年金市场购买退休年金。

（五）税收优惠

雇主为雇员建立的职业年金，当雇员退出时，政府会把雇主缴纳的社会保险费按 1.4% 的比例返还给雇主。2012 年开始，雇主每年向雇员个人账户缴纳 3% 的费用，政府给予税收优惠。雇员的缴费享受缴费返还、税收优惠等政策，还允许个人向职业年金额外缴费。为鼓励个人多缴费，将按累进制进行比例返还，缴费越多返还比例越多。当然，最多缴费有上限，因为缴费越多会影响当期消费，进而影响当期经济发展和税收收入。税收返还、额外缴费的所得税返还以及年度缴费限制、总缴费限制等，鼓励政策和限制政策综合应用，使得政府在一定程度上把雇员缴费水平维持在合理的范围内，既保障养老生活水平，又防止过度缴费从而影响当期消费与经济发展。

除了缴费享受税收优惠外，基金投资收益和年金领取阶段也有相应的税收优惠政策。

第二节 美国的职业年金

一、养老保障体系概况

美国的养老保障体系由三层次构成，第一层次是基本社会保险，即老年、遗属和残疾保险，该制度采取工资税形式筹资，实行现收现付支付方式。普遍覆盖私营部门的职业人员，1984 年之后要求联邦政府公职人员加入该系统，目前仍有 15 个州的公职人员未纳入该系统。第二层次为职业年金，也称雇主养老金，由雇主发起设立，市场化投资运营的补充性养老保险计划，国家给予相应的税收优惠政策，包括公共部门的职业年金和私营部门的职业年金，由待遇确定型和缴费确定型两种类型。第三层次由国家给予税收优惠的个人储蓄型退休计划。美国的三层次养老保障制度分别由政府、雇主和个人作为行为主体实施，第一层次的主体为政府，第二层次行为主体为雇主和个人，第三层次的行为主体为个人。

美国的基本养老保险制度是一种对就业人员的普惠制度，全部的私营部门就业人员和多数的公职人员都参加了该制度。由于是普惠制，退休人员的工资替代率较低，而且现收现付制的管理方式，对未来资金平衡不容乐观，因此，客观上要要求职业人员在基本保险制度基础上建立补充性养老保险计划。《雇员退休收入保障法》是美国基本养老保险制度的法律基础，该法在雇员基本权益、缴费标准和计划终止等方面给予了详细规定，保障了美国职业人员退休金的安全有效，为广大职业人员提供了退休金保障，同时也避免了政府部门对养老金计划的过度干预，使其能健康发展。《雇员退休收入保障法》由四个主要部分组成：第一部分为劳工部分，规定基本养老保险计划适用于所有没有被该法排除的职业人员；第二部分是关于退休金计划税收方面的规定；第三部分是关于如何执行和管理基本养老保险的具体规定；第四部分是关于退休金计划终止后，计划资助者的责任和职责的规定。

二、公职人员的职业年金计划

美国公共部门的职业年金按照不同职业群体分为联邦政府雇员退休金计划、联邦军职人员退休计划、州和地方公职人员退休计划等。

（一）联邦政府雇员退休金计划

计划覆盖大约300万文职人员，包括32个不同的退休金计划，其中最主要的是公职人员退休金制度和联邦雇员退休金制度。其他30个退休金计划主要针对法院系统、外交系统等特殊政府雇员。一般1983年以前参加工作的联邦政府雇员纳入公职人员退休金计划，1984年以后参加工作的联邦雇员实行联邦雇员退休金计划。1983年，美国国会修订1935年的社会保障法案，将联邦政府的新雇员全部纳入联邦社会保障计划，因此，产生了联邦雇员退休金计划。

公职人员退休计划包括：基本退休金、特殊退休金、残废抚恤金、孤寡津贴项目。首先，基本退休金与雇员工作年限和工资水平挂钩。联邦公职人员没有强制性退休年龄。只要符合下列年龄和工龄组合之一的发放条件就有资格享受基本退休金：一是有30年工龄并年满55周岁；二是年龄满60周岁且工龄满25年；三是年龄62周岁且工龄至少5年；四是司法、警察人员服务年限20年以上且年满50岁；五是因工致残者，凡工龄满5年以上的，不限年龄。另外工龄没有达到5年的雇员因故离职可以返还其自己的缴费和利息，但满了5年工龄未达到以上发放条件离职的雇员在62岁时可以领取延期退休津贴，或获得返还其缴费，但不享有利息，这主要是为了防止雇员抽回其缴费，以免导致整个退休金系统收入的减少。另外，有关退休金计划的筹资模式，公职人员退休金计划是一个部分积累的养老金计划。所需经费由用人单位和公职人员各自承担7%，即凡适用于公职人员退休法的公职人员，每月应缴纳其工资的7%作为保险费，其服务机关也应缴纳相同的数额。为体现公平原则，限制退休后的过高收入，工资超过上限的部分不缴纳保险费，也不作为养老金的计发基数。工资额上限是随着物价和工资水平的提高而不断调整。此外基本退休金也随物价上涨自动调节。公职人员退休金计划主要由联邦政府的人事管理办公室组织和管理，负责确定退休雇员的退休金待遇水平，并根据每年消费水平指数调整退休金。一般该办公室指定一个三人精算委员会，负责确定精算方法，估算正常成本和隐性债务的必要假定条件。此外，各联邦机构协助负责告知雇员有关退休金计划的信息，也可以代替退休雇员提出退休金支出要求。公职人员退休金计划账户基金由联邦财政部管理，大部分投资于联邦政府为持有退休基金目的的特别债券，该债券不能进入市场流通发行。

（二）联邦雇员退休金制度

联邦雇员退休金制度主要由第一支柱的社会保障计划、待遇确定型退休金计划和个人节俭储蓄计划三部分构成。首先，第一支柱社会保障计划（即国民社会保险津贴）。该部分主要用于养老遗属和残废的保险费，以税收的形式筹集。这一项目与其他社会群体一样，联邦雇员和雇主分别按个人工资和工资总额的7.6%缴纳社会保障税，最高纳税工资封顶（一般雇员工资征税最高为80 400美元），超过此数额的部分不纳税，也不作为计发基数。雇员达到法定退休年龄65岁，并且最低缴费满十年就可以享受该社会保险津贴，可以领取一定数额的社会保障养老金。其次，待遇确定型退休金计划（即基本津贴）。该部分津贴来源于雇主和雇员的缴费。目前，总缴费率为雇员工资总额的11.5%，其中包括雇员工资额的0.8%和联邦各机构的10.7%。该津贴与联邦雇员的工资水平和服务年限挂钩。其发放条件根据工龄和年龄有所不同：满62岁有5年工龄、满60岁有20年工龄、达到最低退休年龄（55岁至57岁）有30年工龄可以领取不同的养老金。雇员工龄在10年至30年之间且达到最低退休年龄可以退休。另外如雇员有10年以上工龄，在没有达到最低退休年龄就已经离开岗位的可以在达到退休年龄后领取折扣退休金或者返还其缴费额和利息。

（三）个人储蓄计划

个人节俭储蓄计划是联邦雇员退休金制度的重要组成部分，是一个完全积累基金制、缴费确定型养老金计划，由联邦政府发起和组织，联邦雇员可自愿选择缴费比例参加，但有最高缴费规定，一般不超过其基本工资的10%，同时联邦政府提供配送缴费。无论雇员是否选择缴费，政府都自动为其提供相当于该雇员基本工资1%的缴费。该计划由1986年联邦雇员退休金制度法建立的一个独立的联邦机构，联邦退休金节俭投资委员会管理，由总统任命的5名兼职人员和1名专职执行主管组成，且5名兼职委员选定执行主管，由隶属劳工部的养老金与福利待遇管理局和一个独立审计机构审计监督该委员会的工作。目前，自愿参加个人节俭储蓄计划的雇员不断增加。

三、部分职业年金计划介绍

（一）403（B）计划

该计划是针对公立学校和特定免税组织提供的延税型退休计划，由符合参与条件的雇主自愿发起建立。

1. 保障范围

依据美国税法规定，403（B）计划可以覆盖以下职业人员：公立机构的全日制雇员，慈善组织、社会福利组织、私人医院、健康护理机构、宗教组织、研究机构、儿童与动物保护组织等免税组织的雇员。

2. 财务类型与基金来源

该计划属于缴费确定型的基金积累计划。由发起计划的雇主为雇员建立个人账户，通过缴费积累基金，基金通过投资运营实现保值增值。由雇员和雇主共同缴费，实行递延型缴费，即雇员和雇主在规定限额内的缴费不必缴纳所得税，雇员在退休提取年金时再补缴税金。雇主缴费一般有三种情况，雇主匹配缴费、雇主自由决策缴费和强制性缴费。税法对缴费规定限额，限额内缴费免税，超过限额则要交税。

3. 基金管理与运营

资产的投资决策权由雇主和雇员分别享有，一般来讲，雇主通过其组成的投资委员会或指派的受托管理人对计划基金做投资决定，如投资于哪些共同基金、股票、债券或年金等，雇主做出了这些决定后，雇员决定自己的个人账户资产如何在上述投资工具或组合中选择分配。基金的投资收益也是免税的。

4. 待遇支付

参加该养老计划的雇员满足一定条件可以领取年金，如达到60岁，死亡或伤残，不再就业，遭遇财务困难等。雇员领取退休金时，应按规定补缴个人所得税款。参加者达到71岁之后需要执行强制提取退休金，如未执行该规定，账户资产则会被征收消费税。

5. 税收优惠政策

缴费阶段在一定额度内允许税前扣除，个人免交个人所得税；积累阶段的基金投资收益免交税款；提取阶段对于合格的资金转存，则予以免税，只有提取养老金时才会补缴税款。

（二）401（K）计划

1. 基本概况

美国的企业补充养老保险又称为职业养老金计划（Pension Plan）、雇主养老金计划（Employer Pension）、私人养老金计划（Private Pension Plan）、私有退休金，它是由雇主承办的在其雇员退休之后为之提供收入的保障性计划。它与社会基本养老保障计划——老年抚恤金和伤残保险（Old-Age，Survivors，and OASDI）及私人储蓄养老金计划（Individual Retirement，ISFR）共同构成美国养老保险体系的“三支柱”。主要内容包括：第一，雇员投入的资金延后纳税。第二，自愿参加并自动存入数额。雇员投入一般为工资的一定比例，每个参加者税前缴费额不能超过一个固定数字，并按期进行与生活费用挂钩的调整。第三，进行相应的资助。法律规定雇主出资不超过雇员工资的 15%。在许多情况下，雇主会为每个雇员的 401（K）“搭配”一定百分比的资金。不是每个雇主都会自愿对 401（K）计划进行搭配投资的，即使搭配投资也会有百分比，雇主会根据公司的经营情况、股票表现、经济等因素，决定是否为雇员搭配，以及改变搭配的比例。第四，提供包括储蓄、债券、股票、基金等多种投资方向。基金投向以股票为主，约占全部 401（K）计划资产的一半，雇员可在一定条件下调整投资方向，甚至可以按天计数。第五，通常由共同基金、保险公司、银行等专业金融机构成为经理人。

2. 主要特征

（1）雇主对是否为自己的雇员提供，以及退休金的数额和种类等关键问题具有决定权、自由权。企业人力情况、工会和公司管理层之间的谈判都将影响它的订立。（2）完全自愿。没有法律要求雇主必须向其雇员提供，但对提供计划的将有相应的免税和延税待遇。

3. 优点

第一，401（K）计划的雇主匹配缴费。雇主通常会根据雇员的缴费情况进行相应的匹配缴费，作为公司对雇员的福利投资，同时也起到鼓励雇员积极参加计划的作用。雇主缴费形式是对雇员缴纳的每一美元进行匹配，通常是对雇员的一美元匹配缴纳 25 美分到 1 美元，总匹配额不能超过限额。最普遍的匹配缴费额是对雇员每一美元匹配 50 美分，这类计划的雇员占所有参加 401（K）计划雇员的比例为 50%。第二，401（K）计划的税收优惠。美国 401（K）计划是 EET 模式，延迟缴纳税收是参加 401（K）计划的最大好处之一。这意味着雇员的当前应纳税收入变低。例如，如果雇员的收入为 1000 美元，缴费额为 5%，那么雇员只对 950 美元缴纳现行所得税。同时基金投资收益部分提取之前是不缴纳税收。在提取时，它们将被作为普通收入进行课税。依据法律，提款必须作为普通收入缴纳税收。提款时将被扣除 20% 的联邦收入税，除非该部分提款可以直接转存入另一个雇主建立的退休计划或个人退休账户中。第三，401（K）计划的既得所有权。在美国，既得所有权就是赋予一个人对现在或将来收益的所有权，该所有权受法律保护。在 401（K）计划中，既得所有权是指雇员对雇主匹配缴费所享有的所有权。对 401（K）计划而言，既得所有权只与雇主匹配缴费相关，因为雇员对自己的缴费享有完全所有权。

4. 风险

参加 401（K）计划除了能获得以上的好处以外，参加者当然也可能遭遇特定的风险。即特定的成本和投资风险。资格要求、任意的雇员缴费和雇主匹配缴费均可能导致成本增加。另外，投资风险、多样化、高昂的信息记录成本、贷款和经济困难提款的运作以及分配选择均会影响雇员的退休福利水平。具体风险体现在以下几个方面：（1）道德风险。因为 401（K）计划中的雇主匹配并不是强制性的，而任何一个雇主追求的都是利润的最大化，他会尽力去避免任何可能发生的成本支出。纯自愿性的雇主匹配缴费方式，给予雇主太大的自由，相反，对雇员而言则意味着可能享受不到应得的福利待遇。（2）计划机制风险。它包括最短工作年限（即计划的新参加者承担的时间成本）风险以及匹配缴费（即雇主与雇员个人缴费的匹配而造成的潜在成本）风险。（3）投资风险。这是 401（K）计划允许参加计划的雇员进行自主的账户投资所带来的必然风险。一方面这样的优越性，赋予雇员更大的自主权。另一方面，由于险恶的投资环境可能破坏基金的安全性。特别是自主投资的出现，改变了 401（K）计划的责任划分。雇主进行投资的情况下，雇主对投资风险承担责任。但是在将自主投资权下放给雇员之后，雇员利用其账户资金进行自主投资，那么他自然应该对投资结果负责，该责任不再属于雇主。另外，投资风险最常见的形式是市场风险、通货膨胀风险、利率风险和信用风险。这其中以对企业的所谓自身“再投资”最令人担忧。名义上，雇员可以随时在市场上出售这些股票，实际上多数人至少会持有相当数量的股票。这样，万一企业陷入困境，股票大跌，雇员退休账户就大大缩水。如果企业破产，而雇员 401（K）计划上的本企业股票又未即时抛出，则雇员退休基金可能化为乌有。2001 年，安然（Enron）公司破产时，发生的正是这样一幕。（4）监管风险。从技术上说，正是 2001 年安然破产事件暴露了“401（K）条款”监管上隐藏的一个最大风险：它没有限制将职工养老储蓄用于购买一只股票的比例。

5. 自导型账户

401（K）计划中大多数的参加者在一定条件下可以用401（K）账户内的资金进行自主投资，这就是通常所说的自导型账户。401（K）计划的雇员被允许进行投资选择。投资选择包括公司股票、普通股基金、利率保证合约、政府证券（美国国库券和美国储蓄债券）、货币市场基金和公司债券。计划中的投资选择一般有2～10个，或更多，最普遍的是4种选择。雇员通常被允许将其缴费在各种投资选择中进行分配投资。同时，计划通常允许参加者定期改变其投资选择，最常见的是一年四次。雇员还可以对其雇主为其进行的匹配缴费进行投资选择。一般情况下，在对雇主缴费进行投资选择时的可选择项要少于在对自己缴费进行投资选择时的可选择项。由于个人自主投资选择对个人账户的最终余额会产生很大影响，因此计划的管理者会明确告诉投资者各种投资工具的潜在风险和可预测的回报水平。

6. 可转存性

直接转存是将雇员计划福利的资金直接转存到传统个人退休账户或符合资格的愿意接受其福利资金的雇主计划。雇员可以选择将符合转存资格的提款全部或部分进行直接转存。政府不对选择进行直接转存的福利资金课税，直到之后雇员从传统个人退休账户或符合资格的雇主计划中提取该部分资金才加以课税。如果雇员当年的提款资金少于200美元的话，计划一般不允许其进行直接转存。转存包括以下两种方式：一是，直接转入传统个人退休账户。即雇员可以联系一个个人退休账户发起人（通常为金融机构）来确定如何转存入该机构的传统个人账户。二是，直接转存入另一个计划。

7. 灵活性

许多401（K）计划允许参加者在退休前动用其退休账户资金，从而体现计划的人性化和灵活性，允许雇员申请计划贷款和经济困难提款。在这种情况下，雇员只对其账户支付利息而不需对金融机构支付利息，同时贷款要有足额的担保。经济困难提款需满足“紧急及严重”这个标准，在确定“需要的资金”时，采取安全确定法。确定经济困难提款的准确金额对计划发起人而言是一个管理性的挑战。发起人要搜集计划参加者在当前缴费账户下的账户余额信息，还必须检查信息记录以保证相关信息的充分性。《雇员退休收入保障法》为获得既得收益所有权的资格时间设置了一些最低标准。在渐进型既得收益所有权时间表中，雇员获得雇主缴费所有权的必须工作时间从过去的7年缩短为现在的6年。在绝对型既得收益所有权时间表中，雇员获得雇主缴费所有权的必须工作时间从过去的5年缩短为现在的3年。可见，既得所有权的规定在一定程度上保障了雇员的福利同时也为雇主留住人才创造了条件。

第三节　日本的职业年金

一、日本养老保险体系概况

（一）日本的三层次养老保障体系

第一层次为国民年金，也就是基本养老保险，也叫基础年金。这是一个强制性的全民参与的社会保障计划，所有年龄介于20~60岁之间的国民都必须参加。参与人每月缴纳一定数额的保险费，为了保证足够的养老金支付，每月缴费数额会根据余额及支付情况定期调整，除个人缴费外，政府也会负担一部分养老金的支出责任。参与人的养老金待遇水平与参加的年限有关。第二层次是与职业收入相关联的年金，有两种类型，企业雇员参加的叫厚生年金（即企业年金），公职人员参与的叫共济年金，理论上这两种可以统称为职业年金。雇主和雇员按照一定比例缴费，一部分进入第一层次的国民年金，另一部分进入职业年金。雇员退休后获得国民年金待遇和职业年金待遇。职业年金属于强制性养老保障计划，所有就业有工资收入的雇员必须参加职业年金。国家财政负担部分费用开支。第三层次为上述之外的自行设立的养老计划以及个人购买的商业保险公司提供的商业养老保险等。

日本养老保障体系的主体是国民年金、厚生年金和共济年金，由于政府财政兜底且由政府负责管理，也有学者称日本的这三项年金为公共年金。截止到2010年3月，加入日本养老保障年金制度的国民约为7044万人，其中加入厚生年金的约为3302万人，加入共济年金的约为460万人。厚生年金以企业的薪职人员为对象，原则上，正式员工在5人以上的企业都必须加入厚生年金。与国民年金不同的是，厚生年金的缴费与个人收入成比例，以总收入为缴费基数，具体缴费为标准月工资的13.5%，劳资双方各负担一半。这里的标准月工资是指厚生劳动省制定的从9.8万日元到62万日元的30个等级的月工资。征收保险费和计算养老金时，根据被保险人的全年工资及奖金的总和计算出月平均工资，再根据其适用于30个等级中的某个等级来计算。

按照职业不同，日本把年金参与人分为1、2、3号被保险人，1号被保险人包括自营从业者、农民及20岁以上的学生，只能加入国民年金；2号被保险人指企业雇员和政府公职人员，企业雇员加入厚生年金，公职人员加入共济年金，加入了这两类年金自动加入国民年金；2号被保险人的配偶称为3号被保险人，无需缴纳任何费用，自动加入国民年金。

（二）日本的养老保障制度特点

1. 制度覆盖面广。国民年金覆盖所有居住在日本国内、20岁以上且未满60岁的人，包括自由职业者、农民以及没有工资收入的家庭主妇和学生等，是真正意义上的全民皆保险。厚生年金主要对象是企业未满60岁的职员，共济年金主要参保对象是国家公务员、地方公务员、私立学校教职员等公共性行业的雇员。因此，年金制度覆盖面非常的广，不同年龄、不同职业的人都被纳入公共年金制度体系之中。

2. 双层结构。国民年金为第1层次，是针对全体国民的；厚生年金和共济年金为第2层次，与收入挂钩，主要参保对象是大中型私营企业的职工以及政府公务员等。称它们为公共年金制度，是因为它们都由政府来运营，带有一定的强制色彩。这样的公共年金制度尽管照顾到了各种不同的人群，但也存在一定的不公平。因为公司职员可以领取国民年金和厚生年金，政府公务员可以领取国民年金和共济年金，而其他国民只能领取国民年金。

二、公共年金制度

由于第一层次的国民年金和第二层次的厚生年金、共济年金均由政府管理和运营并带有强制性，属于社会养老保险范围，也可称为公共养老金或公共年金。与此对应，除强制性年金外自行建立的补充养老计划属于补充性社会养老保险。日本公共年金基本上采取现收现付制，财源主要来自社会保险费和财政。日本年金制度存在许多不公平，1号被保险人只能加入国民年金，配偶也享受不到任何优惠待遇，2号被保险人只缴纳职业年金的保险费其配偶就自动以3号被保险人的身份加入国民年金，且无需缴纳任何保险费，65岁以后即可领取养老金。显然，政策倾向于2号被保险人。即使都是2号被保险人，厚生年金和共济年金的保险费率和年金给付待遇也有差异。

国民年金的支付有以下三种情况：①老龄国民年金。凡加入期间达到工作满25年，年龄65岁以上的人均可领取到老龄国民年金，全额缴纳的，可以全额领取。②残疾国民年金。在国民年金参保过程中而致残的，达到残疾一级或残疾二级的程度，并在初次诊疗日的两个月前缴纳保险费的期间达到2/3（这里指25年的2/3）以上的可以领取残疾国民年金。③遗属国民年金。在参加保险者本人死亡的情况下向其妻子、未满18岁的子女等所支付的国民年金就是遗属国民年金。如果子女已经超过18岁、丈夫缴纳保险费的期间达到25年、婚姻持续达到10年、在60岁到65岁之间的妻子可以领取到丈夫老龄国民年金的3/4，如果丈夫缴纳保险费在3年以上但没有达到25年就去世的，妻子可以领取一次性的死亡抚恤金。

厚生年金的支付有以下三种情况：①老龄厚生年金。只要具备领取国民年金的资格就可以领取到与收入挂钩的老龄厚生年金。日本老年家庭总收入的绝大部分来自公共年金，有70%多的老人依靠公共年金生活。自20世纪80年代中期，日本政府根据社会的发展，结合日本实际情况，先后对公共年金制度进行了几次大的改革，形成了具有日本特色的公共年金制度，对经济发展和社会稳定发挥了重要的作用。

三、公职人员的共济年金制度

由于各种原因，日本的公职人员制度是到“二战”后，在借鉴欧美的具体做法并结合本国国情的基础上建立起来的。日本的公职人员范围较广，大致分为两种：一是国家公职人员，指在中央政府机关、国会、法院、国立学校和医院以及国营企业事业等单位供职的所有人员；一是地方公职人员，指在地方政府机关、立法机关、法院和地方政府经营的企业事业单位供职的所有人员。无论是国家公职人员还是地方公职人员，都有特别职和一般职之分。特别职公职人员是通过选举或政治任命产生的政府官员，主要包括内阁总理大臣、国务大臣、人事官和检察官、内阁法制局长官、政府次官，任职须经选举或国会两院或一院决议或同意的职员、驻外大使等政府代表、审判官及法院的其他官员、国会职员、防卫厅职员和公共事业职员等，相当于英美的政务官加法官及在立法和司法部门的其他工作人员。除此之外的公职人员属于一般公职人员，包括上至事务次官，下至各官厅的清洁工在内的各级各类职务人员，大体相当于美国的职业文官，适用公职人员法。

日本最早的类似公职人员养老保险制度的年金制度是“恩给”，包括1875年“海军退隐令”、1876年“陆军恩给令”和1884年“官员恩给令”，由中央政府向退伍军人和退休官员发给老年生活费。明治中后期，恩给制度进一步扩大到教职员、警察和少数行业中的官办企业的劳动者。1940 年以前，天皇赐予的“恩给”制度一直是公职人员养老保障的主要措施。20 世纪 60 年代，日本才逐渐建立了公职人员养老保险制度、共济年金制度。共济年金是针对公职人员建立的养老计划，以公务员、事业单位雇员以及其他团体的雇员为对象具有共济互助特征。日本很多团体的从业人员，自明治时代以来便组成共济团体负责成员之间的相互保险业务。共济年金有国家公务员共济年金、地方公务员共济年金、私立学校教师共济年金和农林渔团体共济年金。日本的共济年金属于强制性的社会保险制度，符合条件的公务员和教师必须缴费参加。财务制度属于待遇确定型，退休金待遇水平根据年龄、参加年限而确定。资金来源主要是参加者的缴费和政府财政补贴。共济年金的运营与管理根据共济法设立的年金事务联合会负责。

第四节　新加坡的中央公积金制度

一、中央公积金制度

在养老保险领域，新加坡最为人们津津乐道的是其独创的中央公积金计划。1953 年，新加坡出台了《中央公积金法》，并于 1955 年创办了公积金制度。该制度最初为一项强制性储蓄计划，主要为会员年老时提供养老金，后来逐渐引入保险机制，最终转变成为功能作用比较广泛的社会保险制度。

（一）公积金的缴费

公积金是一项强制性储蓄制度。雇员不分年龄和性别，都是中央公积金的会员。以雇员的工资为标准，雇主和雇员都必须按法律规定的比例缴费，缴费额存入雇员公积金账户并享有利息。政府财政负责制定严格的法律制度，实行积极经济社会政策，不负担任何费用，但提供税收、利率等方面的优惠。中央公积金局每年和全国工资理事会共同研究确定公积金缴费率。目前，按规定，对 55 岁以下的公职人员缴费比例为其工资的 40%，其中包括政府缴纳的 17.5% 和公职人员自己缴纳的 22.5%。对 55 岁以上的公职人员，其个人缴纳比例要低，主要是为了鼓励各单位能雇用高龄雇员，以缓解劳动力短缺带来的压力。

（二）公积金的作用

公积金制度是一种特殊的储蓄存款制度，会员没有权利决定公积金存款的期限。公积金账户的存款享有利息，中央公积金局按照银行定期存款利息的平均水平，向公积金成员支付公积金储蓄利息。公积金存款的用途由政府规定，是强制性的，并免交所得税。新加坡法定退休年龄55岁的公积金成员可以领取公积金。一般公积金有三个账户：一是普通账户，约为全部基金的75%，可用来购买养老保险、购屋、投资等；二是特别账户，约为全部基金的10%，只能用于养老金；三是保健账户，约为全部基金的15%，主要用于医疗保健，支付公立和私立医院的费用。中央公积金参与人员符合下列条件，才可以领取公积金：一是达到法定退休年龄55岁；二是35岁以上因健康原因不能继续工作；三是经批准退休；四是精神不正常；五是永久性离开新加坡的外国公民。中央公积金局内部规章制度非常严格，每年行政费用必须控制在本年保障基金总额的0.5%，并对外具有强制执行权。

（三）新加坡公积金计划的特点

制度采取完全积累模式，是一种以强制性储蓄来实行的对其本人退休养老的自我保障制度。储蓄的公积金是以工资为基数计算的，所以它具有很强的激励机制。管理规范化、法制化，公积金储蓄的管理和使用有严格的法律保证。公积金引进了社会保险机制，形成以公积金制为基础，各种社会保险计划为补充的多功能的社会保障体系。公积金存款的用途越来越多，但都必须服从政府的规定，会员无权自行决定资金的用途。各种资金运用都有数量限制。政府十分注重公积金的运营，并在资金运营上把经济效益和社会效益有机结合，取得了很好的综合效益。

新加坡通过实施公积金计划，基本实现了养老保险的社会化。在当今世界各国养老保险基金十分紧张，财政压力日益增大的情况下，新加坡成功做到了退休年金年年盈余，基本实现了无需国家财政拨款的自我保障，既促进了经济发展，避免了人口老龄化的困扰，又提高了国民的素质，促进了社会稳定。

二、公职人员养老保障

新加坡公职人员养老保险制度属于混合型的养老保险模式，主要有退休金制度和中央公积金制度。1972年以前参加工作的公职人员都纳入退休金制度，但从 1972 年 12 月参加工作的实行中央公积金计划，当时在职的公职人员可以选择其中任何一种。

目前参加退休金计划的人员有 5 类，即管理人员、外交人员、警察中的高级职务人员、武装力量中的高级官员和情报系统人员，约占公职人员总数的 40%。该计划由新加坡中央政府统一管理。公职人员达到以下任何一个条件可以退休：达到法定退休年龄 60 周岁；由于健康原因不能继续工作；达到选择退休年龄 55 周岁；因机构庞大，人员过剩而被裁减等。有关退休金的给付条件：根据法律规定，退休金计划提供三种待遇：退休补偿；因公死亡补偿；因公负伤补偿。领取普通退休金（即退休补偿）必须达到法定退休年龄，且须有 10 年以上的工龄。退休金按月支付，不需缴纳所得税。按规定，对工龄不满 10 年的，只能领取一次性退休金，相当于在职期间工资总额的 10%。新加坡公职人员退休金不与物价挂钩，主要由政府财政预算支付，同时个人也需要缴纳一定的费用，基金采用现收现付模式。

第五节　德国的公职人员养老保险制度

一、养老保险制度基本概况

德国建立了世界上最早的社会保障制度，但德国的公职人员制度确立得相对较晚。直到 1918 年，德国魏玛宪法把政务公职人员和事务公职人员区别开来，才初步确立了德国的公职人员制度。1953 年 7 月 14 日，德国联邦法院通过了《联邦公职人员法》，规定公职人员仅指在各级政府及其相关行政机构工作的官员。同年，德国还建立了全国统一的人事管理机构（联邦人事委员会）。德国公职人员分为两大类：特别职公职人员和一般职公职人员。特别职公职人员相当于英美的政务官，即经过选举和政治任命产生的官员，如内阁总理、国务委员、部长等，不适用公职人员法规，一般职公职人员相当于英国的常任文官，适用公职人员法规。

（一）公职人员的退休养老条件

根据法律规定，一般终身公职人员的退休年龄，男性为 65 周岁，女性为 60 周岁，但如已满 63 周岁，本人自愿申请退休可以提前退休。选举任用的各级行政长官，不受法定退休年龄的限制。公职人员退休的最低工龄限度为 10 年。

(二) 养老保险缴费

公职人员不缴纳养老保险费(其他行业职员必须交纳相当于个人月薪的10%),其退休金由政府统筹。公职人员应支领的退休年金,由国库采取“现收现付”办法支付。政府把这项支出编入国家年度财政预算,并随物价的增长而适时调整。只有具有保障终身的公职人员才能享受领取退休金的权利。根据《联邦官员供养福利法》,公职人员达到规定年限或者已经丧失劳动能力时才能领取的养老金。

(三) 领取条件

一是其工作年限至少已有5年;二是无重大过失,因病或者其他健康原因丧失工作能力;三是已经暂时退休或者视为长期退休。私营企业员工则必须工作满40年才能享受全额养老金。德国公职人员养老保险金领取年限一般为20年。如果未领满20年,本人去世,可由其配偶领取其养老保险金的一半,领取时间为10年。如果去世的退休公职人员家里有不满21周岁的子女,每个子女还可以领取其父母养老保险金的10%。公职人员还可以领取补充养老金,条件是根据投保人缴纳保险税所取得的退休分数,多缴纳多受益。

(四) 养老保险金的调整

为了保证公职人员退休后能维持一定的生活水平,德国政府规定公职人员退休养老保险金随在职人员工资的提高而相应增加,还确定了最低补助金。这样退休后的公职人员就可以在在职公职人员增加工资的同时,相应增加其养老保险金。另外,当公职人员所属的职类工资结构进行调整时,退休公职人员还可以享受与新的工资结构相应的养老保险金。

二、德国公职人员养老保险制度的特点

(一) 公平性

德国的养老保险制度出发点是保障全体国民的养老经济安全,通过缩小社会贫富差距以保持社会稳定。

(二) 独立性

公职人员养老保险执行专门的制度,待遇较为优厚。采取现收现付模

式，没有积累，易于管理。存在的问题是，退休养老制度优厚，虽有利于公职人员队伍吸引优秀人才，但也面临财政负担过重，引发和加深社会矛盾的苦恼。据有关资料，在德国国民收入中，税收占 23%，向企业摊派款项占 25%，两者合计达 48%。这样高的比例，影响了德国在国际上的经济竞争力，也影响了社会保障与福利的后劲。公职人员养老金支出过快，养老保险基金难以平衡。公职人员退休养老金的增长跟不上通货膨胀的上升，公职人员退休后的生活难以保证。

三、公职人员养老保险制度改革思路及措施

1995 年以后，德国相应推出了一系列改革措施，如加强对公职人员养老社会保险基金的管理和控制，扩大资金来源，填补预算亏空；逐步统一退休养老制度，逐渐取消公职人员和公营机构的退休优惠条件，并将公务人员享受全额退休待遇的纳税时间提高到 40 年；扩大养老保险缴费基数。

德国公职人员养老保险制度的基本做法是政府扮演立法者、协调者和组织者的角色，给公职人员提供极为优待的养老待遇。筹资模式是现收现付制，没有积累，易于管理。这种模式除了经济意义外，还具有社会伦理意义，即年轻一代缴纳保险费赡养老一代，这种代际赡养是自然经济形态下家庭赡养关系在工业化社会中的转化和规模放大，有助于形成和保持一种社会互济、社会融合的道德观念。

第六节　智利的公职人员养老保险制度

一、基本概况

智利的老年养老制度引自欧洲，最初立法于 1924 年，采取社会保险方式，按其保障对象的身份不同，分为工资所得者、薪资受雇者以及公务人员三大类，再依具体职业细化为三十种强制性保险制度。后来由于人口老化和政治、经济因素的影响，到 20 世纪 70 年代，国家补贴日益增多。1980 年智利退休基金出现赤字达 28%，难以为继。于是 1981 年，智利军政府不得不通过立法对养老保险制度进行了全面改革，建立起雇员个人强制缴费、个人账户积累、基金由私人机构经营管理的养老保险制度。智利目前实行的是包括公职人员在内的全国统一的养老保险制度，受其影响，阿根廷、秘鲁、墨西哥、乌拉圭、哥伦比亚、玻利维亚、萨尔瓦多等拉美国家也纷纷建立了私营储蓄积累模式的公职人员养老保险制度。

（一）养老保险基金的筹集

1981 年的新养老保险制度规定新参加工作的公职人员养老保险和社会其他人员一样实行“个人资本化账户”的养老保险办法，每月缴纳工资的10%（没有上限）作为退休基金，存入个人账户，账户本金利息和投资利润都归本人所有。此外，公职人员还需缴纳工资的1.6%作为基金公司管理基金的服务费。政府只负责代扣代缴并将费用转到建有养老金账户的私营公司。公职人员在退休前不能取回其存入的退休养老基金，但允许其在缴纳一定管理费用后自由更换基金管理机构。建立新制以前已经退休公职人员的养老费用，继续由国家财政负担。建立新制以前就业并选择由旧制向新制过度的公职人员，智利采取了发放“认可券”的办法，即对这部分公职人员已就业但无个人账户的年份，发行了一定数额的“认可券”。但“认可券”不按基金投资回报率计算，而是按每年弥补物价上涨后实际利率4%固定计息，并只有在其退休时才能兑现，也就是说，未兑现部分其实是一种“空账”。

参加新制度的公职人员按照法律规定可享受三种待遇，一是退休养老金。男性满 65 岁，女性满 60 岁且缴费满 20 年以上的公职人员都有权领取。二是残疾养老金。除了退休养老金外，基金公司还通过参加残疾和遗属保险支付完全和部分残疾养老金。公职人员没有达到退休年龄但已经丧失 1/2 以上的工作能力，则有权享受残疾养老金。三是遗属养老金。公职人员死亡后，其遗属（包括配偶、子女、某些情况下死者的父母）以受益人身份领取其积累的缴费以及其他方面的一些支付。

（二）养老金的支付方式

一是计划提款。公职人员符合退休条件后，将个人账户的储蓄额继续存在基金管理公司，由公司为其制定一个提款计划，每月领取，未领取部分继续计息，以后的领取额还可以随回报率高低进行调整。如某公职人员死亡后，其存款余额未提取完，可继承；如存款已全部提取完，公职人员还健在，则享受由财政支付的每月 4 万比索的最低年金保障（约合 110 美元）。二是终身年金方式。公职人员可通过他自己选择的人寿保险公司领取养老金，在以后存活的年份里每月领取相同数额的养老金，公职人员死亡后，其遗属则领取遗属待遇。由于账户的资金都转移到人寿保险公司（由该公司承担公职人员及其遗属日后的财务风险和存活风险），因此，一旦公职人员选择了此种方式（前提是放弃对积累金的所有权），并签订了合同，则不可反悔。三是临时提款加终身年金方式，即公职人员先将个人账户储蓄额提取一部分，其余部分则转入人寿保险公司，由保险公司支付终身年金。

（三）养老保险基金的管理

智利养老基金委托私人退休养老基金管理机构运营，管理公司的股东既可是法人，也可是个人，但不能是官方机构。公职人员可自由选择和更换管理机构，但前提是在一家公司缴费 6 个月以上并缴纳一定的管理费。目前，智利 25 家私人管理公司之间正展开激烈的竞争。各管理公司自身资产与养老基金分开经营。管理公司自身经营活动收益要纳税，但养老基金的投资收益完全归于养老基金，不纳税。公司管理不善，可以破产。若因公司破产而导致基金损失的，由政府负担最低养老金部分的 75%。目前这些公司的投资形式主要有：购买股票、存放于银行和购买金融债券、购买政府债券。1981 年以来养老基金的实际投资回报率，平均高达 13%，大大超过了银行同期存款利率。

智利政府一方面通过各种法律、法令和退休养老基金管理局，对各基金公司进行严格监管以减少投资风险，保护投保人切身利益，另一方面允许各基金公司在管理和经营活动中收取合法的佣金以维持自身发展。

（四）智利公职人员养老保险制度的特点

一是公职人员参加全国统一的养老保险制度，便于管理。

二是通过建立个人账户，切实减轻了政府负担。

三是新旧制度之间过渡措施得当，减轻了改革阻力。

四是建立了养老基金，并由私营公司成功管理，积累了大笔资金，活跃了资金市场，减轻了国家的投资压力，降低了商业银行的贷款利率，支持了经济发展。

五是政府对基金公司监管与扶持并重，从而通过各家公司的良性竞争而提高了养老保险制度的效率。

二、存在的问题与改革措施

（一）存在问题

由于政府不负担任何养老费用，公职人员尤其是年轻公职人员的负担较大，职业吸引力下降。养老基金规模越来越大，易产生动荡，风险很大。基金管理公司垄断化趋势加强，运营透明度不够，管理成本相对太高，已经引起社会各界不满。

（二）改革措施

一是创建不同类型的基金，鼓励各养老基金管理公司降低管理成本，增加运作的透明度，采取更灵活的佣金提取方法以促进其自身健康发展。

二是加强终身年金的商品化，保证职业年金的实际购买力，避免因通货膨胀而引起的贬值，以更好地保障退休公职人员的生活水平。

三是改进基金投资组合，增加其海外投资的选择品种，同时相应修改有关投资限制、管理费用等方面的规定。

四是加强养老保险制度共济功能，强化政府托底责任，以减轻制度震荡风险。

第七节　国外职业年金制度借鉴

一、共同特征

从世界各国公职人员养老保险制度的发展历史与现状来看，公职人员养老保险制度在国与国之间差别很大，但总的来看，国外公职人员养老保险制度大致有以下一些特征：

（一）国家为主体立法强制建立

从英、美、德等发达国家建立公职人员养老保险制度开始，公职人员养老保险就与国家举办、国家立法紧密地联系在一起。公职人员的养老保险，或是有专项法规，或是寓于相关的基本法规之中，从而以法律、法规的形式规定下来，这就充分体现了公职人员养老保险的法治原则。即使是在如新加坡等实行完全的个人账户公积金制的国家，也是通过立法，强制用人单位和个人按规定缴纳公积金。当然在发展中国家也不乏法规健全、制度完备、管理科学的案例。虽然公职人员养老保险是由国家为主体举办，但并不意味着完全由国家出资负担，而是由其立法、统筹规划并制定制度，组织专门机构经办养老保险事业。

（二）多渠道筹集，不同管理模式

目前，世界上绝大多数国家的公职人员养老保险金都是统一筹集、调配和使用的。但是，由于各国具体情况不同，在养老保险基金的筹集方式上却不尽相同。有的采取现收现付模式，有的采取完全积累模式，有的采取部分积累模式，但大多数国家还是坚持实行多方共同负担养老保险费用的做法。

（三）多层次的养老保险制度

为了更好地保障公职人员退休后的基本生活所需，大多数国家纷纷为公职人员建立了多层次的养老保险制度，其中第一层次是由国家立法规定的保障基本生活的基本保险，覆盖面广、工资替代率低；第二层次与收入相关联的职业年金，是对第一层次低替代率的补充，多数国家立法强制性建立，雇主、雇员共同缴费；第三层次是由个人或雇主自由建立，为进一步提高替代率而建立的养老计划。

二、改革发展趋势

自20世纪70年代以来，发达国家以养老保险制度为主体的社会保障制度由于受经济发展进入“滞胀期”以及人口老龄化危机的影响，纷纷陷入了困境。而其他国家或由于经济发展缓慢或由于制度缺陷或由于人口增长过快等原因，公共养老保险制度也难以为继。作为各国社会养老保险制度的组成部分，其公职人员养老保险制度也概莫能外。综观各国情况，公职人员养老保险制度存在的主要问题是，养老保险的项目过多、标准过高，支出增长过快导致财政赤字增加。公职人员队伍膨胀，导致政府财政压力过大以及政府运转效率过低，从而造成社会资源的浪费并引发其他社会矛盾。由于经济发展放缓、通货膨胀加剧、公职人员退休后的生活需求水平提高等原因，原有公职人员养老保险制度面临严重挑战。为积极应对人口老龄化的冲击，当今世界各国政府正积极通过改革以应对面临的困难。

纵观当今世界各国公职人员养老保险制度改革趋势，基本存在两大派别：一派主张微调，在不对现行公职人员养老保险制度进行根本性变革的情况下，着力缓解制度的财务危机而采取一系列的改革措施。另一派主张大调，即对现行公职人员养老保险制度进行根本性改革，着力于重建公职人员养老保险的制度、结构和模式。

（一）微调主要包括内容

1. 调整待遇领取办法

改革趋势是公职人员退休金的领取更具灵活性。为适应不断变化的形势，满足退休公职人员的个别需要，一些国家对退休金领取方式的规定逐渐趋于灵活、方便。除了常规的按月领取和一次性领取外，公职人员还可兼领一部分一次性的退休金和一部分按月领取的退休金。对于那些符合工龄却不符合年龄条件而又要求退休的公职人员，一些国家规定准予其退休，但退休金要冻结到其到达法定退休年龄时方可领取；一些国家则规定不到退休年龄而要求退休的公职人员只能领取减额退休金。

2. 调整退休待遇标准

一是降低标准，主要是养老保险制度比较健全且待遇较为优厚的发达国家，纷纷降低公职人员养老保险金的计发标准，延长计算养老金所采用的收入年限。二是提高标准，主要是一些公职人员养老保险制度不健全且养老待遇标准较低的发展中国家，纷纷提高退休金的计发标准，扩大养老保险范围，以保障公职人员的退休生活。

3. 调整退休金的指数化调节方式

一是为应付通货膨胀，一些没有建立指数化退休金的国家纷纷建立退休金指数化调节机制。二是已经建立指数化调节机制的国家，将退休金调整与工资增长挂钩，改为按工资和物价指数的平均数或二者中的较低者进行指数化调整，以降低退休待遇的支付水平。同时，许多国家采取定期调整办法来代替原先不定期调整方法，并根据各自情况增减调整频率和幅度，以做到既保障公职人员退休生活所需，又减轻财政负担。为应付人口老龄化的影响，削减政府财政支出，大多数国家都为公职人员养老保险建立专门的基金以支付其养老金。为确保基金保值增值，各国还纷纷采取各种举措鼓励和扶持积累的基金通过投资以获得更多收入。同时，为确保公职人员养老金的“含金量”，大多数国家还建立了养老金与物价或在职人员工资挂钩的原则，即在消费物价指数或在职人员工资上升以后，相应调高养老金的给付标准。但各国调整频率及幅度各异，有的国家规定每两年调一次，有的一年一次，有的一个季度一次，有的上涨程度不同调整幅度也不同。

4. 改变公职人员养老保险制度缴费结构

有的国家如德国、日本、新加坡等相应提高公职人员养老保险的缴费率，有的国家如智利等少数国家则提高缴费收入的最高限额，以增加缴费收入。

5. 调整退休年龄

退休年龄调整趋势是退休更趋于灵活。少数国家允许公职人员在到达正常退休年龄之前退出公职队伍，并付给其补充性质的个人储蓄年金保险。这样既增强了公职人员自身的自我保障意识，相应还减轻了国家负担，又可提高公职人员退休后的生活待遇。

6. 大多数建立了统一集中的公职人员养老保险管理体制

从当今建立公职人员养老制度的国家来看，虽然各国制度不同，在具体模式上也各具特色，但在管理上一般是自上而下设立单独的管理机构，对公职人员养老保险实行了统一集中的管理。这种单独的管理机构，既可能是全面性的独立管理机构，实行由上而下的垂直领导；也可能是隶属于中央某一个部，接受部门监督。某些国家在统一领导、集中管理的前提下，地方也享有一定或相当的管理权限。

7. 改进公职人员养老保险基金管理

主要是增大基金管理权限，扩大基金投资范围，以确保基金的保值增值。智利已经比较成功地实现了在政府监管下由私人建立、经办的养老保险基金。

通过以上分析，可以看出这些主张微调的国家所实施的改革不是伤及筋骨的根本性改革，而是在原有框架内进行修修补补。

（二）制度重建主要内容

1. 建立个人账户和实施基金管理

这方面又分为两种情况，一种是以智利最为彻底和成功，建立个人账户和养老基金后，委托私营公司进行管理。在其影响下，秘鲁、阿根廷、哥伦比亚、玻利维亚、墨西哥萨尔瓦多等拉美国家都各自进行了程度不一的改革。一种是以新加坡为代表，建立账户和基金，由国家公营机构予以管理。受其影响，马来西亚等国家也纷纷建立了公职人员养老保险的公积金制度。

2. 由现收现付制转为积累制

管理模式由国家集中管理的现收现付制逐渐向欧美市场化管理的积累制。公职人员个人未来的养老待遇越来越取决于个人目前的积累及其保值增值情况。这种情况以东欧经济转轨国家为代表。东欧国家公职人员养老保险原先和我国一样，实施国家责任保险制度，公职人员自身不缴纳任何费用。由于国家财政压力太大、经济发展放缓及人口老龄化的冲击，这些国家开始试图建立国家、单位和公职人员自身多方负担的多层次养老保险制度。由于对公职人员养老保险制度实行大调的智利和新加坡等国家取得的成效较为显著，不少发展中国家正在积极酝酿出台各自的公职人员养老保险制度改革计划。这些国家实行大调的深层次原因是，原先的制度已经无法维持或者整个国家基本政治经济制度已经变迁。不过如果实行大调的话，面临最大的问题：一是转轨费用问题，即新制度对旧制度既得权益的补偿问题。二是公职人员自身以及社会其他人员对新制度的心理承受能力。当然后者其实是一个利益或养老资源在不同社会成员之间如何分配的问题，即社会公平的问题。

除了上述两种改革以外，世界上还有不少一些国家还在小调和大调之间徘徊，争论不休，至今还没有出台任何具体方案，有些国家甚至还没有将公职人员养老保险纳入议事日程。必须指出，所谓的大调和小调之间并没有十分严格的界限。不少实行大调的国家也采取了一系列与小调国家相同的增加基金收入、减少支出、削减政府财政压力及基金债务压力的具体做法和措施，诸如减少福利项目、降低社会福利标准、延长退休年龄、开征新税以及提高保险费率、扩大工资收入基数，等等，以维持制度的正常运转，减轻可能产生的社会动荡。目前，各国除了在养老保险制度方面纷纷进行改革之外，还积极探索对公务员制度进行改革，其中最突出的一点就是结合行政改革，实行精兵简政、大力削减公职人员数量以减轻政府财政负担。以美国为首的发达国家正在加速这一进程，综观有关国家公职人员养老保险制度的改革进展情况，可以得知，目前各国取得较为一致的认识是：公职人员养老保险制度的改革或调整应该在结合各自国情的基础上，走“重建制度、机构和待遇”的路子，实质是大力减轻政府财政负担、加强公职人员自身的养老责任、扩大社会各界在养老方面的作用，而政府只扮演最后托底的角色。

三、对我国建立职业年金制度的借鉴

从全球角度看，各国都在养老保障制度改革的框架内，积极探索其公职人员养老保险制度的重新设计。养老保险制度改革的难度和风险较大，且面临各种各样的实际问题，各国还是坚持不懈地走深化养老保险制度改革之路。透视当今世界各国公职人员养老保险制度改革，可以发现无论是发达国家还是发展中国家，其改革都具有鲜明的本国特色，即注重将公职人员养老保险改革的内在规律与自身实际国情结合在一起，做到大胆借鉴、积极创新。借鉴国外养老保障制度及公职人员改革发展趋势，对我国养老双轨制改革的启示：

一是从政策角度方面，公职人员养老保险改革应从建立全国统一的基本养老保险制度出发，而不再另行设计一套方案。这有利于整个社会养老保险的管理和运作，也有利于劳动力在不同行业之间的自由流动。

由于我国以往养老保险管理没有一个全国统一的管理机构，导致政出多门、条块分割，建议吸取国外的有益经验，建立全国统一的养老保险管理机制。

二是公职人员养老保障必须走社会化、市场化道路，而不是维持原有的制度。世界上绝大多数国家公职人员养老保障的进程都证实了这一点。目前我国公职人员退休养老的政策，已不适应当前的经济和社会发展，需要不断改革和完善。

三是要尽快完善养老保险制度立法，将我国公职人员养老保险制度推向法制化的轨道。目前，世界上许多国家尤其是公职人员养老保险制度建立比较完善或改革进展较为顺利的国家，大都已经具备较为完善的包括公职人员养老保险在内的公共养老保险立法体系。该体系主要由综合的社会保险法、单行的养老保险法以及伤残等一系列单行法令构成。这对公职人员养老保险制度的建立、发展和改革起到极其重要的保驾护航作用。而我国目前在这方面，无论是立法理念还是立法实践，无论是立法层次还是立法幅度都存在相当不足。这也是导致我国公职人员养老保险制度至今难以建立的原因之一。

四是建立公职人员养老保险制度要考虑社会公平与行业优待问题。公职人员养老保险既要与其他社会成员之间的养老保险保持相对公平，以维护社会稳定，同时又要保持合理差距，以吸引优秀人才并充分调动公职人员的积极性。

五是我国要结合自身特点，在公职人员养老保险制度建立上要坚持“效率优先，兼顾公平”。养老保险资金来源于国家、单位和个人三方面，要切实做实个人账户，要充分尊重缴费者的个人利益，以调动其参与养老保险的积极性。同时要做到个人缴费与社会统筹相结合，并在此基础上成立相关基金管理公司进行资本运营，以确保退休公职人员的基本生活。

六是我国公职人员养老保险保障水平应与我国经济发展水平相适应，不可超越现实生产力的发展水平。否则不但不能建立运行有效的养老保险制度来促进社会经济发展，反而会适得其反。目前发达国家纷纷在削减公职人员养老保险待遇，发展中国家对公职人员养老保险待遇也是减多增少。由此可见，我国也应强调增加公职人员个人责任，减少国家责任，并在实行三方共同缴费的基础上建立多层次的公职人员养老制度。

七是在养老保险方案的具体设计上，必须突出公职人员的职业特点。如可以考虑在公职人员的退休年龄上存在一些弹性。这一点在不少国家的具体改革实践中都得到体现，因此我国在规定统一退休年龄的基础上，可以对不同职业的退休年龄实行有所差别对待，但必须有明确规定。再如公职人员养老保险的给付，也应考虑建立符合公职人员职业特点的养老金计发和给付办法等。

八是在设计公职人员养老保险制度的同时，还要考虑推进公职人员其他配套制度的改革，如公职人员的工资薪金福利制度改革、公职人员的人事制度改革、公职人员的廉政监督制度改革，等等。

第四章　职业年金破解我国养老双轨制

在本书第一章笔者描述了我国养老双轨制给社会带来一系列问题，问题表现在双轨制的不公平，根源在于国家责任的偏失，即对公职人员过多的责任，对非公职人员缺乏责任。因此，解决双轨的根本办法，一是国家在养老保障投入上尽量公平地对待公职人员和非公职人员，二是为公职人员建立职业年金制度，完善我国养老保障三支柱体系。

第一节　养老保障中的公平性

一、公平理论

（一）社会资源配置论

实现公平正义是人类社会恒久追求的目标。古希腊时代，柏拉图在《理想国》中阐述了公平的基本内涵，他认为在理想国中，存在着四种美德，即智慧、节制、勇敢与公正，其中公正是最重要的美德。亚里士多德认为，公正是一切善的源头，政治学上的善就是公平，就是平等的观念。公平已经成为被普遍认可的社会价值观念。传统上人们对于公平问题的讨论主要是在道德领域展开，并没有将其纳入经济学的研究范围。庇古是第一个将公平理论引入经济学研究领域的学者，他借用了经济学中“效用”的概念，重新对公平的内涵进行了诠释，指出公平的本质是一个资源分配问题，而实现公平的关键点就是要找到资源配置状态与社会福利状态的最佳结合点。在他之后，罗尔斯在《正义论》中进一步提出了实现公平的两个基本原则，即平等原则与差序原则。前一个原则主要体现的是全体社会成员均等地享受最基本自由的权利，即任何人无论资源及禀赋状况如何，都应获得基本保障的权利；第二个原则要保障的是那些在社会竞争中处于不利地位人群的权利，他认为任何对社会利益及经济利益的调整都不应使处于最差地位的人更差，而应当最大限度地改善他们的生存状况。费什博恩和萨林认为，公平有两个最基本特征，即平等性与公平性，其中平等性主要涉及人们如何从伦理及社会文化角度出发对行为规范进行调整的问题，而公正性主要从个人认知与偏好角度出发对社会行为准则进行衡量的问题。

（二）社会公平理论

社会公平理论又称社会比较理论，它是美国行为科学家斯塔西·亚当斯在《工人关于工资不公平的内心冲突同其生产率的关系》《工资不公平对工作质量的影响》及《社会交换中的不公平》等著作中提出来的一种激励理论。该理论侧重于研究工资报酬分配的合理性、公平性及其对职工生产积极性的影响。亚当斯认为：职工的积极性取决于他所感受的分配上的公正程度（即公平感），而职工的公平感取决于一种社会比较或历史比较。所谓社会比较，是指职工对他所获得的报酬（包括物质上的金钱、福利和精神上的受重视程度、表彰奖励等）与自己工作的投入（包括自己受教育的程度、经验、用于工作的时间、精力和其他消耗等）的比值与他人的报酬和投入的比值进行比较。所谓历史比较是指职工对他所获得的报酬与自己工作投入的比值，同自己在历史上某一时期内的比值进行比较。

每个人都会自觉或不自觉地进行这种社会比较，同时也会自觉或不自觉地进行历史比较。当职工对自己的报酬做社会比较或历史比较的结果，表明收支比率相等时便会感到受到了公平待遇，因而心理平衡，心情舒畅，工作努力。如果认为收支比率不相等时，便会感到自己受到了不公平的待遇，产生怨恨情绪，影响工作积极性。当认为自己的收支比率过低时，会产生报酬不足的不公平感，比率差距越大，这种感觉越强烈。这时职工就会产生挫折感、义愤感、仇恨心理，甚至产生破坏心理。少数时候，也会因认为自己的收支比率过高，产生不安的感觉或感激心理。当职工感到不公平时，他可能千方百计进行自我安慰，如通过自我解释，主观上造成一种公平的假象，以减少心理失衡或选择另一种比较基准进行比较，以便获得主观上的公平感；还可能采取行动，改变对方或自己的收支比率，如要求把别人的报酬降下来、增加别人的劳动投入或要求给自己增加报酬、减少劳动投入等；还可能采取发牢骚、讲怪话、消极怠工、制造矛盾或弃职他就等行为。公平理论提出的基本观点是客观存在的，但公平本身却是一个相当复杂的问题，这主要是由于下面几个原因：一是它与个人的主观判断有关。无论是自己的或他人的投入和报偿都是个人感觉，而一般人总是对自己的投入估计过高，对别人的投入估计过低。二是它与个人所持的公平标准有关。标准是采取贡献率，也有采取需要率、平均率的。例如有人认为助学金应改为奖学金才合理，有人认为应平均分配才公平，也有人认为按经济困难程度分配才适当。三是它与绩效的评定有关。我们主张按绩效付报酬，并且各人之间应相对均衡。但如何评定绩效？是以工作成果的数量和质量，还是按工作中的努力程度和付出的劳动量，是按工作的复杂、困难程度，还是按工作能力、技能、资历和学历？不同的评定办法会得到不同的结果。最好是按工作成果的数量和质量，用明确、客观、易于核实的标准来度量，但这在实际工作中往往难以做到，有时不得不采用其他的方法。四是它与评定人有关。绩效由谁来评定，是领导者评定还是群众评定或自我评定，不同的评定人会得出不同的结果。由于同一组织内往往不是由同一个人评定，因此会出现松紧不一、回避矛盾、姑息迁就、抱有成见等现象。

公平理论对我们有着重要的启示：首先，影响激励效果的不仅有报酬的绝对值，还有报酬的相对值。其次，激励时应力求公平，使等式在客观上成立，尽管有主观判断的误差，也不致造成严重的不公平感。再次，在激励过程中应注意对被激励者公平心理的引导，使其树立正确的公平观，一是要认识到绝对的公平是不存在的，二是不要盲目攀比，三是不要按酬付劳，按酬付劳是在公平问题上造成恶性循环的主要杀手。为了避免职工产生不公平的感觉，企业往往采取各种手段，造成一种公平合理的气氛，使职工产生一种主观上的公平感。如有的企业采用保密工资的办法，使职工相互不了解彼此的收支比率，以免职工互相比较而产生不公平感。对于任何法律制度来说，他们所追求的价值都一定会有公平价值。

二、养老保障的公平性

对于养老保障来说，它也是建立在追求公平这种思想基础之上的，以公平作为出发点尤为重要。因此，在我国的养老保障制度建设中，要体现出基本的公平。

社会公平是一个社会整体利益均衡与调整的结果，是不同利益集团博弈的结果。社会公平的简单表现是按照少数服从多数的原则，以多数人的意见为核心，是处在一定社会结构中人的利益关系与格局的反映。在当代社会成员利益多元化及社会阶层分化日益加剧的状况下，不同社会成员对养老保障公平内涵的理解有所不同。对于在养老资源分配中获得利益较多的群体来说，他们希望公平规则的制定能够维护他们的现实利益，使他们最大程度地获得个人利益，得到更多的自由权利；而对于在资源分配过程中获得利益较少的群体来说，他们希望公平规则能够为他们带来平等参与的机会，使他们也能够享受到与他人基本均等的利益。

实现养老保障公平就是要对社会成员在养老资源配置及利益分配方面进行合理规划，要用制度来保障人们平等参与养老保障的机会。实现社会公平既是养老保障制度的根本理念，也是维系制度可持续发展的重要条件。社会是复杂的、多变的，构成社会有机体的各个要素之间必然会产生冲突与矛盾，养老保障制度则会在一定程度上起到化解社会矛盾、协调社会成员利益关系、维护社会公平秩序、实现社会和谐、维护社会要素正常运转的功能。

实现养老保障的公平就是要使社会成员拥有在占有与分配社会资源方面获得平等机会的权利。机会均等既是实现国民享有均等养老权的前提条件，也是维护社会成员基本养老权利的必要措施。养老保障公平是个历史的、相对的概念，其中反映了人们对于社会养老资源分配合理性的认识。一个制度的参与者都能够充分享有与他人基本均等的经济保障、服务支持及精神慰藉。对于那些缺乏社会经济资源、市场竞争力较弱、就业选择机会较少的人来说，结果公平意味着他们也能够得到维持基本生存的生活保障。在实现养老保障结果公平的过程中，既要保证养老资源分配的均等性，同时也要做到权利与义务的对称性。所谓均等性是指社会成员在享受养老保障待遇方面的大体相似程度，即全体社会成员，无论缴费状况如何，都应享受大体上相等的制度保障。所谓对称性，主要是指社会成员在缴费义务与享受养老保障待遇方面的一致性程度，即社会成员缴费水平越高，得到的养老保障程度也应越高。在机会均等的前提下，每个社会成员都被赋予平等参与养老保障制度的基本权利，他们基本上都能够参与养老保障制度，都能够被纳入到制度的覆盖范围，都能够享受到基本的制度保障，能够领取到大体相当的养老保障待遇。但是从权利与义务相对等的角度来讲，充分考虑到每个个体在履行缴费义务方面的差异，适当体现差别化原则，做到劳动贡献与获得待遇的基本对称，有利于激发社会成员的养老保障缴费积极性，调动他们的参保热情，推动制度的可持续发展。

三、养老保障公平的主要内容

在现代社会背景下，公平已经成为调整与规范人们基本价值观念、社会行为和人际关系的基本准则。实现公平的核心就是要建立合理的利益调节机制及疏导机制，按照不同人群的实际需求状况不断调整利益结构，以符合社会主流人群利益的方式，使社会资源能够在更大地域范围和空间结构内进行合理分配调整。具体而言，要实现养老保障公平的目标，就是要保证养老保障参与的机会公平、养老保障实施的过程公平及养老保障分配的结果公平。

（一）机会公平

机会公平指的是社会提供给成员自由选择机会的平等性，包括人们在医疗、教育、社会保障、就业、住房等方面选择机会的均等化程度。机会公平是过程公平与结果公平的前提条件，也是从价值目标层面对社会公平做出的规范性要求。机会公平是社会成员平等地享受社会发展成果的逻辑起点，也是实现社会公平的起码条件。实现机会公平是尊重与保障社会成员生存权与发展权等人权的重要体现。生存权与发展权是法律赋予每个社会成员的基本权利，是一种人人能够普遍享有的权利形式，不会因社会成员的性别、年龄、教育背景、种族等因素而发生改变。机会公平要求社会成员在参与社会活动时，必须拥有比较平等的地位及权利，要求社会能够为每个成员提供均等的生存及发展机会。《联合国公民权利与政治权利国际公约》指出，每个公民都应享有生命权，享有人身自由与安全受保护的权利及参与社会事务的权利等。我国宪法也规定，公民在法律面前人人平等，都享有宪法及法律规定的权利及义务。保障每个社会成员参与社会制度机会的平等，就是保障机会公平。机会公平对于实现社会公平的意义主要体现在以下几个方面：一方面，只在机会均等的前提下，每个社会成员才能获得平等参与社会竞争的机会，才能获得大体均等的社会资源。尤其对于在一些社会竞争中处于不利地位的人群，如老人、妇女、残疾人等来说，机会公平就意味他们也能够参与到社会资源的分配过程中来，也有机会获得平等的受社会制度保障的机会。另一方面，机会均等意味社会资源利用效率的整体提高，在机会均等的前提下，能够参与社会资源分配的人数会得到快速增加，社会成员由于对资源占有不同及自身禀赋状况不同而形成的差距就能够被有效地缩小，社会成员间互动的机会就会大大地增加，从而有利于最大程度地提高资源利用效率，促使社会参与者之间形成良性的互动机制，避免社会矛盾冲突的激化。

（二）过程公平

过程公平主要指每个社会成员在参与社会经济事务过程中主体地位的平等性。过程公平是社会公平的关键环节，没有参与制度及规则的公平，就无法实现理念、目标及结果的公平分配。过程公平意味所有社会成员都必须遵守相同的行为规范和准则，必须保证参与制度的全过程中始终处于同等的地位。国家法律制度及规范必须能够为社会成员的公平参与提供保障性机制，必须能够完全体现主体平等的思想。过程公平同时还必须符合社会主流价值观念，必须能够反映社会现实状况及发展的基本趋势。过程公平使得处于不同经济状况的人们能够在同一水平线上展开竞争，使所有人以相同的规则来参与竞争，从而保证了竞争主体的平等地位。

（三）结果公平

结果公平主要是指社会成员在享受社会发展成果及获得保障权利方面的均等化状况。结果公平是社会公平的最高层次及最终表现，也是社会公平的根本内涵。结果公平主要体现在分配公平。分配公平是结果公平的基本保证条件，也是衡量社会公平是否落到实处的最关键指标。维护各个社会阶层利益关系的合理性与协调性是实现结果公平的重要内容。对不同社会群体的利益关系格局进行合理的调整是保障结果公平的重要措施。如果分配公平，就能够激发人们的劳动积极性，进而提高社会整体生产率；如果分配不公，就会挫伤人们的工作积极性，导致生产效率的下降。养老保障制度设计应能够保证人们在养老保障权利公平的前提下，适度地体现出效率原则，应该使那些劳动贡献较多者也获得比其他人较多的养老保障与服务。

第二节　养老保障中的政府责任

一、政府责任

要有效地发挥政府在社会保障领域中的作用，就必须对政府在社会保障领域中的责任有一个明晰的界定。根据政府的角色定位，政府在社会保障中应承担的责任有如下内容：

（一）制度整体规划

对社会保障进行制度设计和创新是政府当然的责任和重要职能。在制度维持方面，相对于发达国家而言，发展中国家，特别是处于由计划经济体制向市场经济体制转轨的国家，政府机制应发挥更多的作用。在这些国家，现代市场体系发育尚不充分，尤其是资本市场、保障市场和社会保障服务市场更是存在严重欠缺。因此，政府在维持制度的有效运营方面应发挥更积极的作用，政府必须在这方面负担大量的资金投入、组织投入和服务投入，特别是承担社会保障制度的“转制成本”和新制度建立的“启动成本”；同时政府还应培育市场，并使其运行机制逐步规范和完善。

（二）提供法律支持

社会保障制度的基本特征之一就在于社会保障的强制性，这一强制性必须通过国家立法才能得到有效的保证。世界上任何一个国家社会保障制度的建立，无不以制定和实施社会保障法律为起点，没有健全的社会保障法律体系，就没有健全、完善和成熟的社会保障制度。因此，政府在社会保障上一个重要职能就是规范制度：一方面，应充分依靠现有法律、法规，理顺和规范现阶段社会保障存在的主要问题；另一方面，应加快专项立法特别是加快地方立法，依法推进社会保障制度的改革和完善，进一步规范社会保障制度的运作。

（三）提供财政支持

实行社会保障首先必须建立统一、规范、完善的社会保障制度，同时还必须有充足的社会保障资金，否则，再好的社会保障制度也是一纸空文。政府的财政拨款是筹措社会保障资金的一个固定的主要来源，没有国家财政作为坚实的后盾，很难建立起健全的社会保障制度，或者即使建立了相应的社会保障制度也难以获得持续稳定的发展。

二、我国政府在社会养老保障中的责任偏失

目前，我国政府部门在社会保障中的责任存在很多偏失之处，主要表现在以下几个方面：

（一）责任转嫁

政府在化解历史责任时向企业转嫁责任。1998 年以前，政府事实上回避着对社会保障制度改革的财政责任。养老保障由过去单位包办的现收现付型向社会化的统账结合型制度转型过程中，“老人”的全部养老金和“中人”的过渡养老金都是由新制度中的社会统筹基金支付。这种历史债务，企业已将保障这一部分权益的资金以利润的形式上缴给政府，因此，政府应该补充这一部分资金。然而，政府通过向企业征收超高的养老保障费将这一债又转嫁给了企业。1998 年以后虽然开始承担责任，但迄今为止仍然没有明确转制成本的化解方案。

（二）责任缺失

2006 年以前，农民和农民工基本未纳入社会保障范围。我国的社会保障事业一直将重点放在城镇，而占全国总人口 80% 的我国农民却依然被拒之于社会保障的大门之外。据国家统计局最新数据显示，外来农民工参加养老保障、医疗保障的只有 4% 和 2.7%。社会保障刚刚开始逐步向农村覆盖，但无论从保障项目，保障水平还是保障范围都远远不够。

（三）责任偏失

在城镇，机关事业单位人员和企业人员的养老制度双轨制问题，在社会上已经引起强烈不满，造成一系列的社会问题。近些年来，媒体、人大代表和政协委员对双轨制的不公平问题，不断呼吁改革。直到 2015 年我国政府才出台一个解决双轨制的政府性文件，即国务院印发的《关于机关事业单位工作人员养老保险制度改革的决定》。显然，政府在养老制度设计与改革过程中，过分保护了公务员的利益，对待国民利益没有一视同仁，存在严重的责任偏失。

（四）立法滞后

我国的社会保障制度改革是在实践中摸索、在探索中前进。现有的社会保障制度的法律法规立法层次低，缺乏较高的法律权威和必要的法律责任制度。国务院已经制定的条例中，很少有关于专门规范社会保障制度的法规。当前有关社会保障的规定，主要是由相关部委来制定。所以，社会保障立法滞后使得中央政府与地方政府、政府与企业和被保障人之间权利不清，社会保障的历史责任与现实责任不明。这种状况不仅不利于解决历史负担，还使我们对社会保障制度的改革效果难以做出准确评判。

（五）监管混乱

社会保障制度的良性运行，社会保障关系的正确处理，均需要建立健全的社会保障监控机制。在我国经济转轨过程中，社会保障体制的管理处于分散状态，人事和社会劳动保障部门、卫生和计划生育委员会及民政部等机构，分别承担着社会保障的部分工作。由于不同部门对问题认识的差异及受部门利益驱动的影响，造成政策不统一、业务交叉、成本上升、基金分散、管理混乱、效率低下，扯皮、推诿、不负责任，甚至挪用、滥用社会保障基金的问题时有发生。

三、我国政府在社会养老保障中应承担的责任

（一）加大物质基础投入

作为保障和改善民生的重要途径的社会保障，政府财政的投入更是责无旁贷。实际上近年来，我国财政支出方面已增加了对社会保障的投入，但我国社会保障资金的缺口依然不能轻视。尤其是社会保障中养老保障部分的资金缺口。加大社会保障财政投入不仅可以有效缓解保障资金的统一筹划问题，还可以应对老龄化带来的养老金支付风险和各种潜在问题，因此政府的财政支持必不可少。

（二）扩大社保范围

社会保障最基本的原则就是公平性，因此它天然的要求国家设计一种公平保障的制度，以使国民不因某种特权而得益或受害。这就决定了劳动者之间只存在着社会保障交费额和享受水平的不同，而不应该存在有无保障的差别。实行社会保障的普及化对劳动者而言，不论其所属部门和行业，就业单位所有制形式，就业或失业，只要遭遇暂时或永久丧失劳动能力，生存发生困难，都应无例外地得到社会给予的基本生活的物质保障。

（三）完善社会保障法律体系

建立健全社会保障法律制度是工业化国家建立和实施社会保障制度的重要经验。现阶段，完善社会保障法律体系是发展社会主义市场经济、完善市场经济体制的迫切需要。没有强有力的立法措施，没有完善的法律制度，就不可能建立有效的社会保障制度，也就难以为市场经济的发展提供必要的社会条件。改革和完善社会保障立法制度，是深化经济制度改革的迫切需要，也是社会主义法制建设的一个重要组成部分。

（四）平衡政府和市场的作用

在社会保障领域，政府的失效行为可能会使社会出现新的不公平状况，引起新的社会问题。政府失效行为的存在让我们必须慎重划分政府和市场的参与范围，过分推崇市场和过度依赖政府都是非理性的。政府与市场之间应该合理分工，相互改善。应该根据具体的社会背景和经济发展阶段，使政府能够科学、合理地主导社会保障事业的建构，有效地参与、调控和规范市场运行，在增进社会福利的同时，避免政府行为对

市场本身正常运行机制的损害，重视市场和社会组织在社会保障事业发展中的作用。

第三节　职业年金在养老保障制度中的核心地位

一、养老保障制度基本框架——三支柱体系

（一）养老保障三支柱体系

20世纪70年代，西方国家经历了国际货币体系瓦解、石油危机、通货膨胀和经济增长停滞等一系列经济问题。同时，随着人口出生率下降、人口寿命延长，社会人口老龄化成为西方国家普遍关注的问题。在此情况下，世界上多数国家的养老保障制度也不同程度地出现一些问题，主要表现为：①经济问题导致多数国家的养老保障计划面临资金不平衡的财务困难；②人口老龄化导致劳动力成本上升，国家竞争力和企业竞争力下降；③一些西方国家过分慷慨的社会保障支出造成国民的依赖性和懒惰性；④政府对养老保障计划管理的低效率和官僚化。上述问题迫使许多国家必须对养老保障制度进行改革，改革的主要目标就是在保证社会养老保障水平不降低的前提下，逐渐减少政府在社会养老保障方面的财政支出。在此背景下，世界银行在其发表的《防止老龄危机——保护老年人和促进经济增长》的报告中指出，各国现行的社会养老保障制度必须按照一个多支柱的制度体系进行改革，并提出了社会养老保障三支柱理论，即基本养老保障、职业年金和个人储蓄性养老保障共同构成的社会养老保障制度体系。

第一支柱由国家依法强制建立，通过税收筹资、现收现付确定给付、广覆盖（全体就业人员或全体公民）、低水平（工资的20%～30%替代率）的基本养老保障制度。第一支柱具有收入再分配功能，是以社会保障税的方式进行资金筹集，其收支及管理完全纳入国家预算体系。由于要充分体现再分配原则，税收覆盖面要广，尽可能覆盖全社会，将几乎所有社会成员包括在内，其税率设计以不同社会成员工资及其他收入为准，实行超额累进税率。与此相对应，由该体系形成的养老年金给付覆盖面也是普遍的。给付标准分几个不同层次，给付最低标准，以全国人均最低生活标准为限。标准要根据国家经济发展状况、物价水平等因素综合考虑，定期或不定期进行调整。

第二支柱由国家依法强制推行，依靠雇主和雇员缴费筹资，采用个人账户管理，待遇与缴费挂钩（工资的40% ~50%左右的工资替代率），在资金管理上有待遇确定型和缴费确定积累型之分，是一种补充性的养老保障制度。特点是缴款与给付利益挂钩的资金管理体系。有强制性和非强制之分，公职人员的职业年金多为强制性，目前发展方向趋于强制性。实行强制的理由是因为相当大一部分人可能是短视的，如按自愿原则，他们不会为老年时期节约足够的钱，当他们年老时就会成为社会的负担。强制储蓄可对缴款人工作期间的消费行为进行必要的约束，留下足够余钱以备未来养老之用。将缴款与给付利益直接挂钩对缴款者来说是一种储蓄性的安全，可以打消其规避缴款义务的意愿，加上在管理中明确的个人账户管理，缴款者现实的缴款直接形成本人年老时期给付的养老金基础，对缴款者是一种内在的吸引力。作为基金方式进行管理意味着一种竞争性管理，缴款人缴纳的款项可以集中起来委托专业人员进行多样化的投资组合，如购买政府债券、公司债券、股票、不动产等，从而取得更高回报，增加缴款人给付期的给付利益。

第三支柱是个人自愿购买、商业性的养老保障，用以改善老年生活。非强制性、完全自愿的储蓄（或年金）特征。对于拥有较多资源和愿意多储蓄的人来说，可以为补充退休收入而增加日常储蓄，其目的是对养老保障水平的再提高，满足高收入人群的需求。一般情况下，政府很少对第三支柱的个人储蓄和年金进行税收优惠。

（二）养老保障三支柱体系的核心思想

世界银行提出养老保障三支柱体系的初衷，是因为西方发达国家由于人口老龄化以及20世纪70年代经济危机导致许多国家财政入不敷出、赤字严重的局面，为了解决这个困难只有减少政府在养老福利方面的支出，同时为了不降低退休人员的养老待遇，通过增加雇主与雇员责任的办法，从而提出了养老保障三支柱体系。在这个体系中，其核心理念就是平衡国家、雇主和个人三方面在养老保障方面的责任，尽可能三方合理承担，既不能像西方发达国家尤其是欧洲国家，政府财政承担过多责任，雇主和个人承担很少责任，甚至个人不承担责任，又不能如一些发展中国家，政府不承担任何责任，完全由雇主和个人承担。并且，在三支柱中，以个人账户为基础，与个人收入关联通过缴费积累方式发展的第二支柱的职业年金，为未来发展方向，使其成为养老保障制度中的核心地位。养老保障三支柱的核心思想体现出公平性、合理性和平衡性。

公平性表现在第一支柱的基本养老保障，每个纳税国民都能享受国家的责任，个人纳税了国家就有责任提供养老保障，对于少数低收入人群，政府要保障每个国民老年后的基本生活；合理性表现在第二支柱的职业年金，每个人退休后养老金与在职时的缴费多少相联系，多交多得，少缴少得，不缴不得。但为了保障每个人的老年生活，国家通过立法强制每个人必须缴费，通过强制要求使得每个人对自己也要负责。平衡性表现在国家、雇主和个人的缴费尽可能平衡，不要太过极端。国家财政负担太多必然影响其他方面的财政转移支出，影响经济发展动力，同时也会养一些不愿意工作的懒人。个人与雇主承担太多，会影响消费与企业发展动力，进而影响经济发展。具体三方各自承担的比例是多少，这与每个国家的发展水平、人口结构、政府财政实力和国民个人财富多少等因素有关系。

与公平性、合理性和平衡性相对应的是，不公平性、不合理性和不平衡性，具体表现是在两个方面：一是政府承担责任过多或完全承担，雇主、个人承担过少或不承担，导致财政赤字问题；二是政府承担过少或不承担，雇主和个人承担过多或完全承担的问题。前者的解决之道是降低政府责任，增加雇主和个人责任，具体办法就是强制性要求雇主和个人缴费，建立职业年金；后者的解决之道是国家应尽必要的责任，国家有义务保障每个国民的生存权不受影响，具体办法是政府应建立以保障税为基础的覆盖全体国民的基础养老保障制度。

二、职业年金在世界各国养老保障制度中的核心地位

在改革过程中，职业年金被普遍看好，许多国家把职业年金当作完善社会养老保障体系，缓解政府财政压力和对付人口老龄化的一种有效手段。进入21世纪以来，经过多年的理论探索和实践改革，许多国家通过立法和优惠性政策等措施，鼓励和推动职业年金的发展，职业年金在养老保障体系中的比重越来越大，起到了在社会养老保障制度中核心地位的作用。从世界各国社会养老保障制度改革发展趋势看，以缴费确定型，个人账户积累模式的职业年金为核心的三支柱体系，被各国所接受并得到快速发展。

（一）职业年金在美国养老保障制度中的核心地位

2012年美国养老金积累余额为13.7万亿美元，其中职业年金为11.6万亿美元，占养老金总规模的84.7%，职业年金积累的资金规模占据全国

养老金规模的绝大部分。美国的养老保障制度也是以三支柱体系为基础，作为基本养老保障的第一支柱即老年、遗属和残疾保障，提供较低的工资替代率，全面覆盖非公有国民，部分地方州的公职人员被覆盖，目前仍有15个州的公职人员没有参加基本养老保障，不参加的原因是因为这部分公职人员有非常好的职业年金做保障，工资替代率非常高。第二支柱的职业年金在美国非常发达，在这部分中又分为公共部门的职业年金和私营部门的职业年金两种类型。在公共部门职业年金中，根据公职人员职业群体不同，分为联邦政府雇员职业年金、联邦军人职业年金、州和地方公职人员职业年金、教师职业年金、非营利机构人员职业年金等，职业年金覆盖了所有从业人员的养老保障问题。私营部门的职业年金主要保障私营企业从业人员的退休养老保障问题，美国的联邦养老保障法规定，企业雇主必须为雇员建立以职业年金为基础的养老保障计划，税法为雇主和雇员缴费提供税收优惠支持。在美国，由于有了非常强大的职业年金发展规模，以个人储蓄、商业养老年金为主体的第三支柱所占比例，就小得多。

（二）职业年金在日本养老保障制度中的核心地位

日本养老体系的第一支柱叫国民年金，起着基本养老保障的作用，几乎覆盖所有国民，资金来源于法律规定的保障费，政府财政提供一定的补贴。第二支柱为职业年金，与美国的职业年金类似，分为两类，一类是为公职人员提供的职业年金，叫共济年金，一类是为企业（包括私营和共有企业）人员提供的职业年金，叫厚生年金。职业年金的资金主要来源于雇主和雇员缴费。日本总人口约1.2亿，参加职业年金人数大约为7400万，其中7000万人参加厚生年金，400万参与共济年金。从积累的基金规模看，截止到2012年，日本的国民年金约3.7万亿日元，职业年金约47.2万亿日元，职业年金规模远大于国民年金。由于日本的国民年金和职业年金覆盖面和替代率都很高，第三支柱的个人年金发展空间相对较小。日本的国民年金和职业年金都由政府机构负责管理和运营，在日本把第一支柱的国民年金和第二支柱的职业年金，统称为公共年金，在日本的养老保障体系中，起核心作用的仍然是职业年金。这里要说明的是公职人员的职业年金即共济年金，在资金管理上实行待遇确定型，所以在养老金支付上政府起兜底作用，当入不敷出时，政府财政给予支持。事实上，由于近20年来，日本经济发展不景气，加上政府对养老基金投资效率的低下，养老基金投资收益严重亏损，使得政府财政负担越来越重，日本养老保障体系面临艰难维持的局面。因此，改革养老保障制度的呼声越来越大，其改革的目标之一就是减少国民年金的比重，继续增加职业年金的规模，以便减少政府财政支出的压力。

（三）职业年金在智利养老保障制度中的核心地位

智利的养老保障制度完全依赖职业年金。由于人口老化和政治、经济因素的影响，20 世纪 70 年代，国家财政对养老金的补贴日益增多，到 1980 年智利退休基金出现赤字达 28%，难以为继。于是 1981 年，智利军政府不得不通过立法对养老保障制度进行了全面改革，建立起雇主和雇员强制缴费、个人账户积累、基金由私人机构经营管理的养老保障制度。规定 1981 年后新参加工作的公职人员和社会其他人员一样实行“个人资本化账户”的养老保障办法，每月最低缴纳工资的 10%（没有上限）作为退休基金，存入个人账户，账户本金利息和投资利润都归本人所有。这种制度的实质是职业年金制度，资金来源于雇主和雇员的缴费，退休后领取的养老金与缴费多少直接关联。在这个制度中，政府财政没有任何支出或补贴，由于政府不承担任何国民养老责任，实际上目前智利的养老保障制度是一个没有第一支柱的制度。由于法律规定个人在职业年金中的缴费比例较高，也相应压缩了第三支柱即个人储蓄与商业养老保障的空间，因此，可以说智利的社会养老保障制度是完全依赖职业年金的制度。

（四）职业年金在新加坡养老保障制度中的核心地位

新加坡的养老保障制度与智利类似，没有第一支柱，只有第二支柱的职业年金，新加坡人称它为中央公积金制度。名义上叫中央公积金，实际上政府并不出资，资金来源于雇主与雇员的缴费。与智利不同之处，新加坡还有一个历史遗留的退休金制度，1972 年以前参加工作的人员都纳入退休金制度，1972 年 12 月以后工作的人员都参加中央公积金制度。1972 年之前参加工作的人员到目前为止已经全部退休，处于领取养老金状态，退休金制度已经边缘化，中央公积金制度才是新加坡养老保障制度的主体。1953 年新加坡出台了《中央公积金法》，并创办了公积金制度。该制度为一项强制性储蓄计划，主要为国民年老时提供养老金，后来逐渐引入保障机制，最终转变成为功能作用比较广泛的社会保障制度。国民不分年龄和性别，都是中央公积金的会员。以雇员的工资为标准，雇主和雇员都必须按法律规定的比例缴费，缴费额存入雇员公积金账户并享有利息。政府财政负责制定严格的法律制度，实行积极经济社会政策，不负担任何费用，但提供税收、利率等方面的优惠。中央公积金局每年和全国工资理事会共同研究确定公积金缴费率。

该制度的实质是一项职业年金制度，政府不出资金，给予一定的税收优惠，资金全部来自雇员和雇主缴费，但由政府负责管理和运营。由此看出，新加坡也是一个主要依赖职业年金的国家。

（五）职业年金在英国养老保障制度中的核心地位

英国是欧洲福利国家型养老保障制度的代表，强调养老保障待遇的普遍性，基金来源于税收，由国家和企业负担，除附加养老保障外个人不需要缴费，保障水平较高。这种制度是在福利经济学基础上建立起来的以国家为主体的全民普遍保障模式。在经历了 20 多年的“市场化”改革之后，形成了完善的“三支柱”体系，即由基本养老金、职业养老金（又称附加养老金）和私人职业养老金三部分组成。

国家基本养老金是英国养老保障体系的第一支柱，涵盖社会各阶层，为国民提供基本的退休收入保障，体现了社会福利的普遍原则。养老保障体系中的第二支柱为国家补充性养老保障计划，包括国家提供的收入关联养老金计划、国家第二养老金计划、雇主提供的职业年金计划。在第二支柱中分为两类型，一类是为公职人员提供的职业年金，如收入关联养老金计划和国家第二养老金计划；另一类是雇主和雇员共同缴费的职业年金。由于英国福利性国家传统和政策，英国的职业年金以待遇确定型为主，政府为公职人员的职业年金提供资金支持。换句话说，在英国的养老保障体系中，国家承担的责任比较大。带来的问题就是政府财政负担比较重，这是欧洲福利性国家存在的普遍问题。这些国家近些年来一直致力于养老保障体制的改革，方向就是减少政府责任，扩大个人责任，办法就是职业年金由待遇确定型向缴费确定型转换，减少政府资金支出。目前对个人加入待遇确定型进行严格限制，2012 年所有新雇员只能选择参加缴费确定型计划。

第四节　破解我国养老双轨制的思路与办法

一、基本思路

为什么我国养老双轨改革这么难？双轨制改革难题难在哪？其实，养老双轨制导致老百姓不满的根本原因是制度不公平，双轨制的改革就是要改这种不公平，改变机会不公平、过程不公平和结果不公平。具体措施就是要平衡国家、单位和个人在养老保障方面的责任。

具体到我国养老双轨制的现实，一是公职人员完全不承担养老责任，企业与企业职员承担过重责任；二是政府对公职人员完全承担养老责任，对农民及部分城市非就业人员不承担或承担较少责任。这两方面的问题是我国养老保障制度特有的弊端。破解该弊端的思路：一方面，让公职人员承担相应的个人养老责任，减少政府在公职人员上的养老责任，另一方面，扩大现有基本养老保障的范围，覆盖到农民和城市非就业人员。由于我国现有的改革在扩大覆盖范围方面，近几年正在积极地推进，比如新农合养老医疗的建立、城市居民养老保障制度的建立等，因此，双轨制并轨的主要问题就是公职人员承担相应的个人养老责任，同时减少政府在公职人员上的养老责任。

二、具体办法

解决公职人员承担应有的养老责任，同时减少政府在公职人员上过多责任的问题，具体办法就是让公职人员进入我国养老保障三支柱体系内，不能游离于体制之外，实质上就是并轨问题。

（一）公职人员进入第一支柱享受基本养老保险

进入第一支柱就是公职人员像其他国民一样，在第一支柱内享受社会基本养老保障的退休金待遇，与其权利相对应，也应缴纳社会养老保障费。

1. 缴费并轨

通过立法以社会保障税的形式强制要求每一个国民都有义务缴纳。税率设定可以参照个人所得税形式，与个人收入挂钩实行累进税率，收入高者多交税，收入少的少交税，暂时没有收入的可以不交税，第一支柱体现收入再分配的功能。由于我国个人所得税税率偏高和免税额偏低的问题长期引起社会不满，近年来要求降低个人所得税的呼声不断，可以考虑把个人所得税分出一部分变成养老保障税。与此同时，停止目前企业和企业雇员所缴纳的社会保障费，统一并入社会保障税，即基本养老保障的缴费并轨为社会保障税。

2. 待遇并轨

第一支柱实行“广覆盖、低保障”原则，广覆盖指基本养老保障覆盖全体国民，每人都有享受国家提供的养老保障的权利，低保障指第一支柱提供的基本养老保障只相当于个人退休前平均工资的20% ~30%左右，保障不足部分主要由第二支柱（职业年金）补充。基本养老保障实行待遇确定型的现收现付制，财政为养老金支付兜底。与此同时，停止目前在企业实行的“统筹与个人账户结合”模式，把现在的统筹部分纳入第一支柱体系（之前企业与个人缴费也并入第一支柱），个人账户转为职业年金账户。由于我国“统筹与个人账户结合”模式存在严重的个人账户“空账”问题，个人账户转为职业年金账户后的欠债问题的解决办法，以后再论述。

3. 管理并轨

为体现国家责任，社会养老保障税由中央政府统一收集管理，社会保障税形成的基本养老保障基金在财政上实行专款专用，独立于财政其他款项，财政部门可以委托中央社保基金理事会管理，负责基金的保值增值。基金投资由中央社保基金理事会再委托给市场化的金融机构进行投资运营。地方政府社保机构负责养老金发放的审核、记录及其他日常事务的管理工作。退休金领取条件、退休金待遇调整及地区之间差异、城乡差异问题，由社会保障法以法律的形式统一规定。

（二）为公职人员建立职业年金制度

并轨第二支柱主要是为公职人员建立职业年金。第一支柱提供的养老保障不足部分，通过建立公职人员职业年金来补充。国外职业年金的发展已比较成熟。丹麦、法国、瑞士等国的职业年金覆盖率几乎达到100%，荷兰的职业年金覆盖率为85%，英国、美国、德国、加拿大等国约为50%，爱尔兰为40%。我国养老保障制度并轨成功与否，关键在于职业年金制度设计的成功。

三、并轨我国养老保障双轨制的基本框架构想

（一）并轨我国养老保障双轨制的基本原则

1. 权利与义务结合原则

养老保障制度并轨，必须强调权利与义务相结合。我国《宪法》《劳动法》明确规定保障公民与劳动者的合法权益，养老权是每一个公民的合法权益之一。国家和政府保证维护国民的养老合法权益，但个人也应有自我保障意识。我国的养老双轨制中，由于公职人员不承担缴费义务所导致的权利与义务不对称，形成了公职人员对国家和单位的过分依赖，缺乏对个人的激励。因此并轨制度设计应要求个人能认真履行缴费义务，法律强

制性要求公职人员必须参加社会养老保障制度，足额缴纳养老保障税与费用，履行义务，才能更好地享受应有的权利。

2. 公平与效率平衡原则

公平与效率是对立的矛盾关系，任何一方的增加都会以另一方的损失为代价，也就是说追求公平就要损失效率，反之，要增加效率就会牺牲公平。养老保障是实现公平分配、稳定社会的一种主导机制。日本、欧洲福利国家在养老保障制度设计之初没有将效率因素考虑进去，导致养老保障支出不断增加，20 世纪 70 年代以后陷入危机。庞大的养老保障支出日益成为政府财政的沉重负担，以致财政赤字迅猛增长。另外，社会成员过分依赖待遇优厚的养老保障水平，导致很多人自愿失业，从而影响经济的发展。新加坡、智利等国家实行完全积累的个人账户制度，积累基金能够促进经济发展，体现了效率，但却没有公平可言。

我国的养老保障双轨制既牺牲了效率又不公平。政府对公职人员的养老保障大包大揽，替代率又高，制度不合理，引起效率的降低和损失，同时，政府对企业雇员和农民的养老保障不承担任何责任，失去了应有的公平。因此，在养老保障制度并轨中，尽量做到公平和效率的平衡，不偏颇于一方，更不能是公平与效率都没有的畸形双轨制度。

3. 体现公职人员职业特点原则

我国养老保障双轨制并轨的难题主要是对公职人员养老体制的改革。因此，并轨改革必须充分考虑公职人员的职业特点，并轨后养老保障体制一定要与公职人员职业特点相适应，这是改革成功的基本保证。国家与政府机关具有特定的职能，公职人员依法行使国家赋予的权力。公职人员实行统一的工资制度，费用纳入各级财政预算。所有这些特点也决定了并轨后的公职人员养老保障制度应体现出其特异的差异性。

首先，要保证公职人员养老待遇略高于社会平均水平。这是由公职人员职业特点决定的。国家行政管理活动要保持一定的连续性、较强的稳定性和较高的效率性，就务必要保持公职人员队伍的稳定性。为此，通过提供公职人员比其他社会成员更高的养老保障待遇来吸引和留住优秀人才，以便建立一支高素质且较为稳定的公职人员队伍。

其次，并轨后的公职人员养老制度应体现级别差异。目前，我国公职人员养老待遇行业差别非常大，如海关、工商、财政、税务等部门的养老待遇明显高于其他政府部门，导致不同部门之间公职人员心理的不平衡。因此，在并轨改革制度设计中可以逐步缩小行业差别，体现养老待遇的级别差异。扩大公职人员在职务、服务年限之间的级别差异，在相对公平的基础上促进机关工作效率，更好地发挥养老保障激励体制的利益驱动作用。

最后，并轨前后的衔接问题。公职人员养老保障在纳入统一的社会养老保障体制过程中，处理好新旧制度的衔接问题非常重要。一定要做好新、老人员的平稳过渡。可以采取“新人新制度、老人老制度的办法”来稳定公职人员队伍，避免队伍流失造成不稳定，进而影响政府机构的工作。并轨前参加工作但未达到退休条件的公职人员，可继续实现原退休养老保障制度，而并轨前参加工作且具备退休条件的，执行并轨后养老保障制度，可以考虑给予一定照顾或补贴。当然，参加工作的新人直接执行新制度。这样，可以合理确定国家、单位和公职人员个人的养老责任，兼顾长远利益和眼前利益，既有利于社会稳定和政府机关工作运转正常，又有利于促进统一社会保障制度的建立和经济的发展。

4. 法律保障原则

养老保障既是一项社会保障制度，同时也是一项法律制度。建立健全养老保障法律制度是社会养老保障事业发展的重要目标和基本保证。立法先行是国际社会保障制度发展的一条基本经验。已经建立了比较完善的社会养老保障制度的世界各国，养老保障都由国家立法强制实行，政府依法实施养老保障的各个项目。加快养老保障法制化建设进程，是确保我国养老保障双轨制改革的规范化、统一化和可持续性的必经之路。

5. 量力而行原则

并轨后养老保障水平应与我国经济发展水平相适应。如果养老保障的水平太高，超过了经济发展水平和财政负担能力，就会影响经济进一步的发展，也会造成因缺乏一定的养老物质保障而陷入困境。因此，并轨养老保障双轨制，养老保障水平不能过高，不能一味追求高福利。应汲取欧洲英国、瑞典等高福利国家中在金融危机下带来的财政赤字这个教训。其次，要做好调研工作，合理地设计制度，在制定养老保障筹资比例和待遇给付标准时，要根据实际情况，不能太高或太低，太高经济能力负担不起，太低引起公职人员不满，造成队伍流失，不稳定。另外，养老保障水平的增长速度不能快于经济发展速度。

（二）第一支柱基本养老保障制度的并轨

第一支柱体现再分配功能，是保障国民退休后的基本生活需要。目前我国公职人员不在第一支柱范围内，并轨后直接把公职人员纳入第一支柱体制即可，比较简单，问题的复杂性在于企业雇员的个人账户一直处于空账运行状态，个人账户没有实际资金。个人账户脱离第一支柱的“统筹与账户结合”模式后，谁来充实企业人员的空账户，充实多少等问题。

1. 关于企业人员个人账户“空账”问题

“统筹与账户结合”模式是以现收现付制为基础，统筹部分实行现收现付，个人账户实行积累制，由企业和个人共同缴费构成资金来源，具有强制特征。根据法律规定，企业缴纳工资总额的20%，个人缴纳个人工资总额的8%，合计缴费比例28%。其中个人缴纳的8%和企业缴纳的3%，合计11%部分直接进入个人账户进行积累，其余17%的缴费进入政府管理的养老金统筹基金。该模式当初设计的初衷是进入个人账户的资金经长期积累作为个人财产权益归个人所有，并保证个人退休养老。进入政府统筹基金的17%用来支付现有企业退休人员的退休金。一方面，由于我国人口老龄化加快，企业退休人员增长速度很快；另一方面，加上我国长期实行计划生育政策，劳动力人口在减少，也就是说，统筹基金近些年来，已经是支不抵出，统筹基金在不断减少，怎么办？就拿个人账户积累的资金来支付现有的退休金，造成个人账户已经没有积累资金，名义上个人账户有资金在不断积累，实际上账户里没有任何资金，说白一点，就是个人账户的资金被政府挪用了。既然被挪用，就应该还回来，形成政府对企业缴费人员的负债。这就是我们经常说的个人“名义账户”或“空账户”问题。目前，我国的“统筹和账户结合”模式的统筹层次在地方政府，即挪用个人账户资金的当然也是地方政府，按道理并轨后这部分负债应该由各地政府还上，实际上各地政府没有积极性，也没有能力来还，据测算空账户的欠债在1万亿左右。根据设计构想，养老保障双轨制的并轨应由国家统一进行，为了保证并轨顺利，在地方政府没能力还上空账的情况下，自然就由中央政府来还。

假如中央政府愿意还债（有人叫做实个人账户，好听一些），接下来，是如何还的问题。显然，中央政府一次性拿出1万亿还上这笔债务不现实，唯一的办法就是慢慢还，分期还款。每年或每个月中央政府向债权人的个人账户还一些资金，具体数额要根据中央财政每年收支情况、预算和决算情况，以及企业退休人员的数量等因素而定，也可以考虑在资本市场减持一部分国有股份或资产，来充实个人账户的欠账，具体方案需要科学的测算才可确定。

2. 并轨后待遇水平问题

基本养老保障的待遇标准，根据个人工作年限、缴费年限、职务与职称级别等因素综合考虑，设定最高限额与最低标准。还要考虑经济发展水平、政府财政实力、预算支出、物价水平等因素，每年政府进行相应调整。因此，它不是一个静态数字，而是动态指标。

为了保证基本养老金不因物价上涨而贬值，造成并轨后公职人员退休后的生活困难，务必要建立正常的基本养老金调整机制。目前，国外养老金调整机制主要有三种：一是将养老金与消费品价格指数或居民消费价格指数挂钩，按指数的上涨幅度进行调整；二是将养老金与工资指数挂钩，按工资指数上涨幅度进行调整；三是将前两种做法结合，即养老金与消费价格指数、工资指数同时挂钩。目前双轨制下企业退休人员是按职工平均工资增长幅度的一定比例增加养老金。为实行统一的基本养老保障，采用国外通行的第三种做法，即制定一个养老金与物价、当地社会平均工资水平挂钩的，随着国民经济的增长和在职职工工资的增长而同步增长的养老金正常调整机制。因为目前这种单纯依赖工资指数调整养老金有一些弊端。公职人员工资目前还没完全做到工资化、货币化，准确性很难把握，而物价指数一般定期公布，透明度高，将两者结合应该是较好的选择。

3. 并轨后养老保障制度的管理问题

基本养老保障制度的管理主要包括政策的制定、项目的实施、基金的运营和监督。因此，相应的管理机构也应该由四部分组成：第一部分是决策机构。应由中央政府人力资源与社会保障部门负责有关政策方针的制定；第二部分是执行机构。应由各省、自治区、直辖市下设专门的养老保障管理机构，负责经办养老金的审核和转账等业务，养老金应该直接采用社会化发放体系，不再由原单位发放，应改为由社会服务机构发放，如银行、邮局和社区等机构来承担发放养老金等日常服务工作。同时，退休人员的管理也应逐步取消各机关单位的离退休经办部门，实行社会化统一管理。对于离退休人员的管理可以交由社会的非营利组织负责管理，社保机构授权。第三部分是基金的投资运营，由中央养老保障基金理事会，负责养老金的投资运营决策，投资具体操作可以委托市场化专业投资基金公司。第四部分是监督机构。由人大、审计和人力资源和社会保障机构，分别通过法律、财务和政策角度，对养老金的发放程序、资格审核、基金管理和投资等内容进行监督。

（三）第二支柱职业年金制度的并轨

1. 第二支柱并轨的难题

养老制度的并轨第二步就是为公职人员建立职业年金，职业年金制度成功与否是并轨成功的关键一步。如果说第一支柱并轨的难题在于企业人员个人账户的空账问题，那么，第二支柱并轨的难度在于公职人员转轨过程中“中人”的处理问题。其实就是妥善解决新老制度衔接和待遇的平稳过渡问题，不能造成新的不稳定因素，并保证新老制度下退休公职人员的待遇基本平衡。所谓“老人”“中人”和“新人”是指在并轨过程中，为公职人员建立职业年金的时候，已经退休的人员叫“老人”，刚参加工作的叫“新人”，已经工作还没退休的叫“中人”。“新人”的并轨最简单，直接建立个人账户实行缴费确定型的积累制，如果“新人”平均按24岁参加工作的话，60岁退休时账户中资金至少积累了36年，再加上第一支柱国家提供的基本养老保障，其退休养老应该没什么问题。“老人”的问题相对也好处理，因为已经退休不再工作，就按现有的公职人员退休制度继续执行。其中最复杂的就是“中人”的过渡问题，“中人”又可分为参加工作时间短的比如10年内，参加工作比较长的如10年内临近退休的，目前40岁年龄参加工作近20年的，三种类型。对于“中人”的处理主要是建立职业年金制度之前的工作年限如何计算的问题。比如参加工作比较长的如10年内临近退休的人员，其个人账户积累时间最长也就10年，账户中积累的资金肯定不能满足养老需求，再说之前工作年限没有一定的补偿也不公平。所以，对“中人”工作年限的处理可以考虑折算一定的资金进入个人账户。折算时根据个人工作年限、工资水平、历史工资增长率和物价增长指数、缴费率、合适的积累收益率等因素，折算一定金额存入个人账户中。问题又来了，折算后的资金谁来出，也就是说又形成了公职人员的债权，债务人是谁的问题。对于公职人员来说，债务人毫无疑问是政府，因为按目前的制度公职人员的退休金是由政府负责，只不过通过改革把这部分的债务提前还了。这样一来，加上之前企业人员的“空账”债务，对目前的政府是个不小的压力，好在经过30年的经济发展，目前我国中央政府实力强大，正是改革养老保障制度的好时机，也是政府还账的好时机，如果财政有困难可以通过变卖和减持国有企业资产的形式来偿还这些债务。这是一次性还债的方法，当然还有一种方法是，当“中人”退休时，其工作年限政府采取分期还债的方式，即根据个人工作年限、工资水平、历史工资增长率和物价增长指数等因素折算一定的养老金，每年发放给个人补偿“中人”以弥补养老需求的不足。

作为养老保障体系的重要组成部分，公职人员的职业年金应该具有强制性，国家要通过立法强制，保证每个机关单位在参加基本养老保障的基础上，还要为所有公职人员缴纳一定比例的职业年金，同时公职人员个人也要交纳一定比例的费用。强制性的职业年金在建立、运作和管理过程中要明确政府的职责，在此问题上，公职人员职业年金应采用哪种年金模式是核心问题。职业年金制度主要有待遇确定型和缴费确定型两种模式。公职人员靠国家财政供养，但从长期看公职人员职业年金采取的模式不同，国家承担的责任和负担却不一样。如果实行待遇确定型职业年金，国家每年根据公职人员退休人数、退休前的工资水平和平均寿命来进行预算，由于老龄化问题，显然，这三个因素只会逐年增加国家财政负担，责任是无限的，这与我国养老保障制度并轨的总体思路相悖。因此，公职人员的职业年金应选择缴费确定型模式。财政每年负担一定的资金，按照固定的比例为公职人员供款，这样不仅便于预算安排，也体现了国家的有限责任。另外，单位与个人合理分担养老保障责任，符合我国社会养老保障体系改革的总体政策。

2. 第二支柱并轨应注意的问题

首先，必须明确职业年金的定位。我国拥有一支庞大的公职人员队伍，并且他们的工资和福利待遇都很高，公职人员是个特殊群体，雇主就是政府，因此，建立职业年金的核心问题是如何通过合适制度体现公平与效率统一的原则，并能节约政府财政预算资金。

其次，明确公职人员职业年金的性质。协调好职业年金与基本养老保障的关系，即两者替代率的比率分配问题。根据养老保障制度的并轨目标，建立统一的全国养老保障体系。为了体现公平，作为第一支柱的基本养老保障的替代率要降低，应由目前的80% ~100%水平下降到20% ~30%，降下来的部分由充当第二支柱的职业年金补充，因此职业年金的替代率应在40% ~50%范围，这样才能保证公职人员职业年金在整个社会养老体系中的重要地位和作用。

再次，要建立个人账户基金积累并加强基金的管理和运营使其保值增值。公职人员职业年金由单位和个人强制性缴费，所缴纳的费用按月计入年金个人账户，实行基金的完全积累，体现效率原则。各机关单位可成立职业年金经办机构，负责征缴、运营本单位的职业年金。职业年金可按国家规定委托有关金融中介机构和保险公司遵循安全性、流动性和赢利性的原则进行投资运营。要拓展公职人员职业年金基金的投资渠道，使其保值增值，以便更好地保障公务员退休后的生活。

最后，一定要通过立法加强公职人员职业年金的监管机制。公共管理理论认为，在公共管理中，立法先行是一项基本原则。我国公职人员建立职业年金也应借鉴西方国家在建立或修改自己的社会保障制度时遵循这一原则。职业年金按市场化运行，就必须要有一个有效的监管体系。职业年金基金的管理运营主体包括受托人、账户管理人、投资人和基金托管人4方面，他们彼此间应相互制衡。同时，政府还将对基金筹集、投资管理、待遇支付实行全程监管和主动监管，发挥监管职责并聘请专家进行管理服务机构的资格评审。

（四）养老保障制度并轨的配套制度改革

1. 法律体系的建立

养老保障既是一项社会制度，同时也是一项法律制度。衡量一个国家社会养老保障是否完善的重要标志就是看这个国家是否有健全的养老保障法律体系。根据西方国家公职人员养老保障发展历程的比较给我们的启示是，立法先行。这个原则已是世界各国社会保障制度的主要经验之一，目前也已经成为趋势。在西方发达国家，社会保障任何一项制度的建立和改革，都以相关法律的制定和修正为前提。养老保障法律都非常明确规定了养老保障监督机制和管理机构、资金来源、筹集方法、基金管理和法律责任、适用范围、授权资格和条件、发放标准及补偿办法等涉及养老保障制度的每个环节和每个方面，并且都是由公民选举产生的作为民意代表的立法机构来制定执行的，这些法律的制定为养老保障制度的运行提供了良好的法律环境。加快了公职人员养老保障法制化建设进程，是解决我国目前公职人员养老保障制度运行的基本手段。随着我国社会不断变化和发展，当今公职人员养老保障不适合经济社会发展需要的同时，具有同步性的立法工作也大大滞后。

2. 税收制度改革

社会保障费是国家为实施社会保障政策，由社会保障管理机构负责向企业和个人按规定收取的用于职工养老、医疗、失业、工伤和生育的社会保障费用。目前，我国的社会保障费大都由各地的社会保障机构自行制定具体筹资方法和比例，这就造成社会保障资金的筹集不但相对缺乏法律依据，而且制度分割，既不规范也不统一。在养老保障制度并轨改革的税收方面，本书认为可以用征收社会保障税的模式作为基金筹资办法，是克服现行筹资方法弊端、实现社会保障刚性原则的重要举措和更佳选择。社会保障税是由税务部门对所有纳税人征收的用于社会保障支出，并纳入国家财政预算管理的社会保障基金。开征社会保障税是国家筹集社会保障基金和调整收入分配的最有效形式，有利于社会保障基金的统一管理，有利于充分体现国民同等待遇，这不仅增强了雇主和职工对社会的责任感，同时还有利于机关事业单位工资制度的改革。

第五章　职业年金制度建设与管理

第一节　职业年金的制度建设

一、模式比较与选择

待遇确定型（DB）和缴费确定型（DC）是两种典型的职业年金运行模式，世界上多数国家的职业年金都选择其中一种模式或者实行两种模式并存。两种特点不同，作用相异，选择哪种模式是我国建立职业年金制度面临的首要问题。

（一）缴费比较

待遇确定型计划由于未来养老给付是确定的，所以即使雇员少缴费或者甚至不缴费，雇主到时也得如数支付养老金，显示出退休养老给付与雇员退休前的缴费具有弱关联或没有关联性，这样就很容易造成“搭便车”现象的产生；而缴费确定型计划的给付水平取决于雇员退休前的缴费积累和投资收益积累水平，因此退休养老给付与雇员退休前的缴费具有较强的相关性，因此就具备了较强的激励机制。另一方面，从缴费率上看，一些实证结果也显示出待遇确定型计划的缴费率要高于缴费确定型计划的缴费率，比如在英国，待遇确定型计划雇员的缴费率大约是5%～6%，雇主大约是10%～12%或以上，二者合计约为15%～18%；而在缴费确定型计划中，雇员的缴费率一般为3%，雇主为6%，二者合计才9%而已，远远低于待遇确定型计划。

待遇确定模式的主要特点是，从参加职业年金的人员角度看，退休养老金待遇水平事先基本确定，自己能够得到多少养老金心中有数。从管理职业年金的机构角度看，它要求职业年金资金收支保持基本平衡，可以适量多余，但不能出现长期赤字现象，否则职业年金计划难以继续下去。这种特点要求缴费者（雇主与雇员）必须缴费充足，也就是说，一旦出现资金不平衡问题，缴费者就要多缴费，或者政府给予财政补贴，当然资金盈余时可以少缴费，总之，在待遇确定的情况下，为了保持资金的平衡，缴费额就要随着资金的变动而变动，每年缴费数额不确定。

（二）退休待遇比较

待遇确定型计划的养老金给付水平完全决定于退休前的收入水平和就业年限，并且养老金的支付是终身的，这对于早期工作的“老人”来说，晚年生活就可以得到良好的保障。保守型员工会比较偏好于待遇确定型计划，只要他们认真工作，为雇主服务至退休年龄，那么当他们达到法定退休年龄后就可以得到事先确定的退休金。由于待遇确定型计划制定之初并没有考虑物价水平的变化，当退休年份发生通货膨胀时将使原先固定的退休金发生贬值。这是待遇确定型计划的不足之处。缴费确定型计划在这方面则做得比待遇确定型好，因为缴费确定型计划强调个人的自我保障意识，职业人员在职时多缴费、多积累，退休后就能多领取养老金，个人账户式管理会增强职业人员的管理意识和增值保值意愿。对于待遇确定型计划来说，雇主筹资具有灵活性，统一账户管理费用较低，这些优点是缴费确定型计划所不能比拟的。但是如果在职业年金制度建立之初没有进行合理的评估，为了吸引雇员留在机构服务，往往会制定出偏离雇主承受能力范围的退休养老金。当这些雇员达到法定退休年龄时，养老金需求因其刚性会迅速膨胀，这将给雇主带来沉重的退休金支付负担，严重影响到雇主正常工作，甚至由于养老金包袱而导致丧失资金灵活性，最终职业年金制度难以为继。

（三）计划风险比较

在缴费确定型计划中，由于雇主无需向参加计划的雇员承诺未来退休时要给付固定养老金，养老金全部来源于其与雇主共同缴费的积累额和投资受益，雇主的承诺仅仅在于保证定期向雇员的个人账户供款，即保证每期存入工资的一定百分比，因此就不必承担资产投资风险以及雇员长寿风险，而这些风险全部都转嫁给雇员自己承担，由此造成了最终雇员退休待遇的不确定，并且完全依赖于投资和积累的结果。这样一旦投资失败，雇员个人账户就有可能在退休后收不抵支。而在待遇确定型计划中，由于退休后的待遇水平事先明确，因而雇员就具有了较为稳定的养老金收入，未来可以领取多少养老金雇员自己也能够很容易了解，所以这种计划类型就比较容易得到雇员的广泛接受和认可，同时也可以作为一项福利措施用来调动雇员积极性或者吸引优秀的人才。但是这种计划下雇主就需要承担较大风险，最主要的是资产投资风险，因为如果资产投资收益不高或者甚至亏损，雇主为了维持退休金待遇水平不变，必须追加向职业年金计划的供款，甚至要动用雇主自有资金；同时如果退休雇员寿命延长（超过平均预期寿命），雇主必须追加因长寿带来的额外的供款额，即长寿风险。总之，在风险承担上，两种计划是不同的。

（四）雇员认可度比较

缴费确定型计划由于雇主和雇员都按照合同规定定期缴款到雇员个人账户中，个人账户余额的多少就代表了雇员权益的多少。同时，账户管理人定期公布个人账户的情况，而且雇员本人也可以随时查询自己账户情况，很容易为雇主所接受和理解。而待遇确定型计划中，计划参与者除了知道自己退休时候能领到多少养老金外，对其他任何时候自己在资产中所拥有的权益和整个资产的运营情况都不甚清楚，因此对于雇员来说，该种类型计划不容易理解和接受。

（五）投资决策权比较

在待遇确定型计划中，雇员不参与投资管理，投资决策主要由雇主负责，投资风险也由雇主承担。这样，如果收益高的话，雇主就可以抵减缴费额，从而减轻雇主缴费的压力，但是如果投资收益较低甚至亏损的话，那么雇主为了确保未来养老给付承诺的兑现，就必须用自有资金来抵补损失。而缴费确定型计划中，参与者可以自己选择资产管理人或者投资方向，因此投资风险也就由雇员自己承担了，未来养老给付也就具有很大的不确定性。

（六）流动性比较

待遇确定模式雇主对雇员存在或有负债问题，当资金不平衡比较严重时，雇主就要承担对养老金支付的当初承诺，这是雇主对雇员的信用。缴费确定模式则不存在这种问题。缴费确定模式最大特点是为参与者建立个人账户，流动性好，账户可以随人携带，这种特点有利于人才流动与资源配置。相反，待遇确定模式没有这种优越性，由于职业年金不能随人携带，对人才流动是一种障碍。另外，待遇确定型计算个人待遇水平时，需要在考虑各种因素的情况下采用复杂的数学公式进行测算。缴费确定型则相反，由于每人有一个账户，缴费多少、投资收益情况、积累年限以及个人资产权益多少，账户中有明确、详细的记录，个人退休时的养老金待遇多少也明明白白，而个人在待遇确定型职业年金中权益多少，则不明确，不清楚。

（七）模式选择

相比较待遇确定型的职业年金，缴费确定型的职业年金在缴费确定、个人权益清楚、有利于人才流动等方面具有较多优点，同时，缴费确定型是应对人口老龄化的最好武器，而待遇确定型职业年金恰恰不利于应对人口老龄化，反而增加政府财政负担。不论从个人角度还是从政府角度看，缴费确定型职业年金都是未来养老保障制度发展的趋势。事实上，从国外职业年金发展历程看，也可证实这种观点。很多国家的职业年金建立之初，多以待遇确定模式型为主，之后逐渐向缴费确定型模式转型。其原因就是随着各国人口老龄化严重，待遇确定型模式情况下带给政府和雇主的财务压力越来越大，资金不平衡与财政赤字问题不断出现，而缴费确定型模式则可以减轻政府与个人财务风险。近年来，我国人口老龄化速度加快，西方国家在经济发展水平达到一定高度情况下，出现人口老龄化问题，政府有足够财政实力，而我国则相反，国家和人民在还没有足够富余的情况下就加快了人口老龄化问题，加上我国实行了多年的计划生育政策，在人口老龄化的同时，未来劳动力人口会逐年减少，在此背景下，我国养老保障制度并轨在选择职业年金模式时，本文认为缴费确定型模式是最好选择。

二、资金筹集与缴费

（一）参与人员

职业年金的参加人员范围宜宽不宜窄，从国外职业年金经验看，所有职业人员都应参加职业年金。因此，除政府机构的公务员外，像军人、警察、海关类公职人员，高校和中小学教师、医疗机构的医务人员，非营利性公益组织人员等，都应参与职业年金制度。既然是并轨就要不留死角，所有有工资收入的在职人员都必须参加，以免形成制度的遗忘区域。

在我国政府机构公务员类公职人员主要包括党、政、妇女、青年、民主党派等机构的中央和地方政府相关人员，一般都有政府正式的机构编制，人数相对容易确定。而事业单位类的公职人员相对复杂一些。事业单位人员有编制内和编制外之分，编制内人员在职和离休收入主要来源于财政预算和单位自筹资金，编制外在职和退休收入主要来自单位自筹资金。在高校和医疗机构编制外人员相对比例较大。为了使养老保障制度并轨具有公平性，建立职业年金时，不应区分编制内和编制外，都必须参加，并且缴费基础和比例都要一样，不能再区分编制内和编制外。

（二）缴费基数与缴费比例

根据《公务员法》规定，我国公务员的收入构成由基本工资、津贴、补贴和奖金四部分，事业单位人员的收入由岗位工资、薪金工资、津贴、补贴和绩效工资五项。那么，缴费基数应该是哪一项，所有收入总额，还是基本工资，或者是收入构成的某几项？从我国公务员和事业单位人员工资构成看，同为公职人员，工资构成的项目并不一样，除了都有津贴和补贴之外，其他项目都不一样。如果从工资收入中抽取某一项或几项作为缴费基数，显然难以统一，造成混乱，因此，缴费基数以工资收入总额为基数比较合适。

确定了缴费基数，接下来就要确定缴费比例。目前国务院出台的我国事业单位职业年金管理办法中规定的缴费比例是，主办单位缴纳工资总额的8%，个人缴纳工资收入的4%。之前我国企业年金管理试行办法中规定企业和职工的缴费比例不低于8.33%，只有一个下限，没有具体比例规定。既然是制度并轨，那么，公职人员的职业年金和企业人员的职业年金，在缴费比例上也应该统一，这是其一；其二，根据国际上职业年金通常惯例，雇主和雇员的缴费相匹配，即雇主与雇员的缴费比例一样；其三，考虑到职业年金未来的养老金替代率要达到50%～60%的养老保障作用，根据本文做的测算，雇主和雇员合计缴费至少应在20%左右。综合以上三点，我国的职业年金缴费比例应为雇主和雇员合计比例在12%～20%之间，本文认为主办单位和参与者个人分别缴纳本人工资总额的8%，两者合计16%较为恰当。

三、权益归属与年金领取

（一）权益归属

权益归属是指参与者的个人账户经过长期积累与投资形成的权益，应该归属于雇主还是雇员问题，包括雇员在职时职业年金积累期间的资产归属和退休后资产权益归属，两个阶段。尤其是雇员在职期间，由于种种原因离职时，账户内资产是否能随个人而转移，能够转移多少，全部还是部分资产等；当雇员退休后领取年金期间，职业年金参与人员死亡较早，账户中遗留的资产归属问题。权益归属是每一个参与职业年金计划的雇员关心的问题，在制定职业年金计划与方案时，在权益归属问题上必须表述清楚，不能模糊。关于职业年金权益归属问题，人力折旧理论和延期工资理论都支持权益应全部归于职业年金受益人。

美国学者 Welling Guier 提出“人力资本折旧”理论。他认为，机器、厂房等固定资产经过常年使用需要逐年提取折旧费对其进行维修保养。人力资本同固定资产一样，随年龄增大工作能力下降，资本价值也逐年减小，因此，也需要在工作期间提取折旧费用对其进行补偿。雇主为雇员建立职业年金制度就相当于人力资本折旧费用。早在 1912 年美国学者李·威林·斯奎尔（Lee Welling Squire）就说过这样的话：“从整个社会经济观点看，没有哪个雇主有这样的权利，即在一个行业中让员工耗尽了 10 年、20 年、30 年或 40 年精力后，然后撒手不管让他们像海上漂浮物一样在社会上游荡。”这种观点说明了雇主不论从道义上还是从理论上都应该为雇员退休做好适当安排。Albert de Roode 提出的延期工资理论是对人力折旧理论的修正与发展，并得到学术界认同。该理论认为，雇员退休金其实应该属于其工资的一部分。雇员工资一般分为两部分，即货币工资和福利津贴，退休金属于员工福利津贴部分。因此，雇主为其雇员支付退休金是其雇佣劳动力的成本，是合理与应当的。员工有权选择是货币性工资还是退休金作为其劳动报酬所得。但由于大多数人倾向于货币性工资对消费缺乏理性和计划性，使员工退休生活难以得到保障。所以，政府往往采取引导、鼓励甚至强制性措施让雇员选择退休金作为其劳动报酬一部分以保障其正常退休生活。

人力折旧理论和延期工资理论为职业年金财产权益归属雇员而非雇主（包括公务员服务的政府机构）提供了强有力的支持，这两种理论清楚地解释了职业年金资产权益问题。

（二）年金领取

1. 退休领取

职业年金领取问题是指雇员退休后以何种方式领取年金。年金领取面临的第一个问题是，在缴费确定模式下，当雇员个人退休时账户中积累的资产多少是确定的，职业年金参与人对账户资产拥有完全的所有权，也就是说，相应地也就有账户资产的支配权，是否就意味着资产权益人就可以一次性把账户中资产全部领取呢？答案是否定的，因为人有时候是非理性的，如果把账户中养老金一次性全部领取，在非理性状况下又一次性投资或消费的话，就失去了当初建立职业年金为养老做保障的意义。因此，虽然账户权益归属于个人，但对资产的处理权受到严格限制，尤其是退休后的领取权和积累期间的投资权，在制定职业年金计划时就要有一定的限制。另外，如果是一次性领取的话，就不是年金了，之所以成为职业年金，就在于养老金领取实行年金化。广义的年金概念就是定期的资金领取，这个定期不一定是年，也可以是月，年金中的年只是时间概念，仅指定期的意思。确定了账户中的资产不能一次性领取，那么，第二个问题是养老金领取多久的问题，10 年、20 年还是终生领取？根据建立职业年金的目的是为了保障退休后老年生活，毫无疑问，最合理的领取时间应该是终身领取，如果不是终身领取，老人在生命终结前把账户中的年金领取完了，余下的生活如何保障？解决了前两个问题后，那么，第三个问题是如何领取的问题，或者准确讲是如何发放年金的问题。缴费确定模式下，职业年金参与人账户中积累的资产总额是确定的，因此，退休人员寿命越长领取的时间也越长，相应地每次领取的金额应减少。这里就涉及人口寿命生命表进行精算问题，一般的机构或雇主单位没有这样的精算人才，只有金融机构如人寿保险公司才有精算师。也就是说，一般主办职业年金的机构或雇主不具备精算年金的能力，因此，关于年金发放形式，一般是从公开市场购买，年金提供方如保险、资产等具备精算能力的金融机构，它们根据每人账户中的资金总额、平均生命周期表、工资增长率、物价增长率、账户投资收益率等诸多因素，综合起来精算一些年金类型供选择，一般有两种选择形式：一是职业年金建立初期，雇主代表雇员与金融机构签订购买年金合同计划；另一种是当雇员退休后根据账户中积累资产多少，雇员直接从金融市场购买养老年金，或雇主选定几家金融机构中的年金产品，供个人从中选择。考虑到职业人员的流动性，不同主办机构可以采取不同方式，雇员流动性小的机构可采取第一种方式，建立职业年金计划之初就确定好年金发放形式，雇员流动性大的机构最好选择雇员退休时从公开金融市场购买年金产品。

2. 提前领取

除了达到退休年龄正常领取，还涉及非正常领取，即提前领取的问题。职业年金的作用在于强制储蓄，将供款积累“锁定”以供养老之用，达到一定年龄才能够提取。因此，各国立法都对养老金的提前支付进行限制。但为了满足特殊条件下雇员的消费需要，又都规定了允许提前支付的条件。违反禁止提前支付的规定，要承担税收处罚。例如美国 401 计划规定，税前缴费不能在如下几种情况发生之外提前支付：计划参加者退休、死亡、伤残、离开雇主、达到59.5岁或者遇到特别规定的“经济困难”等六个条件。符合规定的“经济困难”提款条件，申请提款的参加者必须证明他的经济困难需要立即获得经济上的援助。所提取的款额不能超过“经济困难”所需的款额。关于申请提款的参加者是否有“经济困难”，计划管理员要根据申请提款的参加者的实际情况来决定。根据美国税务局的规定，以下花费符合经济困难的要求：（1）参加者本身或其爱人或孩子所需要的医疗费；（2）购买居住房子的费用；（3）计划参加者本身、爱人或他的孩子们接受高等教育的学费及有关费用，例如，向学校宿舍所缴纳的租金以及书本费等；（4）或者必须交纳的房租等。另外，在特殊情况下，可以向职业年金计划贷款。例如，美国固定缴费额退休金计划允许向计划参加者或他们的受益者发放贷款，但必须符合《保障法》和税法的有关要求。包括：（1）所有计划参加者可以平等的获得贷款机会，不管其种族、肤色、宗教信仰、性别、年龄和国籍如何，都必须有获得贷款的平等机会。此外，计划可以就贷款的额数提出最低的标准。（2）向高薪职员参加者，如公司官员和股东参加者发放贷款的款数不能高于其他雇员。（3）贷款必须是根据计划的贷款程序执行和办理。有关法律规定，贷款程序必须明文写在计划中或以一个独立法律文件形式撰写成文，并且必须包含规定事项。（4）每一项贷款必须有合理的利息率。（5）贷款必须要有足够的抵押。有关条文规定，贷款抵押可以包括雇员参加者账户资产的50%。此外，《税收法》还就贷款的最大限度额做出规定，贷款款数不能超过5万美元或退休金的50%，以小数额为贷款的最高限度。此外，发放贷款必须在5年之内还清，唯一的例外是如果贷款目的是为购买房屋或房地产。在这种情况下，贷款的偿还期可以超过5年，但没有最长期限的限制。我国也有必要引入特殊条件下的提前支付规则，以体现对计划参加人利益的保护。

四、待遇测算

2015年国务院办公厅印发了《事业单位职业年金试行办法》，规定从2014年10月1日起实施事业单位工作人员职业年金制度。《办法》确定了资产的积累方式：职业年金资产采用个人账户方式管理。单位缴费按照工资总额基数的8%计入本人职业年金个人账户；个人缴费比例为本人缴费工资的4%，直接计入本人职业年金个人账户。本文根据该《办法》的规定内容，对事业单位人员退休后待遇水平情况进行大致测算，以了解这个职业年金制度对未来公职人员退休生活的保障程度，以及影响保障水平的关键因素是什么。

（一）个人账户积累模型构建

1. 积累过程

职业年金账户积累过程可以分为两个阶段：一是账户积累阶段；二是年金支付阶段。账户积累阶段是从个人账户建立开始到公务员退休结束；年金支付阶段是从公务员退休到账户资金领取完为止。如图 5－1 为账户积累过程（横轴表示时间，纵轴表示资金规模）。

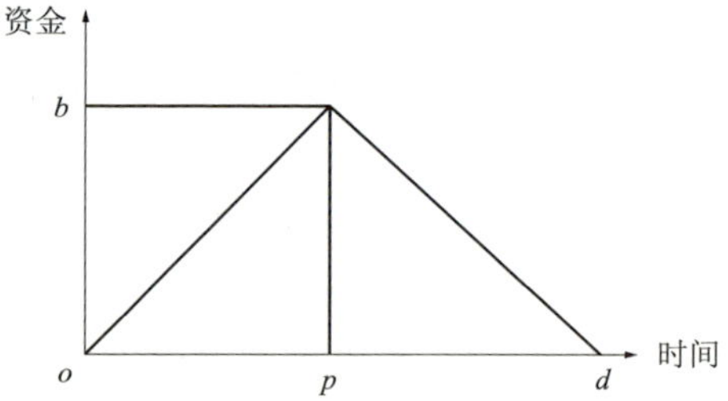

图 5－1　账户积累过程

在图 5－1 的横轴上，*o* 点表示账户建立的时间；*p* 点表示公务员退休时间；*d* 表示公务员年金领取完的时间。所以，*op* 时间段就是账户积累期，*pd* 时间段是账户支付期。在纵轴上，*ob* 段是账户积累总额。

公务员退休后领取的年金总额等于其个人账户积累资金的总额，也就是账户积累期的终值等于支付期的现值。

2. 模型构建的条件假设

条件假设 1：缴费基数与缴费比例不变。在个人账户积累过程中，缴费基数和缴费比例不因外部环境的变化而变化。

条件假设 2：账户缴费是现金流。不论是财政缴费还是个人缴费必须以现金缴费，不可以用现金之外的资产如股票、债券等缴费。

条件假设 3：个人账户支付期的资金支付以年金形式支付，不能一次性支付。

条件假设 4：积累期与支付期的账户投资收益率和工资增长率不变。

3. 模型构建

基本思路：积累期账户的终值等于支付期账户的现值。

一般来讲，衡量公务员退休年金水平高低的标准有两个指标：一个是公务员退休后领取的年金数额是绝对数；另一个是相对数，退休后领取的年金数额与退休前的工资数额之比，即工资替代率。由于绝对数的职业年金没有考虑工资增长情况以及雇员退休时的物价指数，不能完全体现公务员的生活水平，因此，在实际与理论研究中，通常用工资替代率来衡量年金账户的积累效率。

积累期的账户终值

假设：TC 表示积累期的账户终值；w 表示缴费基数即工资水平；b 为工资替代率；g 表示工资增长率；f 表示缴费率；r 表示平均投资收益率；n 表示个人账户积累年限。

积累期的账户终值 TC 为：

$$\begin{aligned} TC &= wf + wf[(1+g)(1+r)] + wf[(1+g)(1+r)]^2 + \cdots \\ &\quad + wf[(1+g)(1+r)]^{n-1} \end{aligned}$$

$$TC = wf\sum_{t=1}^{n}[(1+g)(1+r)]^{t-1} \tag{1}$$

支付期的账户现值

假设：A 为公务员退休后领取的退休年金（职业年金）是固定的；m 表示公务员退休后寿命。由工资替代率的定义：

$$b = \frac{A}{w(1+g)^{n-1}}$$

公务员退休后领取的职业年金为：$A = wb(1+g)^{n-1}$

$$PV = \frac{wb(1+g)^{n-1}}{1+r} + \frac{wb(1+g)^{n-1}}{(1+r)^2} + \cdots + \frac{wb(1+g)^{n-1}}{(1+r)^{m-1}}$$

支付期账户现值 PV 为：

$$wf\sum_{t=1}^{n}[(1+g)(1+r)]^{t-1} = wb(1+g)^{n-1}\sum_{t=1}^{m}\frac{1}{(1+r)^{t-1}} \tag{2}$$

账户积累模型

根据（1）式与（2）式相等原理，即　TC ＝PV

$$b = f\frac{\sum_{t=1}^{n}[(1+g)(1+r)]^{t-1}}{(1+g)^{n-1}\sum_{t=1}^{m}\frac{1}{(1+r)^{t-1}}} \tag{3}$$

对（3）式简化后账户模型：

$$PV = wb(1+g)^{n-1}\sum_{t=1}^{m}\frac{1}{(1+r)^{t-1}} \tag{4}$$

4. 模型检验

在上述（4）模型中共有 6 个变量，工资替代率 b 为因变量，缴费率 f、工资增长率 g、投资收益率 r、账户积累年限 n 和公务员退休后的寿命 m 为自变量。

缴费率 f 与工资替代率 b 正相关，缴费多退休金就多。投资收益率 r 与工资替代率 b 也属于正相关关系，投资收益率高则账户积累的资金相应高。在（4）中，由于分子 $\sum_{t=1}^{n}[(1+g)(1+r)]^{t-1}$ 大于分母（$(1+g)^{n-1}$），由此可知，工资替代率 b 与工资增长率 g 和个人账户积累年限 n 也呈现为正相关关系，即工资增长缴费基数大，则缴费额相应提高，同时，积累年限长则账户中积累的资金也相应多。因为 m 只在模型的分母中，所以公务员退休后寿命与工资替代率 b 负相关。

根据自变量与因变量的相关特征分析，从经济意义和基本逻辑关系上，可以验证构建的账户积累模型可以接受。

（二）模型测算

接下来分析每个自变量是如何影响因变量的。

5 个自变量中，缴费率 f 是确定的，可以当做常数。按照《机关事业单位职业年金办法》的办法规定，个人缴纳工资总额的 4%，单位缴纳相应的 8%，总计为个人工资总额的 12%，$f=12\%$。对于公务员来说，工资靠财政划拨，工资增长率 g 大家是一样的，也可以认为是常数。根据国家统计年鉴显示，近 10 年来公务员平均工资增长幅度为 10.7%，$g=10.7\%$。世界卫生组织公布的《2006 年世界卫生组织报告》报告显示，我国男性平均寿命 70 岁，女性平均寿命 74 岁，人均寿命 72 岁。根据我国目前女性 55 岁男性 60 岁的退休规定，如果不分性别以平均 57 岁作为退休年龄。那么，平均退休后的寿命为 $72-57=15$ 年，也可以确定下来，即 $m=15$。这样模型（4）可以变换为（5）。

$$b=0.12\times\frac{\sum_{t=1}^{n}[1.107(1+r)]^{t-1}}{1.107^{n-1}\sum_{t=1}^{15}\frac{1}{(1+r)^{t-1}}} \tag{5}$$

通过简化模型（5）中自变量界只剩下投资收益率 r 和账户积累年限 n。由此模型可以得出结论：职业年金账户的积累效率主要受投资收益率和账户积累年限影响，即影响公务员退休待遇水平的因素是投资收益率和账户积累年限。接下来，根据构建的模型，分别对工资替代率、投资收益率和账户积累年限进行测算。

1. 工资替代率的测算

求解工资替代率需要知道自变量账户积累年限和投资收益率的数值。

账户积累年限由公务员工作年限决定，按 22 岁开始工作 57 岁退休的话，账户积累年限最长为 35 年。根据目前我国社会基本养老保险个人账户积累年限最低 15 年的规定，可以设定 15 年、20 年、25 年、30 年和 35 年为职业年金的账户积累年限的测算数值。

目前我国 1 年期银行定期储蓄率大约在 3% 水平，原则上投资收益率不能低于银行利率，因此投资收益率最低设定为 3%，以我国近十几年平均 GDP 为最高限，设定为 9%。

把设定的账户积累年限和投资收益率数值代入模型（5），工资替代率测算结果如表 5－1。

表 5－1　工资替代率的测算

单位:%

r	$N=15$	$N=20$	$N=25$	$N=30$	$N=35$
3%	10.33	12.91	15.53	18.33	21.46
4%	12.02	15.65	19.65	24.27	39.75
5%	13.97	18.94	24.83	32.07	41.20
6%	16.21	22.89	31.35	42.38	56.98
7%	18.78	27.62	39.52	55.89	78.67
8%	21.71	33.29	49.74	73.59	108.40
9%	25.06	40.05	62.52	96.73	149.20

由上表可以看到，如要达到 70% 以上的工资替代率，在账户积累年限 30 年的条件下，投资收益率至少 8% 以上；账户积累 35 年的条件下，投资收益率至少 7% 以上；账户积累 25 年以下的最高投资收益率 9% 也仅仅达到 62.52% 的工资替代率。

在目前我国社会基本养老保险投资收益率各省普遍不足 4%，由测算结果看，即使积累最高限 35 年，也只有 39.75% 的工资替代率。同时，职业年金制度在我国也刚刚开始实行，账户还没建立起来，假如现在公务员平均年龄为 40 岁，账户积累年限就不会超过 20 年，工资替代率在 15% 以下，与改革前 90% 以上的工资替代率比较相差很远。如果要提高工资替代率，只有提高账户投资收益率一条途径。因此得出结论：账户资金投资管理水平决定公务员退休待遇水平的高低，是关键影响因素。

2. 投资收益率的测算

投资收益率测算是想了解：如果以工资替代率为目标，账户积累年限为条件，那么，投资收益率应达到什么样的水平？工资替代率的目标分别定为 40%、50%、60%、70% 和 80%，账户积累年限假定为 10、15、20、

25、30、35 和 40 年 7 个档次。投资收益率的测算结果如表 5 – 2。

表 5 – 2　投资收益率测算

单位:%

n	$b=40\%$	$b=50\%$	$b=60\%$	$b=70\%$	$b=80\%$
10	20. 0	22. 0	24. 0	26. 0	28. 0
15	12. 5	14. 0	15. 5	16. 5	17. 5
20	9. 0	9. 6	11. 0	12. 0	12. 8
25	7. 0	8. 0	9. 0	9. 5	10. 6
30	5. 8	6. 6	7. 2	7. 9	8. 3
35	5. 0	5. 6	6. 2	6. 7	7. 1
40	4. 3	4. 9	5. 4	5. 8	6. 1

由表 5 – 2 了解到如下信息：（1）工资替代率一定的情况下，随着账户积累年限的增加，要求的投资收益率逐步降低；而在账户积累年限确定的情况下，随着工资替代率的提高，要求的投资收益率增加。（2）如果以 60% 为最低目标工资替代率，30 年为平均账户积累年限，那么，投资收益率的分界线在 7. 2%，即缩短积累年限投资收益率必须在 7. 2% 以上，延长积累年限可以降低投资收益率，但最低不能小于 5. 4%，因为积累年限不可以无限期延长。

3. 账户积累年限的测算

账户积累年限是要了解：以工资替代率为目标，不同的投资收益率条件下，相应的账户积累年限是多少。

工资替代率设定为 40% ~90%，共 6 种水平；投资收益率从 5% ~9% 的 6 个条件，经测算得出相应的账户积累年限如表 5 – 3。

表 5 – 3　积累年限测算

单位：年

b	$R=5\%$	$R=6\%$	$R=7\%$	$R=8\%$	$R=9\%$
40%	35	29	25	22	20
50%	40	33	29	25	21
60%	43	36	31	27	25
70%	46	39	33	30	26

续表

b	$R=5\%$	$R=6\%$	$R=7\%$	$R=8\%$	$R=9\%$
80%	49	41	35	31	28
90%	51	43	37	33	29

由表5-3可看出，如果按最基本的60%工资替代率为目标，在5%投资收益率条件下，账户需要积累43年，这意味着，要求20岁工作并建立职业年金账户63岁退休才能积累这么长时间，一般人很难做到。但是，当投资收益率提高到7%的情况下，积累31年即可达到60%的目标工资替代率。而在9%投资收益率条件下，达到60%的目标工资替代率仅需要25年的账户积累。

（三）结论

通过对职业年金账户模型构建并对模型进行测算，得出结论：

投资收益率和账户积累年限是职业年金工资替代率的主要因素影响，其中投资收益率是决定性因素。

根据结论提出如下建议：

首先，为了提高投资收益率，必须进一步具体细化职业年金管理和运营制度，建立科学、完善、合理的职业年金治理结构。鉴于政府投资运营的效率低下，最好以市场化方式投资运营账户资金。

其次，从职业年金制度来看，将来公务员退休后的待遇水平与目前的水平比较差距比较大。为了弥补这种差距，建议公务员个人适当购买商业养老保险来提高退休后的生活水平。

第二节　职业年金管理

一、个人账户管理

根据西方国家职业年金管理长期积累的经验，账户式管理是缴费确定型职业年金管理比较常见的形式。

（一）个人账户性质

账户是会计学中的一个重要概念，其定义是："按照规定的会计科目开设的在账簿中具有一定格式的记账实体"。在会计实践中，账户是记录会计科目分类后经济活动的数据资料，是会计科目的承载体。也就是说，账户是记录财务信息的工具。职业年金个人账户是记录职业年金参与人权益信息和财务信息的工具。个人账户管理就是为每一个参与职业年金的雇员建立个人账户，个人缴费、积累年限、投资收益和年金支付、资产余额等相关信息，都能详细、清晰地记录在个人账户中，职业年金参与人可以随时查询与了解。

从性质看，首先，职业年金个人账户的基本性质是记录，即反映职业年金管理过程中有关个人权益信息和财务信息。其次，具有权益性质，个人缴费和获得的雇主缴费的权益都反映在个人账户中，个人账户是保护雇员个人权益的重要依据。第三，资金积累性质，建立职业年金的前期，雇主与雇员每年要定期向账户中供款，账户长期准确地记录供款数额，逐渐在账户中积累资金。所以，职业年金资金积累离不开个人账户，账户是职业年金资金积累的载体和反映。

（二）个人账户功能

个人账户是职业年金的信息载体和联系纽带，是雇员所有者权益的载体。个人账户所具有的功能大致可以归纳为七种：

1. 记录功能，是个人账户的最基本功能。记录的内容包括雇主与雇员的基本信息、缴费、资产积累余额、投资收益及养老金支付等，及时、准确的记录是提高管理效率、防范风险的保证。

2. 保护个人权益功能，个人账户是雇员个人获得职业年金所有者权益的基础与保证。

3. 融资功能，是由个人账户积累性质决定的，通过个人账户把雇员和雇主的分散资金，经过长期积累形成规模巨大的金融资本。

4. 信息集散功能，职业年金管理过程中所有信息都可以在个人账户中体现，个人账户与职业年金相关管理人联系在一起。一方面，管理人的信息都集中到个人账户；另一方面，个人账户通过来自不同方面的信息汇集、分类，经过信息系统的分析与总结又传递给管理人。

5. 监督功能，由于个人账户是职业年金运营信息集散地，在联系、支持受托人、托管人和投资管理人的同时，它还有监督这些管理人的功能。

6. 查询功能，参加职业年金的雇员通过个人账户可以随时、方便地查询、了解自己的养老金投资收益、资产余额和支付等情况。

7. 计发退休金功能，此功能是职业年金账户的根本功能，获得退休养老金是雇员参加职业年金的基本目的，个人账户是计发雇员养老退休金的依据。

（三）个人账户类型

从不同功能和作用的角度，个人账户可以分为不同类型。

1. 权益账户和财务账户

在职业年金运营过程中，主要建立两种相互对应的账户，即权益账户和财务账户。权益账户是对参与人权益进行记录、保管与处理的账户；财务账户是对职业年金计划总资产和雇员个人积累资产进行保管、结算和投资交易进行记录的账户。权益账户与财务账户相辅相成，权益账户是财务账户的基础，并依靠财务账户的支持实现权益账户目标。

2. 实际账户与名义账户

按账户中是否存在资金，又可分为实际账户与名义账户。实际账户有雇主和雇员缴费的资金存入，并对资金进行投资运营，有投资收益；名义账户则没有实际的资金存入，只有记录功能，也没有资金的投资运营，对雇主和雇员缴费形成的资金由政府机构或专门的金融机构集中管理，不分配到个人账户中。我国的基本养老保险设立的个人账户其实就是名义账户，账户中没有资金形成，雇主和雇员的缴费被政府社保机构用于现在的退休金发放，没有形成资产的积累。瑞典的社会基本养老保险体系也设立了个人账户，名义上有 2.6% 的缴费存入个人账户中，但实际上并没有在个人账户中积累，而是由政府主办机构统一积累并投资运营，个人账户只是记录缴费以及按一定利率形成的利息。

3. 积累账户与支付（或退休）账户

按个人账户在运营过程中的功能，可分为积累账户与支付（或退休）账户。积累账户主要记录缴费、投资的过程，资产在账户中不断增加。积累账户大多是在职雇员的账户。支付（或退休）账户是退休雇员的账户，其功能是记录支付过程，没有资产的积累只有资产的减少。当然，只有采取年金化支付方式才能存在支付账户或退休账户。

4. 正常账户、保留或封存账户和转移账户

按账户存在状态，可分为正常账户、保留或封存账户和转移账户。正常账户是相对于保留或封存账户和转移账户而言的，后两种账户是不正常账户。保留或封存账户主要指雇员离职或计划中止，要求账户管理人继续管理其个人账户时，为记录这些雇员的缴费、待遇支付及投资收益等信息专门设立的个人账户。保留或封存账户的存在，一方面是因雇员离职，其

调入单位暂时没有建立职业年金计划，个人账户没有接受单位；另一方面是雇主经营不善无力缴纳费用或雇主破产清算等原因使计划中止，保留或封存个人账户。转移账户主要指雇员离职或选择了新的职业年金受托人和账户管理人时，把个人账户转出的账户。账户转移主要有三种情况：①雇员工作的变动，调入单位也建立了职业年金计划，个人账户需要转移，这主要是单独的个人转移；②当委托人认为受托人的管理有违背受益人利益的行为，解除了与受托人的合同关系，重新选择受托人时个人账户也需要转移；③当受托人认为账户管理人的管理违背受益人的利益，可重新选择账户管理人，账户需要转移。

二、信托管理

信托管理是职业年金制度的重要安排，是保障受益人权益和资产安全的重要保证。养老金信托管理在国外养老金市场上是一项比较成熟的机制，但在我国，信托管理还是一个正在探索的、全新的金融机制。

（一）信托基本概念

1. 信托管理的含义

从字面上理解，信托就是“因信而托”，有信才有托，无信则无托。信托是指受托人接受他人信任与委托，按照委托人的意愿为了受益人的利益，代为管理或处置财产的经济行为。这个定义包含了三层内容：第一，信托行为涉及三个当事人，具有多边经济关系。有委托人、受托人和受益人，委托人是提出信托的人，也是信托财产的所有者；受托人是接受委托管理或处置财产的人；受益人是享受信托利益的人，三者之间构成多边经济关系。第二，信托关系的建立要具备一定的条件。首先，要按照一定法律程序建立，一般要签订书面合同确认信托关系的建立；其次，信托关系以财产关系为中心，财产权的转移是信托关系建立的标志；最后，以受益人利益为信托目的。第三，按照委托人的意愿行事，“受人之托，代为理财”。

2. 信托关系

委托人、受托人和受益人是信托关系中的当事人，从法律角度看，三者之间具有一定的权利与义务。

委托人是信托财产的所有者，也是提出信托并对受托人授权的人。从权利上讲，首先，委托人有授予权；其次，有了解信托财产被管理或处置情况的权利；再次，如果委托人认为受托人没有按照其意愿或违背了其意愿管理或处置信托财产，委托人还有撤销、终止信托关系的权利，造成损失有要求受托人赔偿的权利。从义务上讲，委托人有保障信托财产是合法财产，并向受托人详细说明财产状况的义务。

受托人是接受委托人的委托按照约定的信托条件对信托财产管理或处置的人。在信托关系中，受托人居于重要位置，它是实现委托人的意愿保障受益人权益的关键当事人。在民事行为中，受托人一般具有很高威望并且是值得信赖的人。而在经济行为中，法律对受托人的资格具有很高的要求，尤其是金融信托中，对资本金、资产规模以及专业人才等都有要求。受托人的义务一般有：①妥善、合理管理信托财产的义务；②因受托人的失误、管理不当或违背委托人的意愿导致财产损失，有赔偿财产损失的义务；③受托人管理信托财产时，一方面要把信托财产与受托人的财产分开保管、管理或处置的义务，另一方面对于不同的信托财产，也要分开保管、管理或处置的义务，即保持信托财产的独立性。受托人的权利有：①受托人有财产权。这里的财产权有两个不同的含义：一种观点认为财产权就是财产所有权，信托关系建立后，信托财产的所有权就从委托人转移到受托人；另一种观点认为财产权只是管理权，信托财产没有所有权的转移。由于有这方面的争议，所以，建立信托关系时在合同中要明确是否转移财产所有权。大多数养老金信托关系中，一般只是管理权的转移不存在所有权的转移。②受托人有获得报酬的权利；③受托人有获得信托财产真实现状的权利。

受益人是指享受信托利益的人。信托的根本目的是为了受益人的利益而进行的经济行为。受益人有指定受益人和非指定受益人之分，不论是指定受益人还是非指定受益人，受益人获得受益权利时都不用表达意愿。受益人的权利有：①有获得信托利益的权利，这也是信托行为的目的；②受益人有了解信托财产管理情况及相关信息的权利；③当受益人利益受到损害时，受益人有要求受托人赔偿的权利。

在信托关系中，委托人与受托人是承诺或签订合同的当事人，受益人不是承诺或签订合同的当事人，所以，受益人只有权利而没有义务。当然，如果委托人与受益人是同一人的话，受益人也有义务。

3. 信托财产

信托财产是指委托人通过信托行为转移给受托人并由受托人管理的财产，以及因该财产而产生的收益。信托财产一般具有转移性、独立性、有限性和有效性等性质。

信托财产的转移性是指信托关系的建立以信托财产的转移为前提，信托财产的转移主要有三种情况：①只是财产的位移，财产的经营管理权和所有权都不转移。通俗地讲，受托人只是代为保管信托财产，我们平常说的财产托管就是这种形式。②转移财产的经营管理权而不转移所有权，即所谓的经营管理权与所有权的分离。③财产所有权的转移。

信托财产的独立性是指信托财产独立存在，这是信托财产的最重要性质，也是信托行为被推崇的主要原因。其独立性主要表现在信托财产既独立于委托人的财产又独立于受托人的财产，不同信托行为产生的信托财产互相独立。

信托财产的有限性表现在两方面：一是范围上的有限性，并不是所有的财产都可以成为信托财产，法律对信托财产的范围都有一定的规定要求；二是时间上的有限性，在信托合同规定的时间内信托财产有效，一般在信托合同中都要规定信托时间。

信托财产的有效性是指信托财产在法律法规规定的范围内才有效。一方面，信托财产本身是合法财产，信托关系有效，另一方面，信托行为有效信托财产也有效。

（二）职业年金的信托管理

信托关系被引进到职业年金管理当中，是金融信托的创新发展。目前，采用信托方式管理职业年金已得到学者与实践者的认可，世界上绝大多数国家的职业年金管理采用信托管理方式。职业年金信托管理是指职业年金通过缴费形成职业年金资产，以信托方式交由外部机构运营与管理，当受益人退休时，以提供养老金的方式保障他们的退休生活。

信托管理体现的是一种所有权与管理权分离的思想。从所有权与管理权的角度，公司化管理也体现这种思想，也是职业年金管理的一种方式。西方国家对职业年金经过长期发展得出经验，信托化管理比公司化管理有更多优点。所以，目前职业年金的信托化管理更为普遍化和广泛被接受。由于职业年金的养老金是老年人的保命钱，在管理过程中要求资产的安全性非常高，同时对职业年金参与人的权益有非常完整的保障，从法律角度看，公司化管理是依据委托代理法律关系，实行财产权与管理权的分离，信托管理是依据信托法律关系实行资产所有权与管理权的分离，两者法律关系不同之处在于，委托代理关系下代理人的权限约束更多，而信托法律关系下，受托人的权限被约束少。为了更多发挥专业机构的专业能力，减少雇主或政府机构过多的干预，信托化被越来越多国家所接受。从目前我国基本养老保险的实践发展经验看，“统筹与账户结合”模式下，政府社保机构负责资产的运营与管理，政府机构随意挪用个人账户积累的资金，造成账户空账问题，同时政府非专业化的投资能力，使得各省、市、自治区所管理的基本养老保险投资收益率常年低于物价增长水平，造成资产价值的缩水。因此，相比较代理关系而言，信托模式管理的优势，一是更能够发挥金融专业机构的特长，二是减少雇主和政府机构过多的干预，在职业年金制度中，政府的作用更多表现在政策支持和监督功能上，而不是具体参与管理和运营，既当运动员又当裁判员。

（三）职业年金信托管理的特殊性

职业年金信托与一般金融信托有着非常大的差异，具有本身的特殊性，从职业年金信托关系当事人以及信托资产的角度看，职业年金信托有如下特殊性：

1. 委托人的特殊性

一般金融信托关系的委托人是一个利益主体，职业年金信托的委托人是发起人雇主和雇员，是两个完全不同利益特征的主体，并且数量比较多。雇主与雇员之间是雇佣与被雇佣的关系，是管理与被管理的关系，是通过劳动合同确定的劳动关系，二者之间的利益并不完全一致。

2. 受托人的特殊性

职业年金信托的受托人比一般金融信托的受托人有着更为严格的要求和资格条件。一般金融信托的受托人，受金融业管理者的监管，而职业年金信托的受托人，受金融业管理者监管的同时，还受到劳动保障部门、税收部门、财政部门等政府的监管。在选择受托人过程中，一般金融信托是委托人负责，受益人不参与。在职业年金信托中，作为受益人的雇员，也要参与选择受托人的过程。

3. 受益人的特殊性

一般金融信托的受益人是无偿受益人。职业年金信托的受益人是雇员，不是无偿受益人而是有条件受益人，表现在三个方面：①养老金不是雇主对雇员的恩惠，它是雇员劳动报酬的一部分是雇员的延付工资；②雇员必须是雇主的正式雇员，一般要工作满一年或超过试用期的雇员才有条件参与养老金计划，才有可能成为受益人；③一般情况下，雇员参与职业年金计划有一定的年限，才能获得全部养老金受益权。另外，职业年金信托的受益人比一般金融信托受益人数量多，范围广。一般金融信托受益人是一个或具有相同特征的有限几个，而职业年金信托受益人，是成千上万的人，不但包括雇员个人还包括雇员的家属。

4. 信托财产的特殊性

职业年金信托财产与一般金融信托财产比较具有的特殊性表现在四个方

面：①转移速度。一般金融信托财产一次性从委托人转移到受托人，职业年金信托财产是通过长期缴费逐渐转移的；②一般金融信托财产是不可分割的、完整的财产，而职业年金信托财产是长期积累的、分散的财产；③职业年金信托财产比一般金融信托财产规模要大很多；④职业年金信托财产要求非常高的安全性，对其进行运营管理的时候，必须采取谨慎原则。

5. 职业年金信托关系的特殊性

首先，一般金融信托关系中，委托人、受托人和受益人的数量不多，而在职业年金信托关系中，委托人、受托人和受益人的数量比一般金融信托多，涉及较多的当事人，增加了信托关系的复杂性；其次，一般金融信托是单层信托关系，而职业年金信托是多层委托代理关系。

（四）信托管理机制

信托管理机制是保障职业年金受益人合法利益的有效机制。信托管理机制包括职业年金资产的独立运营机制、职业年金资产托管机制和受托人的最终责任机制。

1. 职业年金资产的独立运营机制

职业年金资产的独立运营，要做到四种资产分离：①职业年金资产与委托人的资产分离。实际上，职业年金资产要与雇主经营性的资产分离。这种分离主要是让职业年金资产脱离雇主的实际控制，以保护职业年金受益人的权益；②职业年金资产与受托人自有资产分离。在运营过程中，由于受托人处于决策地位，对职业年金资产的运营具有非常大的影响力，如果职业年金资产被受托人实际控制，职业年金资产就会面临受托人的信用风险；③职业年金资产与账户管理人、资产托管人和投资管理人等代理人的自有资产分离。这种分离也是出于防范代理人信用风险、道德风险的考虑；④职业年金资产与受托人、代理人等管理的其他资产分离。由于同一个主体可能管理很多职业年金资产，不同的职业年金资产必须相互分离，以免因管理不当导致的债务纠纷使不同的职业年金资产相互牵连与影响。

2. 职业年金资产的托管机制

职业年金资产托管是指职业年金资产由资金实力雄厚的商业银行或专业资金托管机构专门负责资产的保管。职业年金资产托管机制是职业年金资产独立运营机制的延伸，是对资产的安全保障又加了一把“锁”。这是考虑到职业年金资产的规模巨大性、金融风险性和保障退休雇员生活的重要性等特点而专门设计的制度。当雇主与雇员在长达几十年内不断缴费形成的巨大资产逐渐转移给受托人时，仅仅以职业年金资产独立运营机制难以保障资产安全。巨大的诱惑与时间的长久可能造成监管懈怠，受托人可能想尽一切办法甚至冒犯法律等手段侵犯职业年金资产。因此，为保证职业年金资产安全不但要求职业年金资产与受托人自有资产分离，还要进一步要求脱离受托人的实际控制，由资金实力强大的商业银行或专业资金托管机构负责资产的实际保管。也就是说，受托人对职业年金资产运营有决策权、处置权，并对资产保值、增值负有责任，但唯独没有资产保管权。职业年金资产托管机制是专门针对受托人的信用风险和道德风险，为保障职业年金资产运营安全而设计的机制。

3. 受托人的最终责任机制

受托人最终责任是指受托人对职业年金运营结果承担最终责任。受托人在信托机制中处于核心地位，当委托人把职业年金资产委托给受托人时，受托人就开始承担了资产保值增值的责任，并对委托人和受益人负责。同时，当受托人把资产投资、账户管理或资产保管等职能再委托给其代理人时，也要对其代理人的行为负责。尽管有职业年金资产托管机制的存在，并不影响受托人承担职业年金运营的最终责任。受托人不能以职业年金资产不受其控制而推脱最终责任。这是因为职业年金资产虽然不受受托人的实际控制，但资产运营过程中涉及资产财产所有权的主要权力如决策权、处置权与管理权还在受托人掌握之中，受托人缺少的只是对职业年金资产的保管权。从机制设计角度看，资产托管机制只是增加了对受托人权力的制约与牵制。也就是说，如果受托人在运营职业年金资产过程中，做出的决策符合法律制度也没有侵害受益人权益的行为，资产托管人就必须服从受托人的指挥与领导。但如果资产托管人认为受托人的决策或行为不符合相关法律与制度，或有侵害受益人权益的嫌疑，资产托管人可不执行受托人的命令，把情况反映给职业年金管理委员会，职业年金管理委员会根据受托人行为的严重性，做出解除与受托人的信托关系或其他惩罚受托人的措施。

三、风险管理

（一）职业年金的风险类别

职业年金面临各种各样的风险，金融市场的动态性以及职业年金管理人之间的复杂关系，使得职业年金管理过程中风险链比较长，风险面也比较大，从而使风险管理相当困难。职业年金主要面临三大类风险：①与生存有关的风险，即老年风险；②与积累资产有关的风险，如投资风险、利率风险和汇率风险；③与制度有关的风险，包括委托代理风险、制度性风险和操作性风险。研究风险管理首先要识别风险，然后根据不同风险采取不同的风险管理措施和手段。图 5 – 2 为职业年金的风险类别与风险管理。

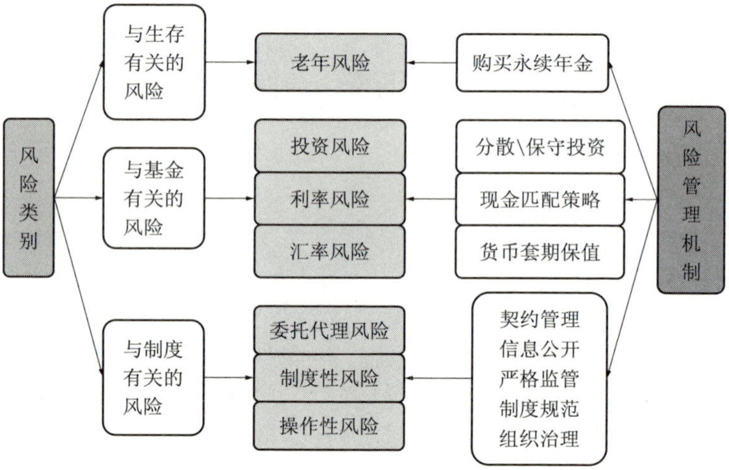

图 5 – 2　职业年金的风险类别与风险管理

1. 生存风险

一个养老金参加者比预期寿命生存时间长的话，就面临生存风险。因为职业年金参加者是以个人账户余额为养老金发放基础的，当他的寿命很长时，个人账户余额不足以支付他的养老金，就会面临养老金中断的风险。

2. 通货膨胀风险

通货膨胀直接影响退休者的生活水平，因为在通货膨胀物价升高的情况下，职业年金资产总额并没有改变，退休者可领取的养老金总额也没有变化，也就是说通货膨胀导致了养老金的贬值。另外，通货膨胀也带来基础利率的提升，势必要求职业年金资产的投资收益率相应提高，给投资带来压力。假如一个 60 岁的退休人员，每月可以领取 1000 元的固定养老金，一直到死亡为止。又假设该退休人员所生活的城市每年预期的通货膨胀率为 3%，20 年后，即该退休人员 80 岁时，1000 元的养老金实际购买力相当于 550 元，原因是通货膨胀侵蚀了养老金。通货膨胀率越高，对老年人生活水平的影响越大。现实中，老年人能够生存到 80 岁的比例非常高，随着老年人生存时间的延长，通货膨胀对老年人生活水平的影响也越大。

3. 投资风险

投资风险是指职业年金资产运营过程中，不良投资给资产带来的损失。投资风险与特定的市场环境、行业、资产状况和投资策略相关，它是根据资产价值或收益的变化程度定义的。从实际运作的角度看，如果实际投资收益率低于预期收益率，投资损失就发生了。从投资工具看，股票的投资风险高于债券的投资风险，因为股票的投资收益变化更大。

投资收益率的变化对积累型的职业年金资产影响比较大。表5－4为不同投资收益率和不同积累时间计算的资产积累价值，从该表中可以看出，积累的时间越长，投资收益率对资产积累价值的影响越显著。

表5－4　不同投资收益率和不同积累时间计算的资产积累价值

时间（年） 收益率	10	20	30	40	50	60	70	80	90	100
2%	1.22	1.49	1.81	2.21	2.69	3.28	4.00	4.88	5.94	7.24
4%	1.48	2.19	3.24	4.80	7.11	10.52	15.57	23.05	34.12	50.50
6%	1.79	3.21	5.74	10.29	18.42	32.99	50.80	105.90	189.46	339.30
8%	2.16	4.66	10.06	21.72	46.90	102.66	218.60	471.95	1018.90	2199.76
10%	2.59	6.73	17.45	45.26	113.90	304.48	789.95	2048.40	5308.90	13 780.60
12%	3.11	9.65	29.96	93.25	289.00	807.26	2787.80	8658.50	26 891.90	83 522.30

投资风险的另一个特征是收益率的波动，投资收益率的水平受市场平均收益率的影响。当经济环境、金融环境波动较大时，市场平均收益率就会发生波动，进而影响职业年金资产的投资收益率。

4. 利率风险

利率变化影响着职业年金计划的充足性。利率变化产生两种形式的投资风险：一种风险与资产价格的变化有关，当利率上升时，债券的价格则相对下降，而债券是职业年金主要投资的资产；另一种风险是再投资风险，投资回收的现金流，如果需要再投资的话，利率的下降，则会造成债券再投资收益率的下降。利率风险与资产的投资期限、现金流和利率水平有关。

5. 汇率风险

为了规避一国或地区的经济和金融风险，职业年金资产国际性投资是一种有效措施，但国际上汇率变化就会给以外币计价的国际投资带来了汇率风险。汇率每天都在变动，汇率受各国的经济、政治等各种因素的影响，汇率的变动有时非常剧烈，以外汇计价的职业年金资产价值变化也会相应地剧烈。

6. 法律和制度风险

法律和制度风险是指由于法律和政策的调整，制度设计不足造成的风险，或者组织内部制度存在的漏洞或缺乏可操作性等原因导致的风险。尤其在我国，职业年金发展的历史不长，无论是政府监管当局，还是具体经营管理职业年金的金融机构来讲，职业年金还是个新生事物，相关的法律法规一直还处于不断修订与完善当中，法律和制度的不确定性给职业年金受益人或管理职业年金的相关机构都带来一定的风险。

7. 道德风险

道德风险一般包括欺诈、不诚实或其他不实行为。职业年金受益人和管理机构都存在道德行为。从经营管理职业年金的机构来看，发起人不能及时、足额地缴纳职业年金费用，投资管理人的关联性交易，受托人向受益人或监管机构提供虚假投资报告，资产托管人擅自挪用资产等，都属于道德风险范畴；从职业年金受益人来看，通过虚假信息骗取养老金，雇员死亡时其家属隐瞒事实继续领取养老金等也属于道德风险。

8. 信用风险

职业年金运营是以信托关系为基础，在信托关系之下还存在受托人与其他管理机构之间的委托关系，存在多层的和多类型的委托代理关系，参与职业年金运营的多主体性、契约的不完备性、治理机制的不完善性，以及实际操作人员素质不高等很多因素，都会增加职业年金运营的信用风险。

（二）风险管理

风险管理就是对风险采取一些措施或方法给予处理，使风险造成的损失消除或降低。职业年金管理中的风险，有些可以消除，有些则不能消除，不能消除的风险只能采取规避或转移的方式。不同的风险类型则要采取不同的风险管理方式。

1. 生存风险管理

生存风险是指由于人的实际寿命比预期寿命长而带来的风险，是一种不可消除的风险，因为人们不可能按“计划”死亡。可以通过风险转移的方式管理生存风险，即把职业年金受益人的生存风险转移给人寿保险公司。当参加职业年金的雇员退休时，把其个人账户积累的资金总额一次性购买人寿保险公司开发的寿险年金或叫永续年金。

永续年金是一种终生年金，购买者达到领取年金资格后，每月固定领取退休年金，直到死亡为止。这样职业年金的生存风险就由人寿保险公司来承担。永续年金是人寿保险公司的精算师利用“生命表”和“大数法则”等保险原理开发出来的一种养老保障商业性产品。

2. 投资风险管理

在市场上风险与收益成正比关系，因此，对职业年金投资风险的控制与管理，就是对风险与收益权衡的问题。追求高收益必然带来高风险，而投资风险低，收益就少。职业年金资产作为退休雇员的养老金，投资过程中平衡风险与收益关系时，“天平”应该向低风险倾斜，保证资产的安全是首要的。

控制和管理投资风险，需要从两方面进行：①实行消极的投资策略，避免或少量投资于风险较高的资产，如股票、房地产等，以固定收益的债券资产为主要投资对象；②采取分散投资策略，尽量分散投资风险，不要过于集中某一类或某一种资产的投资。

3. 利率风险管理

利率风险是投资风险的一个因素，利率风险管理的基础是首先对职业年金资产和负债利率进行敏感性分析，然后确定利率风险的管理方法。对利率风险的管理主要有两种基本方法：①现金流匹配法，一定的现金流匹配可以降低为满足支付需要而在不利的时候变现资产的风险；②资产负债匹配法，对职业年金资产持续期和负债持续期结合起来共同管理，保持两者在期限和规模上的匹配，使资产变现能够恰当地应付支付需要。不足的资产变现无法满足年金支付的需求，多余的资产变现可能带来投资收益的减少或利率的风险。

4. 汇率风险管理

职业年金资产如果以同一种货币计价，当该种货币贬值的时候资产价值也相应地贬值，因此，持有不同货币计价的资产可以分散汇率变化的风险，一种货币贬值，可以被另一种货币的升值所抵消。本国的养老金资产，持有它国货币计价的证券能有效减少本国货币贬值带来的汇率风险。这种货币套期保值的方法是应对汇率风险的有效方法。对资产是否进行货币套期保值由资产的投资期限决定，一般来讲，短期内投资意义不是很大，但长期投资有必要进行资产的货币套期保值，以应对汇率风险。

5. 通货膨胀风险管理

通货膨胀风险带来的是资产贬值和养老金支付能力的降低，经过长期积累形成的职业年金资产面临的最大风险就是通货膨胀风险，这是因为积累的时间比较长和积累的资金规模比较大。应对通货膨胀风险的唯一措施就是提高职业年金资产的投资收益，只有投资收益率高于通货膨胀率，资产价值才不会贬值。通常情况下，为了应付通货膨胀中央银行要调高基础利率水平，这个时候长期固定收益的债券投资也面临着投资收益减少的风险，而高收益的股票投资或房地产投资才能获得高的投资回报，因此，应对通货膨胀风险没有太多的办法，实际上就是对投资风险与通货膨胀风险如何平衡的问题。

6. 道德风险管理

道德风险必须最小化，道德风险的管理主要针对职业年金管理机构，受益人处于弱势地位，通过合理的制度安排可以化解。控制管理机构的道德风险，可以通过制订受托人和其他管理人的资格标准、适当的政府监督和社会监督、职业年金运营的信息公开化等方式管理。信息公开化是减少道德风险的有效措施，许多国家要求职业年金的管理者向政府监管部门和受益人，提供定期的财务报告和业务管理报告。

职业年金管理人的资格准入制度是控制道德风险的事先措施，不合格的或信誉不好的管理人不允许经营职业年金业务，可以减少道德风险的发生。资格标准的制订通常包括两个方面：一是从资产规模上制订，只有达到一定的资产规模才能进入职业年金行业，资产规模具有一定的风险担保作用；二是从专业人员素质上制定，道德风险实际上是指人的道德风险，如果从事该行业的人员素质比较高，则道德风险发生的概率也会下降。政府监管主要通过制定一些禁止行为，限制职业年金管理人的道德风险，比如禁止关联交易和自我交易行为等。规定职业年金受托人必须将受益人的利益置于自身利益之上。信息公开使受益人和整个社会能够对管理人进行有效监督，信息公开也使管理人对自己的行为进行自我约束。

四、投资管理

（一）职业年金投资的特殊性

缴费确定型的职业年金制度实行的是基金积累制，这使得它具有三个特征：一是采用个人账户形式，其账户中的缴费积累和增值积累归个人所有；二是稳定性，在账户积累期间有稳定的现金流入和较少的现金流出；三是长期性，个人账户的积累时间从几年到几十年不等，时间跨度相对稳定。由此而形成的职业年金资产也就具备了巨额性、稳定性和长期性的特点。职业年金资产的上述特点是其投资运作以达到保值增值目的的原因之一，同时也体现了投资运营的必要性。

职业年金的保值增值是其管理的重要环节，也是职业年金的投资问题。职业年金投资途径选择要考虑三个方面的问题：一是职业年金计划收益人投资选择权问题；二是投资管理问题，要实现合理收益率，使建立职业年金计划的雇主和参加计划的雇员都有积极性，其次是投资风险控制问题，充分实现职业年金资产投资的安全性和收益性；三是投资风险承担问题。

（二）职业年金投资原则

1. 安全性原则

这是职业年金资产投资的最基本原则。作为退休人员的“养命钱”，职业年金投资的亏损将会影响计划受益人的生活水平以及计划参与者的积极性。因此，职业年金不能承担过高的风险。在投资时，必须采取严格的监管和管理措施，保证资产投资的安全性。

2. 营利性原则

职业年金资产的保值增值依赖于资产的投资收益。在国外，职业年金获取比较高的投资回报率是吸收雇员积极参加的重要因素，当营利性与安全性原则产生冲突时，应该在符合安全性原则的条件下追求投资收益的最大化。

3. 流动性原则

积累制的职业年金分为缴费期和给付期。缴费期一般期限较长，处于积累阶段，具有长期和稳定增长的特点；给付期可以预测，因此流动性要求较低。因而职业年金资产主要在进行长期投资时，保持适度的流动性。

4. 多元化原则

根据各国的投资经验，职业年金资产一般采用多元化的投资，这是为了分散风险，获取较高回报的合理选择。如果投资比较集中，一旦发生风险，损失较大，安全性也就不能得到保证。

（三）投资方式

1. 集合投资方式

就是把职业年金投资于共同资产。共同资产是一种集合证券投资方式，通过发售资产单位，将具有共同投资目标的投资者的资金集合起来，由资产托管人托管、资产管理人管理和运用资金，从事股票、债券等证券投资，而后将投资收益按资产单位进行分配的一种间接投资方式。共同资产具有集合投资、分散风险、专家管理的特点。职业年金的这种投资于共同资产的方式本质上就是委托资产管理公司作为投资管理人对职业年金进行证券投资。资产管理公司作为投资管理人，需要为职业年金计划提供以不同的投资目标或者不同收益——风险特征的成分——资产供雇主及员工进行选择。职业年金的所有者与共同资产管理人签订投资协议之后，管理人就将个人账户里的供款资金按确定的比例购买资产单位，而要退出时则向共同资产管理公司申请赎回资产单位，同时职业年金所有者也可以在各个不同资产之间进行转换投资。而共同资产及相关的管理者将收取投资管理费、托管费、申购和赎回费用等。

2. 独立账户委托投资

指某些比较大的年金计划由受托人委托专业投资管理机构进行投资管理。受托的投资管理机构向职业年金所有者提供不同的投资组合或者不同收益——风险特征的资产配置组合以供选择。独立账户委托投资可以使职业年金计划受托人更大程度上参与投资决策，投资管理人也可以为该计划量身定做资产配置和投资组合。而且也可以向多家投资管理机构委托进行投资，这样可以在投资机构选择、投资组合选择、投资经理选择上分散风险。

3. 个人经纪账户

指参加职业年金计划的员工提供个人证券投资经纪账户，在遵守有关职业年金及金融市场法规的前提下，按照职业年金计划的相关规定，员工将自己账户上的资产投资于资本市场上的股票、债券等投资品种上。

（四）投资工具

一般来说，职业年金的投资工具主要有：

1. 政府债券，此类债券风险低但是收益率也低；

2. 企业固定利息债券，该类型的债券风险状况取决于发行企业的经营情况；

3. 股票；

4. 房地产；

5. 抵押贷款，就是企业和个人购买房屋进行贷款，以其房屋进行抵押的投资方式；

6. 共同资产，就是发行资产单位，集中投资者的资金进行集合投资；

7. 衍生金融产品，如期货、期权等。

可见资本市场是职业年金投资的重要场所，一国资本市场的发展情况影响着职业年金投资的资产配置。

第三节　职业年金的配套管理

一、职业年金的立法

（一）立法类型

职业年金计划是整个职业年金法律制度体系的一个基本范畴。分析这一范畴的含义，是确认雇员和雇主在职业年金法律关系中权利义务关系的基础。世界各国家和地区关于职业年金的立法安排不尽相同，但职业年金计划构成了任何一个职业年金法律关系的必备要件。职业年金计划的法律基础，主要有三种类型。

1. 直接立法型

职业年金计划的法律基础是法律的直接规定。在这种立法下，职业年金计划属于强制性的。该强制性又可以分为强制雇主、强制雇员和强制双方三种情况。如果强制雇主，则雇主根据法律有义务为雇员设立职业年金计划，雇员有选择加入与否的自由。对雇主施行强制的国家或地区，包括瑞士、澳大利亚和香港等。如果强制雇员，则雇员有义务参加职业年金计划，雇主有选择是否为雇员供款的自由。而如果是强制双方，则雇主和雇员必须建立职业年金计划，任何一方无权选择不参加计划。

2. 协议类型

职业年金计划设立的法律基础是雇主与工会订立的关于职业年金方案的集体协议。这包括全国性的集体协议、行业性的集体协议和单个雇主的集体协议。在存在集体协议的情况下，集体协议所覆盖范围内的雇主有义务根据集体协议为雇员设立职业年金计划。至于雇员加入职业年金计划是自愿还是强制，是当然加入还是要经过申请程序，则取决于集体协议的规定。例如美国法律规定，对于确定受益计划，雇员的加入是自动的；而对于确定缴费计划，可以由计划规定雇员参加是自愿的，还是自动的。有些国家甚至规定，职业年金方案直接适用于集体协议覆盖范围的雇员。

3. 独立型

职业年金计划设立的法律基础是雇主或者雇主的单方决定。在这种立法下，雇主完全根据自身利益的考虑设立职业年金计划，雇员有是否加入计划的自由。在新西兰，很少有通过集体协议设立的职业年金计划。

上述三种不同的法律基础反映了各国立法对职业年金计划的介入程度，也反映了各国劳资关系的发展状况。但总的来说，雇主为雇员提供退休金的制度安排，计划的设立基于法律强制、集体谈判或者雇主单方的决定。雇员加入计划可能是强制的，也可能是自愿的。例如美国的401 计划，雇员每年都有权选择是否加入 401（K）计划，而雇主也有权决定是否向雇员进行对等缴费。职业年金计划是关于雇主为雇员提供退休金的法律安排，反映的是雇主和雇员之间的法律关系。其主要内容是关于雇员加入计划的资格、筹资方式、待遇水平等内容。雇主和雇员在制定职业年金计划时有不同的利益要求。国家对职业年金计划内容的规制，一方面是为了解决职业年金计划中对雇员过分强制造成的损害雇员利益，甚至损害劳动力市场流动性等问题。另一方面是为了提高覆盖率，使更多的雇员有机会参加职业年金计划并获得退休金收益。职业年金计划法律制度的主要条款应该是授权性规范，但是对有些事项则应该是强制性规范，如关于等待期、既得受益权、支付、资产管理等方面的规定。

（二）立法内容

1. 覆盖率

指参加人员的范围，即哪些人员有资格参加计划。比如只包括高级职员，还是包括普通工人；包括全职雇员，还是也包括临时雇员；以及是否包括试用期内人员等。在这方面，各国为防止职业年金成为高薪雇员的专用品，一般都限制优惠高薪雇员。全职雇员加入一般没有限制，但也有做出最低收入或最高收入限制，例如澳大利亚。兼职雇员加入一般有限制，包括年工作时间或者最低收入限制，例如加拿大。加入计划的年龄一般有最低最高年龄限制，例如爱尔兰规定，最低年龄在 18 ~ 21 岁之间，而最高年龄在 55 岁。

2. 等待期

即计划可以规定，一个雇员只有在正式签订劳动合同一定期限后，才能加入计划。为了防止雇主不合理地限制雇员享受退休待遇的权利，各国均规定了是否允许设定等待期的问题；如果允许设定等待期，法律也要限制等待期的最长时间。一般来说，等待期不超过一年，最长不超过两年。

有些国家，法律禁止等待期。如比利时规定，所有计划对于年龄大于25岁的雇员，等待期是禁止的。

3. 计划类型

职业年金计划可以根据不同标准进行分类。在设立计划时应根据具体情况认真选择。根据雇员可获养老金额的确定与否，以及雇主和雇员对未来养老金风险的承担，可分为确定缴费型和确定受益型。这一类型决定着职业年金计划当事人的基本权利和义务。

4. 受益权

职业年金制度区别于个人年金制度的一个重要方面，就是职业年金计划中雇员对雇主缴费部分获得权益的过程性。而这又是雇主设立职业年金方案的重要原因。但是进度表又存在对雇员的过分强制并进而造成限制人员自由流动的倾向，因此，法律需要对此加以平衡。各国法律都规定，对个人缴费部分雇员立刻获得完全受益权。对于雇主缴费部分雇员权利保留的进度，不同的资金积累方式又有所不同。既得受益权进度表可以分为三类：一是立即获得100%的既得受益权，即参加者从参加计划那天起，就对其账户的退休金有100%的既得受益权。因为不利于实现雇主对雇员的控制，该种进度表较为少见，尤其是在确定受益型计划中。二是一次性获得100%既得受益权，即规定参加者要工作一定的年限之后，就会一次性获得其退休金账户的100%的既得受益权。而在满足了这个基本的工作年限之前，如果参加者离开其雇主，他们就会失去所有的退休金。因为这对雇员极为不利，因此法律严格限制该年限。二是渐次性既得受益权进度表，即雇员对其退休金计划所提供的退休金的既得受益权随着其工作年限增长而增长。

5. 可携带性

即关于既得受益权的获得是否可以在不同雇主之间转移的问题。现代职业年金制度一般都允许将已经获得既得受益权的收益携带出本计划。

6. 支付办法

主要是规定年金支付的条件、方式和数量等。年金支付的条件就是在什么情况下可以获得养老金。退休年龄，很多国家都是由计划规定，法律只规定允许退休的年龄范围。大多数国家在男女退休年龄上是统一的。但是前苏东国家采用男女分别为60、55岁的制度，我国也采此制。

7. 组织管理和监督方式

职业年金如何运行，是否要设立一定的机构，各国规定的差异也很大，如年金的组织形式：契约型、公司型、信托型。计划是否有权选择，取决于法律的规定。计划关于组织管理模式的规定实际上是明确雇主和雇员双方在管理中的地位和作用。

8. 协议的修改

计划可以规定修改的权限和条件等，但是各国一般规定，修改不能减少或者限制雇员的退休待遇。

9. 争议处理

职业年金计划属于劳动协议的范畴，因此解决职业年金计划纠纷适用劳动合同的纠纷解决机制。

二、职业年金监督

（一）内部风险控制与外部监管

职业年金监管的目标是监督职业年金资产运营的全过程，进行有效的风险管控，保证年金到期的养老偿付能力，维护年金受益人的利益。通过对职业年金经营管理业务的全程进行跟踪监控，强调动态跟踪而不是仅仅依赖于个别指标和结果的考察，这在管理理念上是对现有的严格限量监管模式的有效补充和对合规性监管的深化。

基于风险的监管模式风险为导向，能够更早的发现风险苗头，注重风险预警机制的建设，为及时化解风险和减少风险管理成本提供有益的帮助。基于风险的监管能够依据风险点快速寻找风险源头及其所涉及的年金管理机构，实施差别化的监管，集中有限的监管资源，避免监管资源的浪费和无效率，优化监管资源配置。基于风险的监管模式还有一个最大的特点则是注重外部监管与内部控制相结合，通过外部激励机制促使外部资产管理机构建立有效的风险管理的内部控制机制，并与监管机构一道实行全面风险管理。

内部审计与外部审计相互结合起来进行职业年金的监管。监管机构需要对资产管理机构内部设计部门提供的工作报告进行评估，包括识别、度量、监督和控制风险的相关方法。在外部审计方面，监管机构通常要求对所定义的职业年金计划所涉及的范围进行定期的外部审计。如果监管机构不具备对职业年金治理主体的外部审计的能力，应当及时通过聘请外部审计师的方式进行补充。监管机构应当十分重视外部审计师关于资产管理机构内部控制效率以及管理层的绩效方面的意见和建议。这将成为监管机构评估资产管理机构内部控制问题所需要考虑的方面。

（二）准入与退出

在职业年金监管体系中，合格的职业年金运营主体是信托型职业年金有效运行的关键。针对职业年金运营主体的市场准入和退出机制是监督的基础。职业年金市场准入监管是一种事前性监管方式。

1. 市场准入

需要细化职业年金管理机构的资格细则，将合规的管理机构所具备的条件逐步细化，比如对管理机构的条件中都规定了要具有完善的法人治理结构、内部稽核监控制度和风险控制制度。接下来则是要制定详细的评价标准，对法人治理结构、内部稽核监控制度和风险控制制度进行指标化，防止在资格评估过程中由于标准模糊化而带来的人为风险。

2. 市场退出

需要细化职业年金资产管理机构退出机制的细则。明确规定管理机构在违反了哪些损害年金资产受益人利益的条件会丧失职业年金的管理资格，并退出职业年金市场。同时，对该管理机构由于违规行为所造成的受益人年金利益的补偿方式也需要详细说明。这保证了职业年金资产管理市场进退的有序性，为年金市场中机构代理人市场的发展创造良好的制度环境。风险约束机制对年金治理机构行为的约束是指建立激励机制和惩罚机制对职业年金委托代理关系中的管理人行为进行约束，使他们能够以受益人利益为出发点，各司其职，努力履行自身的专业职责。国际养老金改革的实践证明，有效的综合监管平台将会对养老改革目标的实现提供强有力的促进作用。

（三）定期检查机制

基于我国分业监管的制度环境，需要构建更加权威、层次分明的职业年金监管平台，加强各个监管职能部门的协商与沟通机制。为了充分发挥监督机制的作用，职业年金监督机构需要对职业年金资产管理机构进行不定期的现场检查与非现场检查。

1. 现场检查

主要涉及职业年金的资产管理水平、投资收益、资产流动性和资产质量等常规检查，监督人员将审核职业年金资产是否符合审计要求的规定，并就有关职业年金的风险管理和重大战略问题与高级管理层进行商讨。现在检查中十分重视对风险的评估检查，用以判断职业年金运营、投资、融资和总体合规管理情况。就检查的频率和强度来说，主要受到监督人员对内控制环境的信赖程度和风险评价结果两方面的影响。

2. 非现场的检查

主要是针对职业年金管理机构的合规性报告进行定期审查。职业年金监管机构需要对受托人提交的年金管理报告、投资管理人提交的职业年金资产投资组合报告和投资管理报告、账户管理人提交的账户管理报告以及托管人提交的资产托管报告和财务会计报告进行严格的审查，防范职业年金资产风险并对管理机构在经营管理和财务上是否存在问题隐患进行判断，尽早发现问题，减少后续问题的处理成本，防患于未然。为了保证监管的有效性，监管机构采用自我评估的方式对职业年金资产管理中的风险管理框架进行评价，并定期对职业年金计划委托人和其他资产管理机构的自我评估方式的有效性进行检查。监管机构通常在机构资格审定和牌照发放时对治理主体的内部控制结构和机制进行评估，以期满足职业年金资产管理的需要。

（四）信息披露

作为职业年金治理机制重要的组成部分，信息披露和报告机制能够解决职业年金委托代理过程中的信息部对称，从而有效降低代理人的道德风险，保证职业年金资产的安全。

信息披露和报告机制的内容能够涉及职业年金运营过程中各个实质性环节，特别是与职业年金资产投资方面相关的财务信息，这些都涉及职业年金运营的安全性。在职业年金资产披露的财务报告中，除了一般的资产负债表、净资产变动表以外，更需要注意职业年金资产投资产品种类、资产收益率、经营状况等核心环节的披露程度。出于对职业年金资产治理和风险管理的需要，职业年金的受托人应当定期向各方出具职业年金资产风险管理与控制报告，建立起职业年金资产风险管理的事前识别和检测，事中预警和处理，事后评估和报告机制，使得各方能够获得更加详尽的职业年金运营风险的信息，防患于未然，将风险控制工作从风险源头就全面铺开。

职业年金信息披露过程中涉及职业年金委托人、职业年金运营各方当事人、职业年金监管机构和其他专业性的中介机构，每个信息披露的接受者对职业年金披露信息的需要程度和接受程度各有不同。在着手信息披露的工作中，根据信息的层次性特点可以将信息归纳为公开信息、特权信息和保密信息三类。基于成本收益的角度，信息的收集是有成本的，并不是针对所有的披露对象都采用相同的披露内容，更何况职业年金计划运营还包含大量特权和保密信息，因此，对于不同的披露对象，应当根据其功能需求披露相应的信息。

三、税收优惠

之所以为职业年金计划提供税收优惠，是为了鼓励雇主和雇员积极参与职业年金计划，一方面保障雇员获得较高的退休收入，另一方面减少政府的财政支出。

（一）EET 税收优惠模式

税收待遇是指国家税法对职业年金实行的税收待遇，主要是指国家对职业年金在缴费、投资收益和待遇发放三个环节的征税和免税的税收制度。

从理论上看，由于在三个不同环节都存在着征税或者免税两种可能性，E 代表 exemption（免税），T 代表 tax（纳税）。EET 就表示在缴费环节和投资收益环节免税，在待遇发放环节纳税。EET 制能成为各国的首要选择，在于该税制较好地平衡了国家、雇主和雇员个人的利益。对个人和雇主来讲，税收延迟提供了激励，雇主的税收减少额可以部分地弥补雇主建立职业年金计划的费用。国家尽管牺牲了一些眼前的税收利益，但从长远来看相当于涵养税源，并不一定带来税收损失。

（二）EET 模式的实质

EET 模式的实质是在所得税税基的选择上，以直接对个人消费支出征收的支出税代替对个人所得的征税。二者的差别在于：支出税只对所得中用于消费的部分征税，用于储蓄的部分不征税；所得税则对用于储蓄和消费的部分都征税。从经济角度分析，以支出税代替所得税的确有明显的优点：以消费支出为税基避免了所得税对储蓄和投资的不利影响。因为前者对储蓄所得和投资所得是免税的；以消费支出为税基意味着对社会资源中抽取的部分征税，而不是对投进的部分征税（即对所得征税）；以消费支出为税基将通货膨胀的影响自动地纳入到税基中，从而避免了个人所得税深受通货膨胀困扰的问题。

大多数国家实行 EET 税制，并且对两个“E”实行限制。首先，限定向养老金计划免税供款的上限。其次，限定有资格免税的收入上限。关于第二个“E”，许多国家免除投资收益所得税。因为近年来被养老资产控制的资产急剧增加，一些国家开始对免税的投资所得额施加限制。在丹麦，采取了设定真实收益率上限的形式（也就是超过特定真实收益率的投资所得均要交税，但证券收益不在此列）。在荷兰，对资产过度积累的资产产生的投资收益征收所得税。一些国家，包括澳大利亚、南非和瑞典，对投资收益采取降低税率的方法。许多国家也允许部分退休金收益变换形式以免税一次支付的方式，因此退休金收益就只是部分征税。

（三）EET 模式的问题

因为对个人所得税各国多实行累进税制，因此高薪雇员的免税额比低薪雇员所享受的税收优惠要多，这就形成了所谓的逆向再分配。为限制因此形成的不公平，各国主要有三种做法。一种是限制允许的最高供款额，以减小高薪雇员可能获得的优惠。第二种是将养老金供款的税收减免限定在基本税率层面，进而消除对高收入雇员更有利的待遇，匈牙利曾考虑采用该方式。第三种是对两个层次的养老金均采用 EET 税制，当然这种做法的更重要原因还在于减少国家当前的税收损失，将免税限制在合理的范围。

通过税收优惠对计划参加者提供激励，造成一定程度的逆向再分配，具有不可避免性。这至少还可以从两个方面来补足：一是提高覆盖面，让更多的雇员享受税收优惠，抵消再分配的失衡；二是限制最高缴费额，将失衡限定在合理范围内。税收优惠职业年金计划体现的是国家、雇主和个人之间的利益关系。

第六章　职业年金机制

第一节　职业年金的动力机制

动力机制主要由社会动力、经济动力、政府动力、雇主动力和个人动力五种动力构成。社会人口老龄化带来的压力形成社会动力；职业年金的储蓄增加效应和积累基金通过投资资本市场带来的经济增长形成经济动力；职业年金减轻政府在社会养老保障方面的财政负担，使政府有动力支持职业年金的发展；雇主通过建立职业年金计划，解除了职工退休养老的后顾之忧，进而起到吸引人才和保留人才的作用；退休养老需求是个人参与职业年金计划的基本动力。五种动力之间的内在联系是，人口老龄化问题是社会动力、雇主动力和个人动力的力量之源；经济增长形成经济动力的同时，通过增加政府税收构成部分政府动力，如图6－1。

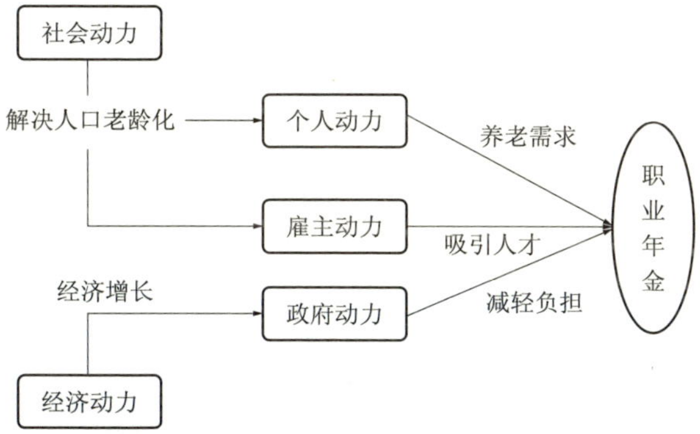

图6－1　五种动力之间的内在联系

一、社会动力

社会动力是职业年金中最基本的动力，主要体现在：目前世界各国人口老龄化趋势加快，积累模式的职业年金能更好应付人口老龄化问题。

世界各国人口老龄化趋势加快。在过去的50年里，世界老龄人口（指60岁以上）增长了3倍，预计在未来50年里，世界老龄人口还要翻3

倍。1950 年全球老龄人口 2.05 亿，老龄人口超过 1000 万的国家只有 3 个国家，中国 4200 万，印度 2000 万，美国 2000 万。2000 年老龄人口超过 1000 万的国家达到了 12 个，其中超过 2000 万的有 5 个，中国 1.29 亿，印度 7700 万，美国 4600 万，日本 3000 万，俄罗斯 2700 万。21 世纪末，世界老龄人口将达到 20 亿，将有 33 个国家的老龄人口在 1000 万以上，其中有 5 个国家将超过 5000 万，中国 4.37 亿，印度 3.24 亿，美国 1.07 亿，印尼 7000 万，巴西 5800 万。同时，在世界范围内，老龄人口增加速度高于总人口增加的速度，并有加快的趋势。1950—1955 年间，老龄人口增加速度为 1.8%，总人口增加的速度为 1.9%，老龄人口增加的速度低于总人口增加的速度。目前，老龄人口增加的速度为 1.9%，总人口增加的速度为 1.2%，老龄人口增加的速度高于总人口增加的速度。研究显示，2025 年到 2030 年，老龄人口增加的速度将达到最高点，为 2.8%，到 2045—2050 年才逐步降低为 1.6%。由于老龄人口增加速度高于总人口增加的速度，其结果是老年人的比例增加。2000 年时，10 个人中有一个 60 岁以上的老年人，14 人中有一个 65 岁以上的老年人。预计到 2025 年，老年人的比例是：5 个人中有一个 60 岁以上的老年人，不到 6 人中就会有一个 65 岁以上的老年人。表 6 - 1 为 1990—2050 年欧洲国家老年人口所占比例。

表 6 - 1　1990—2050 年欧洲国家老年人口所占比例

单位:%

国家	1990	2000	2010	2020	2030	2050
奥地利	20.2	21.5	24.9	58.9	34.5	33.9
比利时	20.7	22.5	24.8	28.7	32.2	31.2
丹麦	20.2	20.4	24.8	28.4	32.1	30.9
希腊	20.2	24.2	26.5	29.1	32.5	34.4
爱尔兰	15.2	15.7	17.8	20.1	22.9	28.2
芬兰	18.4	19.8	24.4	28.7	30.9	29.9
德国	20.3	20.2	23.1	26.8	30.1	31.2
法国	18.9	23.7	26.5	30.3	35.3	31.5
意大利	20.6	24.2	27.4	30.6	35.9	36.5
卢森堡	19.3	21.2	25.3	29.5	33.0	30.1
荷兰	17.8	19.0	23.4	28.4	33.4	31.7

续表

国家	1990	2000	2010	2020	2030	2050
葡萄牙	18	19. 8	21. 4	24. 6	29. 7	33
西班牙	18. 5	20. 6	22. 4	25. 6	30. 9	24. 2
瑞典	22. 9	21. 9	25. 4	27. 8	30	28. 7
英国	20. 8	20. 7	23	25. 5	29. 6	29. 5

资料来源：《养老保险的人口学研究》

假设：T 代表养老金待遇水平，B 代表不同模式下养老金资金筹集的缴费水平，P 代表老年人口，S 代表供养比例，即工作人口与老年人口的比例，则：

$$B = P \times T \qquad (1)$$

$$B = T/S \qquad (2)$$

如果要保持养老金待遇水平 T 不变，社会老年人口不断增加意味着，6－1 式中的老年人口 P 在增加和 6－2 式中的 S 不断减少，其结果都要求 B 必须增加，即养老金计划的资金筹集费率的增加。

现收现付模式下，其基本原理是以支定收，即根据当年需要支付的养老金，确定当年需要筹集的资金费用。当社会老龄人口不断增加时，一方面老龄人口的增加，直接增加了养老金支付额，另一方面在保持养老金待遇水平不变的情况下，供养比例的减少则增加资金的筹集水平。因此，社会人口老龄化给现收现付模式下的养老保障制度带来的直接效应是：支付水平不变的情况下需要双倍的资金筹集额。根据世界上老龄人口不断加快的发展趋势，可以判断，短期内现收现付模式还可以适用，但长期来看就难以应付了。

积累模式职业年金的基本原理是：将在职人口工作期间的一部分收入积累起来，作为个人退休时的养老金。个人在开始工作时积累的资金较少，通过长期积累，当个人临近退休时就会积累一笔可观的资金，以保证退休后的生活。因此，在开始实施时，由于时间短积累的资金少，不能有效应付人口老龄化问题，但随着时间的推移，资金积累的增加，就可以应付养老金不断增加的需求。由此可以判断，在社会老龄化不断发展的情况下，虽然对短期内的老龄化现象不能有效应付，但可以应付未来的社会老龄化问题。

应付社会人口老龄化有效的养老保障制度是：现收现付模式与积累模式共同结合，现收现付模式应付短期内的老龄化问题，积累模式应付长期人口老龄化问题。具体措施为：公共养老保险采用现收现付模式，职业年金采用积累模式。图 6 – 2 说明了社会动力形成的过程。

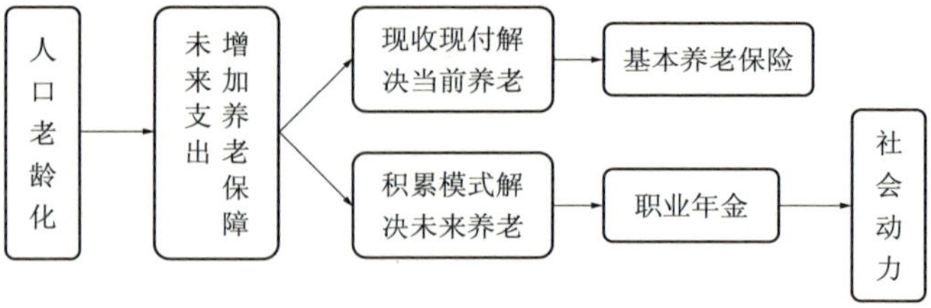

图 6 – 2　社会动力形成过程

二、经济动力

职业年金作为经济发展的动力主要表现在两个方面：一是能够增加社会的储蓄，储蓄的增加能有效增加资本投资总量；二是积累基金作为资本市场长期的资金投资，具有稳定金融发展，间接促进经济发展的作用。

能够增加社会储蓄，提高社会资本投资总量。20 世纪 70 年代以来，随着西方国家人口老龄化程度的加快，以现收现付模式为基础的公共养老保障体系出现收支难以平衡的问题。经济学界开始对现收现付模式进行反思，并主张逐步放弃现收现付模式。他们主要以现收现付模式对经济发展的负面作用，特别对减少储蓄的效应为依据，提出上述观点。以美国哈佛大学佛耳德斯坦（Feldstein）为代表的经济学家认为，现收现付模式下的个人储蓄取决于资产替代效应和诱致退休效应之比。他的计量研究结果表明，美国由于公共养老保障体系的存在，个人储蓄呈现下降趋势。从而得出现收现付模式对储蓄具有挤出效应的结论。另一方面，Kotlikoff 等人发现，积累模式既能提高老年人承担的税收又能降低年轻人的税赋，由于老年人的消费倾向远小于青年人，这种效应的结果导致社会消费总量的减少，储蓄水平增加，至少带来短期的经济增加。Sinn 等人从劳动力供应的角度研究，认为如果个人对基金所做的贡献与回报成正比，积累模式比现收现付模式有更少的劳动力供应扭曲。以舒耳茨为代表的学者，结合西方国家的经济运行情况对两种模式进行比较，认为当利息率高于工资增长率时，积累模式的经济负担比现收现付模式的轻。而通常在有效的经济中，利息率一般高于经济增长率和总收入增长率，从而得出积累模式优于现收现付模式的结论。1981 年智利成为第一个由现收现付模式向积累模式转变的国家，改革取得成功，在世界上引起了一场养老保障制度的革命。智利的经验受到许多学者的推崇，并成为主张者的实践依据。认为养老保障制度的改革对智利的经济发展、增加就业、减轻雇主负担、减少工薪税、促进自我保障等方面取得了巨大成就。图6－3说明了经济动力形成的过程。

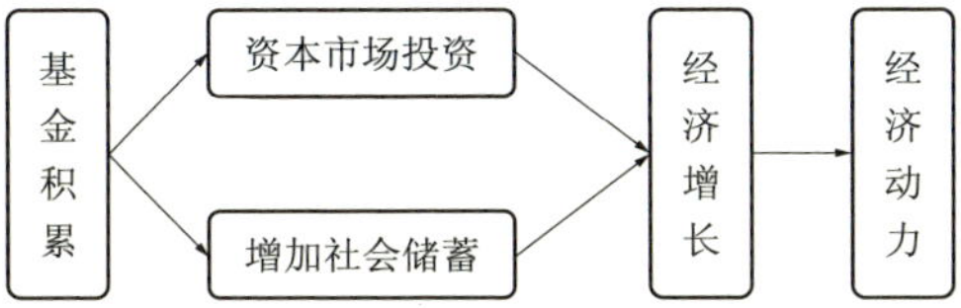

图6－3　经济动力形成过程

职业年金基金是资本市场上长期投资的资金，对资本市场和金融体系的稳定与发展具有重要作用。理论与实践表明，金融是一个国家或地区的经济命脉，对经济具有非常重要的影响。主要表现在：①一个有效的金融体系将社会上的资金调动起来，并用于经济活动中，从而达到社会资源的合理运用。一方面资金供给者得到有效回报，另一方面使资金需求者得到满足；②金融能够分化和减少经济运行风险的作用。养老基金或证券投资基金的组合性投资，比个人分散的资金投资更能够抵御风险；③良好的金融体系能够对雇主的经营管理进行有效的监督。银行为了减少信贷风险会对贷款资金用途以及如何使用资金进行全过程监督。资本市场上投资者采用“用脚投票”的方式来监督上市公司。

职业年金基金的储蓄效应与促进资本市场发展的效应，都是社会经济发展的间接动力。职业年金积累规模庞大的养老基金，还可以通过公共设施和基本建设的投资，对社会经济发展做出直接的贡献。

三、政府动力

现收现付模式下的公共养老保障支出使政府的财政压力增大。20世纪80年代以来，世界多数国家以现收现付模式为基础的公共养老保障支出不断增加。公共养老保障支出占国内生产总值的比重，联邦德国由1960年的7.2%上升到1990年的11.2%；同期，英国和法国分别由3.4%和5%上升到8.2%和10.5%；美国用于老年人福利的支出占联邦预算的比重，1980年为25%，1984年为28%，预计2040年将达到40%。在东欧，大多数国家养老金税的征收比例不低于20%，因而影响了就业和公共设施的投资。至1990年，OECD（经合组织）国家平均支出24%的预算作为社会养老保障资金。

作为社会养老保障体系的一部分，职业年金能够有效分担政府在公共养老金支出上的财政压力。国家逐渐减少在公共养老金上的支出，由过去的大包大揽转变为维持老年人的基本生活费用，不足部分由职业年金和个人储蓄替代，这样政府就有动力通过税收优惠政策和其他各种有效措施，积极推动职业年金的发展。

四、雇主动力

虽然雇主参与职业年金有一定的成本付出，但其积极动力在于可以有效地吸引与保留人才。雇主通过对职业年金计划方案的设计与调整，可以把职业年金作为人力资源战略的组成部分。

首先，职业年金有助于人力资源的更新和生产力的提高。生、老、病、死是人生必须经历的阶段，每位员工都有年老的时候，届时其生产的价值会小于所得的报酬，成为雇主的负担而不是人力资源。一般而言，解决年老员工的经济问题，雇主有以下几种办法：一是辞退老年员工。此法不人道，也不合法。二是保留员工的工作岗位，并给予相同报酬。该法会增加雇主成本，对雇主的未来发展造成不利影响。三是雇主留用员工，但把其调整到不重要的岗位，给予相同或较低的报酬。但雇主是以岗定人，而非以人定岗，工作岗位有限，此法不利于雇主的管理。四是有规划的职业年金计划。此法可以使雇主与员工合理分担养老成本，同时保持雇主正常运营，是解决雇主老龄员工经济安全问题的有效办法。

其次，职业年金有助于雇主吸引和保留人才。雇主在自由竞争的市场上寻找人才，人才也将雇主的退休养老保障计划视为雇主与员工之间劳动关系的重要基石，而没有设立职业年金计划的雇主，很难吸引和保留优秀的人才。因此，有些雇主明知道退休年金计划的现金收益不会与付出的成本相符，但仍然会设立职业年金计划以吸引和保留人才。事实上，退休年金计划虽然不能绝对地改善员工士气和工作效率，但若不设立年金养老计划，则会有相反的效果。因此，职业年金计划可以增加雇主的核心竞争力，实行职业年金计划是雇主人力资源战略的一个重要组成部分。

五、个人动力

应付老年经济风险是人生最基本的需求，职业年金计划设立的初衷和基本功能，就是保障老龄职工的退休生活，职业年金可以使员工无后顾之忧。

首先，职业年金直接影响员工个人利益，影响他们对雇主的选择。建立职业年金计划的雇主能为职工免去后顾之忧，为员工的退休生活提供更高质量的保证。另外也增加了员工的福利安全性。一般来说，积累型的职业年金基金独立于雇主经营性资产，即使雇主经营不善或破产，职业年金为员工提供的退休养老金也不会受到很大影响。

其次，随着资本市场的发展，会有越来越多的人参与职业年金计划，使积累的职业年金基金规模扩大，进而增加基金投资的范围和增值能力，使得职业年金基金的收益高于个人投资或储蓄的收益，为个人带来更多的经济收入。

第三，职业年金也是有效规划个人一生收入与消费的最佳方式。个人理财具有非理性，强制性缴费的职业年金能够改变人们的消费习惯，把年轻时的一部分收入转为年老时的消费，以平衡一生的收入与消费关系，从而做到有效规划人生的收入与消费。

第二节　经济与法律关系

科学研究的基础就是各种关系的研究，在各种关系中，其中经济关系是最基本的关系，在此基础上，主体之间不同责任与权利形成各种法律契约关系，信息不对称导致各种委托代理关系，经济利益不一致形成主体之间各种博弈关系，它们之间的逻辑结构如图 6－4。

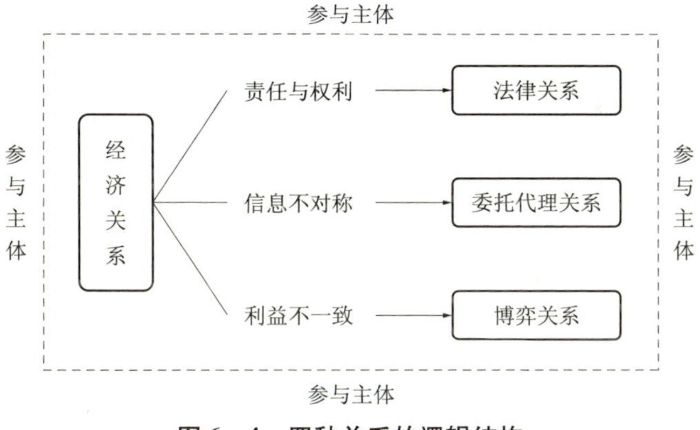

图 6－4　四种关系的逻辑结构

经济利益关系是经济性组织的根本，法律契约关系是组织运行的保证，因此，经济关系和法律关系是经济组织中最基本的关系。

一、经济关系

经济利益关系是参与主体之间最基本的关系，不同的经济利益关系决定主体之间的法律关系、委托代理关系和博弈关系。图 6－5 为参与主体之间经济关系分析过程。

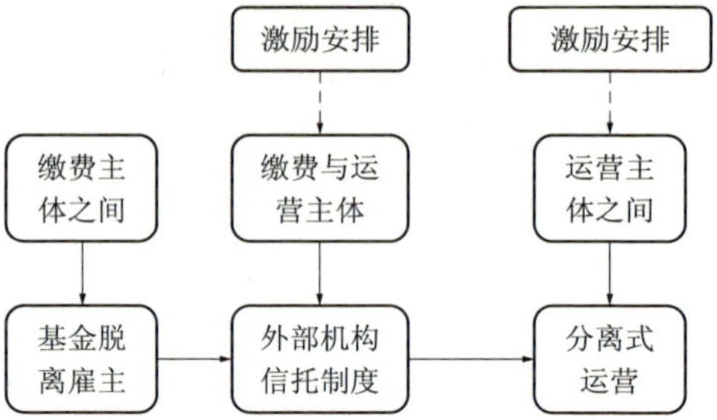

图 6－5　参与主体之间经济关系分析过程

（一）缴费主体之间的经济关系

作为缴费主体的职工是职业年金的最大受益者，是养老金的领取人。而同样是缴费主体的雇主，在职业年金运营过程中并没有任何经济利益的获得，并且还要为职业年金缴费，其缴费积累的基金财产所有权要逐渐转移给职工。因此，从经济利益的角度分析，雇主并没有建立职业年金的主动性和积极性。另一方面，雇主与职工不是平等经济地位的缴费主体。职工依附于雇主，职工缴费来源于工资。两方面因素结合在一起，必然导致职工相对于雇主来讲处于弱势地位。也就是说，职工虽然拥有职业年金财产所有权和受益权，但对于附属于财产所有权上的决策权、管理权、分配权和知情权等主要权利，能否获得与获得多少，依赖于雇主意志或职业年金制度的设计。根据雇主的意志，它希望自己单方面控制职业年金。当雇主经营状况不佳时，长期积累的基金可以解决雇主的困难。当雇主动用了职业年金基金，雇主的经营状况仍然没有好转甚至倒闭时，职工拥有的职业年金财产所有权和受益权也荡然无存，或者说雇主单方面地侵害了职工的合法权益，职工就面临退休后无经济来源的困难境地。为了防止此类问题的发生，职业年金必须脱离雇主的控制。

（二）缴费主体与管理主体之间的经济关系

职业年金脱离雇主的控制主要有三种方式：①由政府统一集中管理；②由外部独立专业机构以委托代理方式管理；③由外部独立专业机构以信托方式管理。不论是何种方式，都存在缴费主体与运营主体之间的经济利益关系。职工希望以最小成本获得最大收益。雇主则希望保留更多的决策权与管理权。政府作为运营主导者，它所追求的经济利益是通过职业年金基金的投资，促进国家的经济增长、调整经济结构、完善金融市场，以有利于宏观经济的发展。外部独立专业机构作为运营主导者，希望获得一定收入增加利润。

根据不同运营主体追求经济利益的不同，第一，政府作为职业年金基金的运营主导者，追求的是整个社会的宏观经济利益，必然忽视职工对降低职业年金运营成本和提高基金效率的要求。同时，政府相对于雇主的强势地位，也不能满足雇主尽量保留决策权与管理权的要求。因此，作为缴费主体及职业年金所有权拥有者的雇主与职工，都不希望政府作为职业年金主导者。第二，外部独立专业机构以委托代理关系管理职业年金。由于市场竞争的关系，专业机构与政府比较，有可能以较低的成本获得较高的效率与效益，可以满足职工的要求。但另一方面，由于代理人的管理权力依赖缴费主体（雇主与职工）的授权，这种情况为雇主保留决策权与管理权留下更多的空间。雇主保留较多管理权，意味着职工可能会失去应有的合法权益，显然不符合职工的利益。因此，这种方式达不到职工的意愿。第三，外部独立专业机构以信托关系主导职业年金运营。信托关系与代理关系的区别在于，信托关系一旦建立，除了所有权外，依附于基金财产上的其他权力如占有权、决策权、管理权等都要相应转移给受托人，不像代理关系那样依赖委托人的授权而获得。因此，信托制度极大地挤压了雇主保留更多决策权与管理权的空间，对保障职工的受益权和知情权等权益，是一种有效的制度。

（三）管理主体之间的经济关系

职业年金运营的主要内容是对基金的安全保管和基金投资，也就是说使基金保值增值。基金的所有权益归属于职工，为每一位职工建立所有者权益账户，详细记录职工缴费、投资收益分配及养老金发放情况等，可以有效保护职工的职业年金所有者权益。因此，职业年金运营应包括基金保管、基金投资和个人账户管理等。同时，外部独立专业机构（受托人）以信托关系主导职业年金运营时，受托人对基金保管、基金投资和个人账户的管理，有两种主要方式：①受托人独自负责，可以称为捆绑式运营；②受托人通过再委托方式，由专业金融机构代理，称为分离式运营。从风险的角度讲，分离式运营比捆绑式运营信用风险要小。因此，在信托制度下，对职业年金采取分离式运营是较为合理的选择。那么，在分离式运营的情况下，就出现了运营主导者（受托人）与基金保管、基金投资和个人账户管理等其他运营主体之间的关系。

从经济利益角度分析，作为市场上独立的金融机构，不论是运营主导者还是其他运营主体，追求的是利润或尽可能高的管理性收入。但职业年金作为社会养老保障基金不可能支付太高的管理费用，否则会降低养老保障水平。但如果支付的管理费用太低，运营主体就没有积极性和主动性。因此，处理委托人对代理人的激励问题就决定了运营效率与效益的高低。

通过上述参与主体之间的经济关系分析，可以得出以下结论：

1）缴费主体间经济利益不一致，使职业年金的运营管理权必须脱离雇主的控制；

2）由外部专业机构以信托机制为基础，运营职业年金是一种较为合理的方式；

3）为了防止受托人的信用风险，实行职能分离式运营是一种合理的选择。

二、法律关系

参与主体之间的法律契约关系主要包括：雇主与职工之间的劳动合同法律关系；职业年金所有权者（委托人）与运营主导者（受托人）之间的信托法律关系；运营主导者（受托人）与其他运营主体（代理人）之间的委托代理法律关系：政府监管机构与运营主体之间的法律关系等，如图6－6所示。

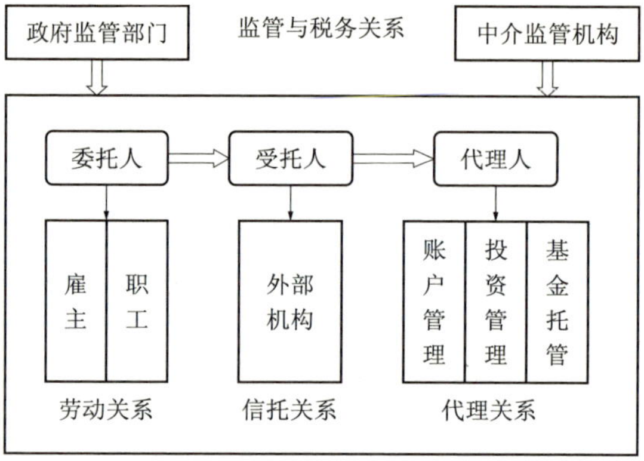

图6－6 职业年金主要法律关系

（一）缴费主体之间的法律关系

雇主与职工之间的法律关系有两种：①劳动法律关系。雇主与职工之间是雇佣与被雇佣的劳动合同关系，职工为雇主创造财富，雇主为职工支付工资。雇主建立职业年金计划是为了吸引人才与保留人才的需要。因此，职工与雇主建立劳动合同关系是职工享受职业年金计划的最基本条件。一般情况下，只有试用期满的正式职工才有条件参与职业年金计划；②雇主与职工为共同委托人。同为职业年金的缴费主体，雇主和职工作为共同委托人把职业年金信托给受托人，此时，雇主与职工之间是民事法律关系上平等的合作主体。

（二）缴费主体与管理主体之间的法律关系

从可行性的角度分析，职业年金的运营可以通过四种方式：①雇主独立运营与管理；②政府行政部门统一集中运营与管理；③外部独立机构以代理关系运营与管理；④外部独立机构以信托关系运营与管理。对职业年金运营与管理方式的不同，则缴费主体与运营主导者之间的法律关系也不相同。第一种方式下，雇主主导职业年金的运营，而同为缴费主体的职工被排斥在外，因此，法律关系上雇主与职工处于不平等地位。同样，第二种方式下，政府行政部门与缴费主体之间也是不平等的法律关系，政府行政部门处于强制地位，缴费主体处于弱势地位。第三、第四种方式下，缴费主体与外部独立机构之间属于平等法律关系，所不同的是第三种方式下，两者之间是代理法律关系，第四种方式下是信托法律关系。

建立职业年金目的是保障退休职工的老年生活，因此，职业年金的运营必须保证职工的合法权益。职业年金脱离雇主的控制，由外部独立机构运营与管理的目的，也是防止雇主挪用与侵害职工的职业年金权益。在信托关系下，外部独立机构以受托人身份可以独立的，以自己的名义运营与管理职业年金基金，并对职业年金运营结果承担责任；但在代理关系下，外部独立机构以代理人的身份不能以自己的名义运营与管理职业年金，对运营结果也不承担责任，也就是说，代理人要以委托人的名义运营与管理职业年金，并由委托人承担运营结果。很明显，在代理关系下，代理人运营职业年金的权利与责任大部分还保留在委托人身上，而委托人是由雇主与职工构成的共同委托人，由于职工在共同委托人中处于弱势地位，实际上在代理关系下，雇主仍然控制着职业年金的运营。由此看来，外部独立机构以信托关系运营职业年金基金，才能真正达到保障职工职业年金权益的目的。

（三）管理主体之间的法律关系

外部独立机构以信托关系主导职业年金运营时，为了防止受托人的信用风险，委托人与政府监管机构往往要求受托人对职业年金，采取分离式运营。首先，长期积累起来的、规模巨大的职业年金基金财产的占有权或保管权要分离出去，脱离受托人的实际控制，由一定资产偿付能力的金融机构如银行或专业资产托管机构专门保管。其次，为了提高职业年金基金的增值效率，受托人委托专业投资机构负责基金的投资，也是可考虑的选择。第三，职工对职业年金基金拥有较多的所有者权益，为每一位职工建立权益账户，由专业的账户管理机构负责账户的管理，也是受托人可考虑的选择。当受托人把基金保管、基金投资与账户管理等全部或部分委托专业机构运营与管理的时候，就存在运营主导者（受托人）与其他运营主体（代理人）之间的法律关系。这种关系属于受托人与代理人之间的代理关系，受托人要为其他运营主体的运营结果承担法律责任。

（四）政府监管机构与管理主体之间的法律关系

保障职工的所有者权益是职业年金运营的主要目标，这与一般雇主追求利润和股东利益最大化的目标不同。保障职工的合法权益是社会劳动保障部门的职责，所以，社会劳动保障部门是职业年金市场主要监管者。但同时，参与职业年金运营的主要是金融机构，如银行、保险公司、证券公司、基金管理公司、信托投资公司、资产管理公司等，这些金融机构分属于银行业监督管理机构、证券业监督管理机构和保险业监督管理机构等不同政府部门的监督管理，所以，相关政府部门与职业年金参与主体之间是监督管理与被监督管理的关系。劳动保障行政部门主要监督建立职业年金计划的雇主。主要监督内容包括雇主制订的职业年金计划，是否对职工不公平，是否不利于低层员工，雇主是否及时缴费，雇主是否按法律规定的要求把职业年金基金信托给外部独立机构运营与管理，雇主是否配合账户管理机构为职工建立权益性个人账户等。金融监管部门重点监督运营主导者（受托人）和其他运营主体（代理人），是否具备要求的资格，运营主体的行为是否符合相关法律规定，内控制度与风险防范制度是否健全等。

在国外，政府税收行政管理机构也是主要监管机构。表面上看，税收部门和职业年金运营关系不大，但实际上给予职业年金运营一定的税收优惠政策，是政府对职业年金发展的巨大支持。因此，政府税收部门通过对职业年金运营的监督以判断是否给予税收优惠。税收法律关系是职业年金运营最重要的法律关系之一，税收法律关系的基础是《税法》。对职业年金计划的税收优惠，是雇主与个人参与职业年金计划的主要激励因素，在职业年金运营过程中，有三个阶段涉及是否征税的问题：①雇主和职工缴费阶段，对于雇主，雇主缴费是否能够税前扣除或税前列入成本；对职工，个人缴费部分是否再缴纳个人所得税；②基金积累阶段，基金的投资收益是否缴纳个人所得税；③养老金给付阶段，职工退休时，支取养老金时是否缴纳个人所得税。如果用 E（exempting）代表免税，用 T（taxing）代表征税，根据三个阶段排列顺序有 6 种税收模式，即 TTT 模式、TTE 模式、TEE 模式、EEE 模式、EET 模式和 ETT 模式。TTT 模式是三个阶段都征税没有优惠；TTE 模式是缴费阶段与基金积累阶段征税，退休给付阶段免税；TEE 模式是缴费阶段征税，基金积累阶段和退休给付阶段免税；EEE 模式是三个阶段全免税；EET 模式是缴费阶段和基金积累阶段免税，退休给付阶段征税；ETT 模式是缴费阶段免税，基金积累阶段和退休给付阶段征税。在 6 种征税模式中，EEE 模式是最有激励作用的模式，TTT 模式最没有激励作用，TTE 模式和 TEE 模式倾向于当前征税，增加政府目前的财政收入；EET 模式和 ETT 模式倾向于以后征税，减少政府当前财政收入的同时，可以增加政府将来的税收收入。建立职业年金的目的是应付人口老龄化，防止老年人经济危机，相比较而言，EET 模式和 ETT 模式更符合职业年金的税收模式。如果考虑税收优惠对职业年金市场带来的激励程度，EET 模式比 ETT 模式有更大的激励作用。所以，在国外职业年金市场发展比较迅速的国家，大多采取 EET 税收模式。

通过上述参与主体之间的法律关系分析得出结论：

1）雇主与职工是法律上平等的民事主体；

2）信托法律关系是职业年金中最重要的法律关系；

3）完善的政府监管法律制度是职业年金健康运营的保证，鼓励性的税收优惠法律能够促进职业年金的发展。

第三节　委托代理关系

委托代理关系是社会分工的产物。在现代企业管理或其他经济组织管理中，由于所有权与经营管理权的分离，存在大量的委托代理现象。在早期的企业中，企业所有者就是经营管理者，不存在所有权与经营管理权分离的现象，所以也没有委托代理的问题。随着企业规模和经营范围的扩大，所有者由于自身知识和能力的限制，自己不能有效地经营管理企业。在这种情况下，企业所有者就委托外部具有专业知识和管理经验的人员负责经营与管理，从而形成所有者和经营管理者之间的委托代理关系。委托代理关系是经济发展和社会分工的结果，可以有效配置社会的人力资源，对提高经济效率与效益都有很大的帮助。但同时，委托代理关系也存在一定的风险，主要表现为：所有者选择管理者不当的风险和管理者利用自己的权力做出不利于所有者的行为。理论上，前者称为逆向选择风险，后者叫道德风险。对此问题，早在17世纪，亚当·斯密就清醒地意识到：“无论如何，这些公司的董事们是他人钱财而不是自己钱财的管理者，因此，很难设想他们会像私人合伙者管理自己钱财那样警觉，所以，在这类公司事务的管理中，疏忽或浪费总是或多或少地存在。”

一、职业年金的双层委托代理关系

出于职业年金受益人权益保障、基金安全以及运营效率等方面的需要，职业年金管理，存在所有权与经营管理权分离的委托代理关系，即职业年金资产所有人委托外部专业机构，负责职业年金的运营与管理。在职业年金中存在双层的委托代理关系：①职业年金资产所有人（雇主与参与职业年金计划的职工）作为委托人，把职业年金运营管理“委托”（这里的委托是经济意义上的广义概念，实际上是指法律概念上的信托）给外部专业金融机构——受托人；②受托人作为委托人，把一些职业年金的经营管理职能再委托给其他专业机构，比如基金投资机构、基金保管机构或账户管理机构等。这种双层的委托代理关系可以通过图6－7描述。

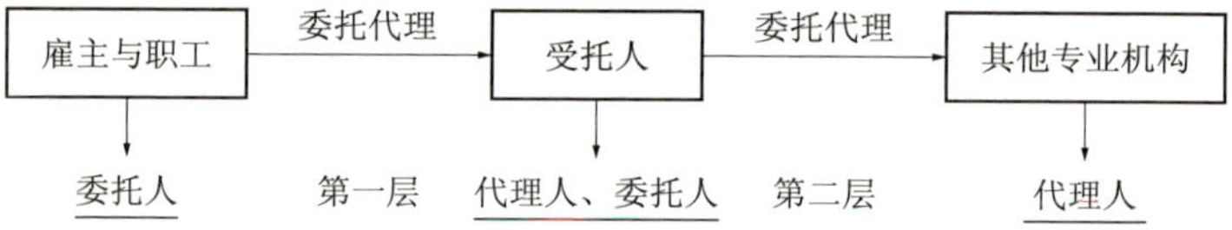

图6－7　职业年金的委托代理关系

职业年金一般由雇主和职工缴费经过长期积累而形成，因此，职业年金资产所有权由雇主和职工拥有，职工与雇主分别拥有自己缴费部分的资产所有权。根据延期工资理论，雇主缴费部分最终所有权应该归属于职工所有，也就是说，当参与职业年金计划的职工达到一定资格条件后，雇主缴费部分的资产所有权要转移给职工。在这样的情况下，从纯经济利益的角度讲，雇主只有付出成本而没有收益获得，如果职业年金是在雇主主导下运营，雇主拥有职业年金的实际控制权，出于追求利润与股东利益的考虑，雇主就会把职业年金受益人的权益置之度外，出现挪用、侵占职业年金基金的现象，从而损害了职工受益人的合法权益。为了保护受益人合法权益，必须把职业年金资产与雇主自有的经营资产分离，把职业年金的具体运营管理权，委托给外部专业机构——受托人负责，使雇主失去对职业年金的实际控制权，就形成了第一层的委托代理关系。

经过第一层的委托代理，职业年金基金虽然摆脱了雇主侵害受益人权益的情况，由受托人负责职业年金的运营管理并承担相应的责任。由于"内部人"控制问题，同样存在受托人的道德风险。职业年金资产多以金融资产为主，流动性比较强，为了防范受托人的道德风险，有必要把职业年金运营管理的决策权与职业年金基金资产的保管权分开，通过两权分离，形成相互制衡与监督的关系，可以相对有效地保障职业年金基金的安全。另外，在长期的积累过程中，为了防范通货膨胀风险，使职业年金基金保值增值，必须对职业年金基金进行有效投资，基金的投资管理是职业年金运营过程中的一个非常重要的职能。同时，雇主和职工的缴费、投资收益的分配以及退休职工养老金的支付等日常事务性的工作，需要专业的和具有账户管理经验的金融机构负责。由此来看，职业年金基金的保管，必须从受托人的权力中分离出来（基金管理法规或养老金法规都有强制性要求），对于基金投资职能和账户管理职能，受托人根据本身经营管理能力的考虑，可以分离出来也可以自己负责。这就形成了第二层的委托代理关系，受托人作为委托人，基金保管人、基金投资人或账户管理人等其他金融机构是受托人的代理人。

由上述分析我们看到，在职业年金的两层委托代理关系中，受托人处于中间的核心位置，起承上启下的作用，它既是第一层委托代理关系的代理人，又是第二层委托代理关系的委托人。

二、职业年金的委托代理风险及其产生原因

委托代理风险主要有两种：逆向选择风险和道德风险。委托人在签订契约之前，由于信息不对称，无法甄别代理人的真实情况，可能选择不到自己需要的或优秀的代理人，由此产生的风险为逆向选择风险；代理人在签订契约之后，为实现自己的利益最大化，有可能利用自己掌握的经营管理权优势和委托人不了解的信息，做出损害委托人利益的行为，由此给委托人带来的风险叫道德风险。

职业年金中的委托代理关系，也同样存在逆向选择风险和道德风险。产生这两种风险的原因，既有代理人主观方面的因素，也有特定的客观环境因素。

（一）主观方面原因

委托代理双方由于主体地位不同，追求的利益目标不一致，会导致代理人选择的行为与委托人的利益不一致。

职业年金第一层的委托代理关系中，委托人是雇主和职工，代理人是

外部专业金融机构，即受托人。雇主、职工和外部金融机构之间的利益目标并不一致。雇主的总目标是追求股东利益最大化，雇主建立职业年金计划的目标是为了吸引人才和保留人才。雇主建立职业年金之前，要进行成本收益核算，当职业年金产生的效用高于其付出的成本时，雇主才有动力为职工建立职业年金计划。雇主的一切行动是以股东利益为目标，职工利益放在次要位置。职工参与职业年金计划是为了退休之后获得一种养老生活保障，使晚年生活有固定的经济收入，或使生活更为富裕一些。同样是委托人，雇主和职工的利益并不一致。雇主和职工作为委托人，共同把职业年金委托给外部金融机构运营与管理，从主观上看，是职工的意愿，不是雇主的意愿。之所以有第一层的委托代理关系存在，大多是政府强制性介入的结果，或者说是政府或法律强制性规定，主要目的是为了保护职工的合法权益不被雇主侵犯。另一方面，从社会分工的角度看，职业年金委托给外部金融机构经营与管理，也有利于年金资产的保值增值，提高职业年金的运营效率。同时，不同专业机构之间的分工，能够做到相互制衡与监督，也能使受益人的合法权益得到更好保障。作为第一层委托代理关系的代理人（受托人）以及第二层委托代理关系的代理人（如基金投资人、基金保管人或账户管理人），它们都是市场经济中独立的法人经济实体，参与职业年金运营的目的是为了一定的经济利益收入，并不是无偿地服务。它们的利益与委托人（雇主和职工）的利益完全不同。

因此，在利益不一致的情况下，为追求自身利益最大化，当客观条件具备时，代理人就有可能选择有利于自己而不利于委托人的行为。同时，由于参与职业年金运营的代理人比较多，既存在单个代理人侵害委托人利益的行为，也存在多个代理人合谋共同侵害委托人利益的行为。

（二）客观方面原因

职业年金中各参与主体之间的利益目标的不一致，主观上存在不利于受益人权益的行为倾向，但倾向并不代表行为，只有客观环境因素具备了条件，倾向才能成为真实的行为，其中的委托代理风险才有可能发生。引起委托代理风险的客观因素大致有：

1. 信息不对称

信息不对称是指在委托代理关系中，一方拥有信息优势，而另一方拥有信息劣势。一般来讲，代理人拥有信息优势，委托人拥有信息劣势。按时间划分，信息不对称主要有两类：①当事人签约前的信息不对称，称为事前信息不对称；②当事人签约后的信息不对称，称为事后信息不对称。

在职业年金双层委托代理关系中，第一层的委托人，雇主和职工拥有信息劣势，受托人拥有信息优势；第二层的委托代理关系中，作为委托人的受托人，相对于其他管理机构而言，又处于信息劣势。首先，就事前信息不对称来讲，雇主和职工选择受托人以及受托人选择其代理人之前，对于其代理人的专业能力、管理经验、雇主实力以及人员素质等方面的信息，都不了解。因此，委托人就面临代理人的逆向选择风险。其次，就事后信息不对称来讲，当雇主、职工作为委托人，与其代理人签订委托代理关系契约之后，代理人如何管理职业年金、采取什么行为与策略、努力程度等方面的信息，雇主和职工也不很了解，其了解到的信息，主要来源于代理人提供的报告，信息的真实性也难以分辨。同样的道理，作为第二层委托代理关系的委托人，受托人也是事后信息不对称的劣势一方。

2. 契约不完备性

契约的不完备性是相对于契约的完备性而言。完备性契约是指契约在最大可能程度上，明确规定未来状态下契约各方的权利与义务，将来各方不需要对契约进行修正或重新协商。不完备契约是指契约中包含缺口和遗漏，不会涉及未来某种情况下的各方责任与权利，或者对未来某种情况下的权利与责任只做粗略与模糊的规定。造成契约不完备的原因有以下几点：①对未来某种情况无法预测。对于未来的事情，有些能做出相对精确的预测，而有些则很难预测，对于难以预测的事情，交易或合作的各方在签订契约时，也就难以做出明确的规定。未来的时间越长，预测的难度越大，契约不完备的地方就越多。②契约各方的有限理性。由于受认知能力、判断能力、知识水平、社会经验等各方面的影响，契约各方在复杂多变和不确定的现实环境中，行为是有限的，很难对各种可能要发生的情况做出准确判断和周密的安排，签订契约时条款的遗漏或缺失，不可避免。③第三者无法验证。契约的有些内容对于签约的各方来说，是清楚明确的，但对于局外人或外行人来说，无法观察或体验到，当出现纠纷时，第三方很难判断是哪一方违约并做出合理的处罚。

3. 剩余控制权与剩余索取权的不匹配

剩余索取权是相对于固定收益权而言的，是指代理人的收入扣除必要成本和固定收益之后的要求权。剩余索取者也是风险承担者，因为剩余是不确定、没有保证的，在固定收益被支付前，剩余索取者什么也得不到。剩余控制权是指在契约中没有特别规定的决策权。到目前为止，许多经济学家认为，经济效率的最大化要求剩余索取权与剩余控制权相匹配。职业年金的剩余索取权是指契约一方对职业年金基金投资收益的占有权和承担投资风险的义务；职业年金的剩余控制权是指契约一方对职业年金运营的决策权和实际管理权。职业年金是雇主为其职工建立的一种养老保障制度，参与职业年金的职工及其家属是受益人，因此，职业年金的受益人拥有职业年金剩余索取权。在职业年金中，受托人拥有职业年金运营的决策权，基金投资的实际管理权或控制权掌握在职业年金投资人手中，这样一来就出现了拥有职业年金剩余控制权的受托人和投资管理人，没有剩余索取权；拥有职业年金剩余索取权的受益人，没有或较少拥有剩余控制权。因此，就出现了拥有剩余控制权的代理人不承担职业年金运营风险，拥有剩余索取权的受益人不具有职业年金运营的决策权。尤其是当掌握职业年金实际决策权和管理权的代理人不承担运营风险的情况下，代理人从主观上就有以追求自身利益为目的，不把受益人的利益放在首位，使职业年金受益人的利益受到侵害。

三、道德风险问题

当雇主与职工作为委托人，把职业年金委托给其代理人（受托人、基金投资人、基金保管人和账户管理人等）之后，就实现了所有权与经营管理权分开。在签订契约之后，委托人无法观察到代理人的努力水平（具体行为）和自然随机状态，难以分辨业绩多大程度上由代理人的努力程度决定，多大程度上与自然随机状态有关。相对于委托人，代理人知道自己的努力水平，而且更了解市场信息和盈利机会。所以，代理人可以利用自己的信息优势，或者降低自己的努力程度，或者从事一些与委托人利益无关的活动，甚至有一些损害委托人的利益而有利于自己的行为。由于委托人无法观察到代理人的行为，也无法强制代理人的行动，所以，委托人需要通过一定的激励合同，促使代理人有利于委托人的行动。道德风险问题就是要解决在信息不对称的情况下，委托人如何根据可以观察到的信息设计一个激励合同，促使代理人在签约之后选择适宜的行动以实现委托人效用最大化。

（一）道德风险问题的一般模型

委托人的期望效用函数用以下模型表示：

$$\int v(\pi - s(x))f(\pi, a)d\pi \tag{3}$$

其中，π 为委托人可观测到产出；$s(x)$ 为委托人对代理人的激励函数；a 为代理人的行动；$v(\pi - s(x))$ 为委托人的效用函数；$f(\pi, a)$ 是代理人选择行动时外生随机变量密度函数。委托代理问题就是如何选择 a 和

$s(x)$，使模型（6－3）效用最大化。同时，要满足两个约束条件，即参与约束条件和激励相融约束条件。

$$\int u(s(\pi))f(\pi, a)d\pi - c(a) \geqslant \bar{u} \tag{4}$$

$$\int u(s(\pi))f(\pi, a)d\pi - c(a) \geqslant \int u(s(\pi))f(\pi, a')d\pi - c(a') \tag{5}$$

$$\forall a' \in A$$

第一个参与约束是指代理人从激励合同中得到的期望效用，不能小于不接受合同时能得到的最大期望效用，也就是说代理人的机会成本约束。

第二个激励相融约束是指如果 a 是委托人希望代理人选择的行动，$a' \in A$是代理人可选择的任何行动，只有当代理人从选择 a 中得到的期望效用大于从选择中得到的期望效用时，代理人才会选择 a。

（二）道德风险模型分析

1. 产出水平主要由代理人行为决定的情况

在职业年金的实际运营过程中，不论是雇主与职工作为委托人，还是受托人作为委托人，并不能观测到其代理人的行动 a，而只能观测到产出 π，因此，委托人只有通过激励合同 $S(\pi)$，优化自己的期望效用。

假定有两个取值可能，L 代表偷懒，H 表示努力。代理人努力工作时产出 π 的密度函数 $f_H(\pi)$；代理人偷懒时则为 $f_L(\pi)$。努力工作时的成本 $C(H) > C(L)$。正常情况下，委托人希望代理人努力工作。所以，实际情况下的委托代理问题，是委托人选择激励合同 $S(\pi)$，解下列最优化问题。

$$Z = \max_{s(\pi)} \int v(\pi - s(\pi))f_H(\pi)\mathrm{d}\pi \tag{6}$$

$$\text{s.t.}\quad \begin{cases} (\text{IR}) \int u(s(\pi))f_H(\pi)d\pi - c(H) \geqslant \bar{u} \\ (\text{IC}) \int u(s(\pi))f_H(\pi)d\pi - c(H) \geqslant \int u(s(\pi))f_L(\pi)\mathrm{d}\pi - c(L) \end{cases} \tag{7}$$

令分别为参与约束 IR 和激励相容约束 IC 的拉格朗日乘数。上述最优化问题的一阶条件为：

$$-v'f_H(\pi) + \lambda u'f_H(\pi) + \mu u'f_H(\pi) - \mu u'f_L(\pi) = 0$$

经整理得：

$$\frac{v'[\pi - s(\pi)]}{u'[s(\pi)]} = \lambda + \mu\left(1 - \frac{f_L}{f_H}\right) \tag{8}$$

（6 -8）就是莫里斯·霍姆斯特姆最优合同条件。如果委托人和代理人之间不存在信息不对称问题，即委托人可以观察到代理人的行动，激励相融约束（IC）是多余的，只需考虑个人理性约束（IR），最优条件为：

$$\frac{v'[\pi - s(\pi)]}{u'[s(\pi)]} = \lambda \tag{9}$$

这是帕累托最优风险分担条件。假定委托人是风险中性的，代理人是风险规避的，即 $v' = 0$，$u'' \leqslant 0$，条件（6 -9）就为 $1/v' = \lambda$，这意味着代理人拿固定收入，委托人承担全部风险。而在非对称信息下，代理人必须承担一定的风险，就是说，当委托人观察不到代理人的行动时，帕累托最优风险不可能达到。

用 $S'(\pi)$ 表示由条件（6 -9）决定的最优风险分担合同，$S(\pi)$ 表示满足条件（6 -8）激励合同，可以得到：当 $f_l(\pi) \geqslant f_H(\pi)$ 时，$S(\pi) \geqslant S'(\pi)$；$f_l(\pi) \leqslant f_H(\pi)$ 时，$S(\pi) \leqslant S'(\pi)$。就是说，对于一个给定产出 π，如果 π 在代理人偷懒（$a = L$）时出现的概率大于勤奋工作（$a = H$）时出现的概率，代理人在该利润时的收入，向下调整，反之就向上调整。

似然率 f_L/f_H 是指代理人选择懒惰 $a = L$ 时的概率，与选择努力工作 $a = H$ 时的概率之比，它表示委托人观察到的 π 在多大程度上 f_L 还是 f_H。委托人根据观察到的产出量来判断代理人的行动是 L 还是 H，进而对代理人进行奖惩。如果委托人判断代理人 L 的可能性较大，委托人就惩罚代理人即 $S(\pi) \leqslant S'(\pi)$；相反，如果委托人认为代理人 H 的可能性较大，则奖励代理人，即 $S(\pi) \geqslant S'(\pi)$。代理人的收入随 f_L/f_H 的变化而变化，也就是说，委托人可以根据产出 π 包含的信息决定代理人的收入。

2. 产出水平受代理人行为与其他因素共同影响的情况

由于职业年金运营不以追求利润为目的，而是以稳定性和安全性为运营目的，委托人如果以产出 π 作为主要依据，决定代理人的收入，与职业年金运营特征并不符合。在职业年金运营中，委托人选择代理人的标准主要考虑的是信誉、资产规模和专业能力等因素。假设有另一个变量 z，包含了代理人的信誉、资产规模和专业能力等主要信息，当然变量 z 与代理人的行动 a 和职业年金行业环境等外部因素也有关系，即 $z = (a, \theta)$。现在把变量 z 也加入到激励合同中，即委托人对其代理人的激励程度不仅依赖产出 π，还依赖变量 z，最优激励合同为 $s(\pi, z)$：而不是 $s(\pi)$。

假定在不同努力水平下，π 和 z 的联合分布密度函数分别为 $h_L(\pi, z)$ 和 $h_H(\pi, z)$。如果 π 和 z 同时被写进合同，委托人的问题是选择 $s(\pi, z)$，解下列最优问题：

$$\max_{s(\pi,z)} \iint_{\pi\, z} v[\pi - s(\pi)]h_H(\pi,\ z)\,\mathrm{d}z\mathrm{d}\pi$$

$$\text{s. t. (IR)} \iint_{\pi\, z} u[s(\pi)]h_H(\pi,\ z)\,\mathrm{d}z\mathrm{d}\pi - c(H) \geqslant \bar{u}$$

$$\text{(IC)} \quad \iint_{\pi\, z} u[s(\pi)]h_H(\pi,\ z)\,\mathrm{d}z\mathrm{d}\pi - c(H)$$

$$\geqslant \iint_{\pi\, z} u[s(\pi)]h_L(\pi,\ z)\,\mathrm{d}z\mathrm{d}\pi - c(L)$$

最优化一阶条件是：

$$\frac{v'(\pi - s(\pi,\ z))}{u'(s(\pi,\ z))} = \lambda + \mu\left[1 - \frac{h_L(\pi,\ z)}{h_H(\pi,\ z)}\right] \tag{10}$$

条件（6－10）意味着，当委托人不能观察到代理人的努力水平时，帕累托最优风险分担是不可能的。为了使代理人努力工作，委托人必须让代理人承担更大的风险。即产出越高，代理人的收入越高。但该条件不能保证最优解的唯一性（代理人的努力水平非唯一性），即对于一个给定的合同 $S(\pi)$，代理人的最优化条件可能有多个。也就是说，当产出水平受代理人行为和其他因素共同影响时，委托人不能依赖代理人的努力水平给予奖励或惩罚，还要综合考虑其他因素的影响。

3. 多次重复或长期委托代理关系的情况

如果委托人不能观察到代理人的行动，为了诱使代理人选择委托人希望的行动，委托人必须根据观察到的代理人行为结果来奖惩代理人，这样的激励机制为显性激励。如果委托代理关系不是一次性的，而是多次的，即使没有显性激励合同，“时间”本身可能会解决委托代理问题。德纳和鲁宾斯坦证明，如果委托人和代理人保持长期的关系，双方都有足够的耐心，一方面，委托人可以有足够的时间观察代理人的努力水平，从而做出准确地判断，代理人不可能用偷懒的办法来提高自己的福利，另一方面，通过长期合同向代理人提供保险的办法，委托人可以免除代理人的风险。同时，既然契约具有不完备性，出于“声誉效应”的考虑，委托人和代理人双方都会自觉约束自己的行为。

上述的委托代理关系，假定代理人只从事一项工作，代理人的努力选择是一维的。但现实中代理人从事的工作不只一项，或者即使是一项工作也是多维的。当一个代理人从事多项工作时，对其激励程度不仅取决于该项工作的可观测性，而且取决于其他工作的可观测性。在有些情况下，固定工资合同可能优于根据可观测的变量奖惩代理人的激励合同。也就是说，如果委托人希望代理人付出更多努力，而该项工作又难以观测，采用固定工资激励可能更好。

根据上述道德风险问题的分析，可以得出以下结论：

1）在非对称信息条件下，如果产出水平（π）主要由代理人的行为方式（a）决定，委托人可以通过代理人的似然率 f_L/f_H 决定对代理人的奖罚，即委托人可以根据产出 π 包含的信息决定代理人的收入。

2）在非对称信息条件下，如果产出水平（π）不仅仅由代理人的行为（a）决定，还受其他外部环境因素共同影响的话，委托人根据产出水平决定代理人收入，不是唯一最佳方式。

3）在非对称信息条件下，如果委托代理关系是多次重复性、长期性的，或者是代理人多任务性，委托人采取固定工资合同方式可能更好。

（三）职业年金激励契约安排的建议

根据道德风险问题分析的结论以及职业年金所具有的特征，本文建议采取如下措施合理安排委托人对代理人的激励契约。在第一层的委托代理关系中，委托人是建立职业年金计划的雇主及其职工，代理人是信托契约下的受托人。第一层的委托代理关系的特征是：①信托契约一般具有长期性；②受托人多任务性；③产出（职业年金基金的增值）不仅仅依赖受托人的努力水平，与法律制度、政府政策、宏观经济环境、汇率与利率的变化、资本市场波动幅度等外部因素相关性很大。因此，委托人对其代理人（受托人）以绩效激励与固定收益相结合的激励契约安排，相对合理。因为职业年金基金增值（产出）并不完全由受托人的努力程度决定，单纯的绩效激励，受托人要承担主要的经营风险，在利益驱动下，容易引起受托人的道德风险；单纯的固定收益激励，受托人不承担经营风险，就没有努力工作的积极性。

在第二层的委托代理关系中，委托人是职业年金受托人，代理人是基金投资人、基金保管人和账户管理人。第二层的委托代理关系的特征是：①一个委托人、多个代理人的委托代理关系；②委托代理关系具有长期性；③产出（基金增值）与不同代理人努力程度的关联性不同。因此，第二层委托代理关系中，应针对不同的代理人采取不同的激励契约安排。首先，受托人对基金投资人，应该以绩效激励为主，固定收益激励为辅助的契约安排。这是因为尽管基金的增值（产出）受代理人的努力程度和外部环境因素共同影响，但在所有代理人中，与基金投资人努力程度的关联性最大，基金投资人必须承担一定的经营风险。其次，受托人对基金保管人和账户管理人的激励契约安排，应以固定收益为主。这是因为基金保管人和账户管理人以服务为主，受托人很难观测到它们的努力程度。

四、逆向选择问题

在信息不对称的情况下，由于委托人不了解代理人的真实信息，在双方签约前，代理人可能隐藏自己的信息，使委托人对代理人不能做出正确的判断，从而产生一定的风险，这就是逆向选择问题。

（一）逆向选择问题的两种解决途径

职业年金中的双层委托代理关系，都存在逆向选择问题。在信息不对称情况下，由于委托人签约之前不了解代理人的真实能力，委托人只能根据市场上的平均能力提供报酬，这样，高能力的代理人就会退出，而低能力的代理人进来，从而给职业年金运营带来低效率的风险。解决逆向选择问题的两个主要途径是：①信号传递。代理人把自己的真实信息传递给委托人，或者委托人通过一定方式诱使代理人把自己的真实信息公布出来，使委托人能够分辨出高能力与低能力的代理人，然后委托人根据代理人能力大小给予合理的报酬；②信息甄别。委托人设计不同报酬的格式契约，由市场上的代理人选择，能力高的代理人就会选择高报酬的契约，能力低的代理人会选择低报酬的契约。因此，委托人根据代理人的选择来确定代理人的能力大小。信号传递和信息甄别的区别在于，在信号传递中，具有信息优势的代理人先行动，而在信息甄别中，处于信息劣势的委托人先行动。

（二）职业年金逆向选择问题的制度安排

在职业年金的委托代理关系中，委托人和代理人的契约安排一般具有长期性以及代理人具有多任务性等方面的特征。因此，委托人如何正确地选择代理人的问题，是职业年金要解决的主要问题。解决该问题须从信号传递和信息甄别两种途径入手。首先，从信号传递来看，代理人向委托人传递的信号，并不完全真实，能力高的代理人会传递真实的信息，以便委托人能够了解其真实能力，而能力低的代理人则会隐瞒真实信息或编造虚假信息，蒙蔽委托人从而获得合约的机会。因此，委托人如果要正确地选择代理人，就必须具有信息分辨的能力，或者委托人没有信息分辨能力的话，也需要一定的制度安排帮助委托人进行真假信息分辨。例如在政府监管部门和社会中介机构的帮助下，委托人应该建立一套系统化、规范化、科学化的代理人选择评估程序。评估内容应包括代理人的资产规模、赢利水平、市场信用度、管理人员和专业人员素质，以及从事职业年金经营管理的经验与以往业绩等，从多个方面和不同角度，对代理人传递的信息进行筛选与评估。其次，从信息甄别来看，由于委托人无法分辨代理人的真实能力，委托人在签订委托代理契约之前，设计不同的报酬激励条款供代理人选择，也是解决逆向选择问题的一种途径。高能力的代理人倾向于选择与业绩紧密联系的报酬条款，而低能力的代理人更愿意选择固定报酬的条款。需要说明的是，在职业年金委托代理关系中，这种方式仅对受托人和投资管理人两类代理人有用，对基金保管人和账户管理人来说并不适用。这是因为后两种代理人的任务与职业年金基金的产出关联性不大，它们主要的任务是服务，委托人对服务性的任务无法观测与测量。

第四节　博弈关系

一、非合作静态博弈关系

静态博弈是行为主体之间最基本的博弈关系。在职业年金下，参与主体众多，主体之间关系也非常复杂。为了分析方便，我们把参与主体分为两大类：委托人主体和代理人主体。在实际运营中，由于主体的利益不同，委托人和代理人都希望以最小的付出获得较高的收益，具体体现在双方的博弈上，委托人的策略行为是向代理人支付管理费，获得的收益是满意程度；代理人的策略行为是工作努力程度，获得的收益也是满意程度。假设以 S_t 表示委托人的策略，P_H 表示委托人向代理人支付较高的报酬，P_L 表示委托人向代理人支付较低的报酬，$S_t = \{P_H, P_L\}$；S_r 表示代理人的策略，W_H 表示代理人努力工作，W_L 表示代理人不努力工作，$S_r = \{W_H, W_L\}$。用 Y 和 N 分别表示委托人、代理人对自己收益的满意与不满意。委托人和代理人静态博弈的战略式表述如图 6－8。

		委托人	
		P_H	P_L
代理人	W_H	Y，Y	N，Y
	W_L	Y，N	Y，Y

图 6－8　职业年金静态博弈战略式表述

对委托人来说，其占优策略是 P_L，对代理人而言，其占优策略是 W_L。因此，委托人和代理人的非合作静态博弈纳什均衡：代理人不努力工作、委托人付较低的报酬。由此可见，该纳什均衡并没有达到帕累托最优。

二、进化博弈关系

在参与主体完全理性及非合作状态下，纳什均衡并没有达到帕累托最优。帕累托最优是委托人愿意付以相对较高的报酬使代理人努力工作，从而获得较高的职业年金运营效率。然而，职业年金是一个长期运营的过程，在长期的博弈过程中参与主体之间有合作倾向。传统经典博弈理论是以参与人个体完全理性与参与人之间非合作为两个基本假设条件，因此，以传统经典博弈理论分析职业年金中各参与主体之间的博弈关系，并不符合实际情况。进化博弈论结合经典博弈理论与生态理论研究成果，放弃了传统主流博弈论“完全理性”的假设，引入“有限理性”的行为主体，以有限理性的参与主体为研究对象，利用动态分析方法把影响参与主体行为的各种因素纳入其模型中，并以系统论的观点考察参与主体行为的演化趋势。这样就与建立在完全理性基础上的博弈分析方法和均衡状态有所不同。进化博弈分析的基本思路：在一个具有一定规模的博弈群体中，每一方参与主体面对确定和不确定的博弈对象，进行反复的博弈活动。博弈方由于有限理性的原因，在每一次博弈中不可能正确地知道自己所处的利害状况，也缺乏发现最佳行为的能力，甚至达到最优均衡也可能再次偏离。在这种情况下，参与者的最优策略是模仿和改进自己或别人的最有利策略，以使自己的效用最大化。并通过这种长期的模仿与改进，所有的博弈方趋于某个稳定策略，并且在大多数博弈方都采用这种稳定策略时，个别博弈方策略的“突变”并不能使自己受益。这种稳定策略均衡与生物进化的“进化稳定策略”（Evolutionary Stable Strategy，ESS）非常相似。所以，进化博弈强调的是在有限理性条件下，博弈方之间的均衡策略往往是学习调整的结果，不是一次性决策的结果。参与主体之间进化博弈过程可用图 6－9 描述。

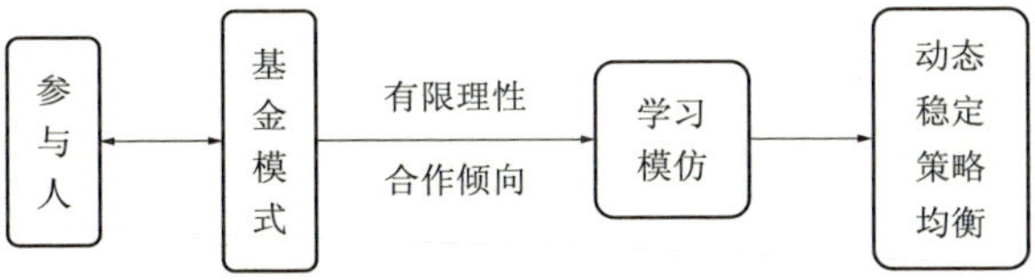

图 6－9　参与主体之间进化博弈过程

假设在职业年金中，每一个参与主体都面临两个策略选择：与其他参与者合作或不合作。如果两个参与主体不合作，则双方没有收益的增加，记为0；如果双方合作，两个参与主体共同增加收益，记为a；如果一方合作而令一方不合作，不合作一方为模仿者或学习者，增加收益为b，对方的收益为 -b（为对方付出）。同时，a > b。博弈双方的战略式表述为图6 -10。

		参与人1 合作	参与人1 不合作
参与人2	合作	a，a	-b，b
	不合作	b，-b	0，0

图6 -10　进化博弈战略式表述

再假设有 x 比例的参与者有合作倾向，$1-x$ 比例的参与者有非合作倾向；U_Y 为有合作倾向参与者的期望收益，U_N 是非合作参与者的期望收益，$\overline{U}$ 为平均期望收益。两种策略参与者的期望收益与平均期望收益分别为：

$$U_Y = xa + (1-x)(-b)$$
$$U_N = xb + (1-x)0$$
$$\overline{U} = xU_Y + (1-x)U_N$$

根据上述得益，得出动态博弈方程：

$$\begin{aligned} F(x) &= \mathrm{d}x/\mathrm{d}t = x(U_Y - \overline{U}) \\ &= x[U_Y - xU_Y - (1-x)U_N] \\ &= x(1-x)(xa-b) \end{aligned}$$

令 $F(x)=0$，可解出三个稳定状态，分别为 $x'=0$，$x'=1$，$x'=b/a$。

用图6 -10 可以表示三个稳定状态：

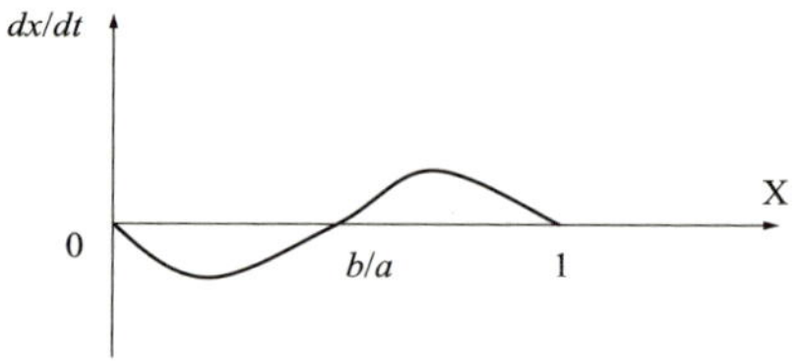

图6 -10　进化博弈动态方程图

由此可以得出以下结论：

1）$x'=0$，参与者之间处于完全不合作状态时，达到一种博弈均衡；

2）$0 < x' < b/a$，参与者处于互相模仿与学习的过程，还没有达到博弈均衡；

3）$x' = b/a$，参与者在进化过程当中，部分参与者有合作倾向，而部分参与者采取不合作态度，此时达到一种暂时博弈均衡；

4）$b/a < x' < 1$，参与者又进入新的进化过程，没有达到博弈均衡；

5）$x' = 1$，当所有参与者都意愿合作时，达到一种长久的稳定博弈均衡。

三、博弈链关系

通过静态博弈和进化博弈分析，我们了解到职业年金中的参与主体之间主要表现为合作性、长期性、学习性等特征的进化博弈关系。然而静态博弈和进化博弈分析只能把多主体关系简化为一个单一局势的博弈关系。对于具有复杂组织系统特征的职业年金多主体、多层次博弈关系，传统经典博弈论和进化博弈论显得力不从心。博弈链理论从组织系统视角，可以揭示这种复杂的内在博弈关系。

（一）博弈链理论概述

博弈论作为研究一定状态空间里，参与人决策均衡的理论方法，被广泛应用于研究和解释经济社会领域的决策与均衡问题。经过多年的发展，特别是近年来的快速发展，博弈理论已逐步渗透到多个领域，与其他学科交织、融合在一起，得到了广泛的应用。博弈链理论是在博弈论基础上根据组织系统存在复杂的、大量普遍联系的、具有非线性内部元素或子系统之间的关系，以系统思维的观点，为我们分析经济、社会等不同类型的组织，多主体之间复杂关系决策与均衡问题，提供了新的研究视角或分析工具。

战略式和扩展战略式是经典博弈论对于博弈局势的两种基本表述方法。战略式适合于表述静态的单一博弈局势，扩展战略式适合于表述动态的博弈局势，但这两种表述方法难以表述具有纵横交错关系的博弈系统。博弈链图表述方法，更形象、清楚地描述复杂的博弈链关系。该方法是通过确定一套符号规则体系，引入关系函数、嵌入效用函数，把具有多主体、多局势、复杂博弈关系系统地表述出来。博弈链表述符号规则体系如下：

1. 博弈单元

表示一个单一博弈局势，图中的圆圈表示博弈参与者，字母为博弈参与者代号，文字代表博弈内容。

2. 效用函数

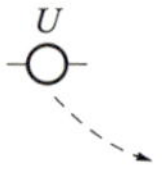

表示一个博弈单元应用的效用函数（模型），不同博弈单元下的效用函数 U，可通过加注下角标加以区别。对应一个简化的集成博弈链，也可表示为效用函数集合。

3. 关系函数

表示两个博弈单元间具有关联性，关联性用关联函数 F 表示，F 是一个概率分布函数，表示信息确定程度。不同博弈单元间的关联函数 F，可通过加注下角标加以区别。

4. 博弈单元输出结果

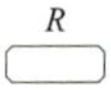

表示一个博弈单元的博弈输出结果函数，不同博弈单元下的结果函数 R 可通过加注下角标加以区别。如方框图竖立起来，表示若干博弈单元的综合输出结果。

5. 箭头线

表示博弈单元间的博弈顺序关系。

（二）职业年金的博弈链模型

如果把职业年金当作一个组织系统的话，组织系统内部有不同功能的子系统相互作用、相互影响，共同完成社会养老保障的目标。子系统之间通过能量交换、信息传递和知识扩散等影响，推动组织系统的演进与发展。

本文把职业年金组织系统中各参与主体之间的博弈关系，看成一个博弈网络。由于主体之间关系错综复杂，形成了涵盖多个博弈单元、博弈组、博弈组链，结构异常复杂的博弈网络。根据博弈内容的不同，可将该博弈网络中包含的博弈组链划分为职业年金方案博弈链、职业年金监管博弈链、职业年金权益博弈链和职业年金基金安全博弈链。在博弈网络中，以方案博弈链为中心把其他三个博弈链联结在一起。同时，一条博弈链的均衡结果可能对另一条（或另几条）博弈链的初始条件和均衡结果产生重要影响，各条博弈链以不同的方式相互影响、相互作用，共同构成了博弈链网模型，如图 6－11。

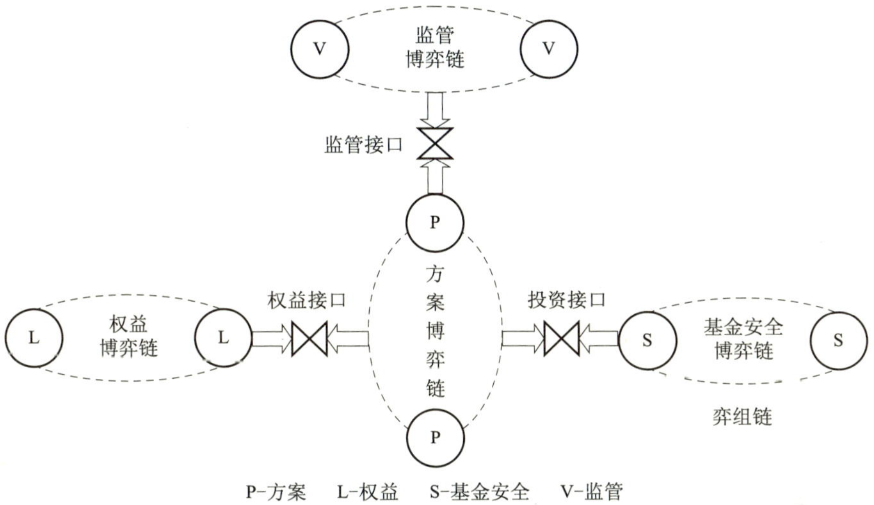

图 6－11　职业年金的博弈链模型

（三）职业年金计划博弈链

职业年金方案是职业年金的制度框架，因此，职业年金运营之前首先要设计职业年金方案。职业年金方案博弈链的博弈主体，主要是建立职业年金计划的雇主和职工。博弈内容包括职工参加职业年金的条件、职业年金缴费基数、雇主和职工各方缴费比例、职工获得赋予权的条件、职工领取年金的条件，以及职工对职业年金运营与管理所具有的决策权等。职业年金方案博弈链由两个博弈单元构成，一个是雇主和职工之间博弈形成的博弈单元，另一个是职工之间博弈形成的博弈单元。图 6－12 为职业年金方案博弈链的图示描述。

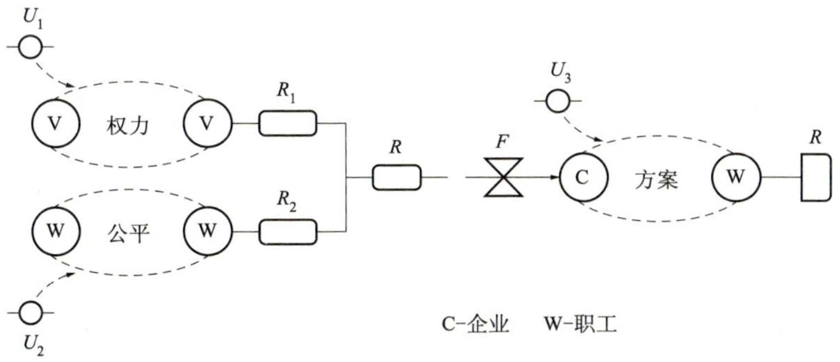

图 6－12　职业年金方案博弈链

1. 雇主与职工之间的博弈

博弈主体，一方是建立职业年金的雇主，另一方是雇主的职工。由于双方利益目标不一致，双方就设计职业年金方案内容形成博弈。在积累模式下，职业年金基金是一个长期积累的过程，积累基金如何运用和管理，谁有更大的决策权，是双方博弈的对象。雇主以股东利益最大化为经营目标，对雇主来讲，当雇主扩大再生产需要资金或者雇主遇到困境需要资金时，拥有职业年金基金的决策权和运营管理权，显得尤其重要。职工参加职业年金是为退休养老做资金准备，职工希望自己的养老金在安全前提下能够保值增值，职工希望自己拥有更多的决策权和管理权。因此，雇主与职工之间实际上是权力的博弈。

2. 职工之间的博弈

博弈主体，一方是雇主、少数的高级管理人员和技术人员，另一方是多数的普通职工。双方主要就获得雇主的赋予权、领取年金的资格与条件等内容进行博弈。由于高级管理人员和技术人员居于重要位置，拥有较多权力，在博弈中，高级管理人员和技术人员处于强势地位，这种博弈是不均衡博弈。为了达到某种相对均衡状态，多数情况下，工会组织代表普通职工与高级管理人员和技术人员进行博弈。实际上，职工之间是就公平进行博弈。

由以上分析来看，一个可施行的职业年金方案是雇主与职工之间、职工与职工之间就权力博弈和公平博弈所达到的均衡。

（四）职业年金监管博弈链

由于职业年金属于社会养老保障制度体系的一部分，是职工的退休养老金。因此，职业年金运营与一般经济组织运营最大的区别在于，其承担了更多的社会责任和义务。作为公共服务与管理机构的政府（这里把政府机构作为组织系统内的博弈主体），有义务和责任保证职业年金长期稳定地发展。职业年金监管博弈链中的博弈主体，主要是政府相关监管机构、建立职业年金的雇主和参与职业年金运营的金融机构。博弈内容主要就职业年金方案是否符合法律法规和职业年金运营管理是否符合法律法规进行博弈。进一步细分的话，监管博弈链由两个博弈单元构成：①政府社会劳动保障机构与雇主之间的博弈单元；②政府金融监管部门与金融机构之间的博弈单元。职业年金监管博弈链可由图 6－13 描述。

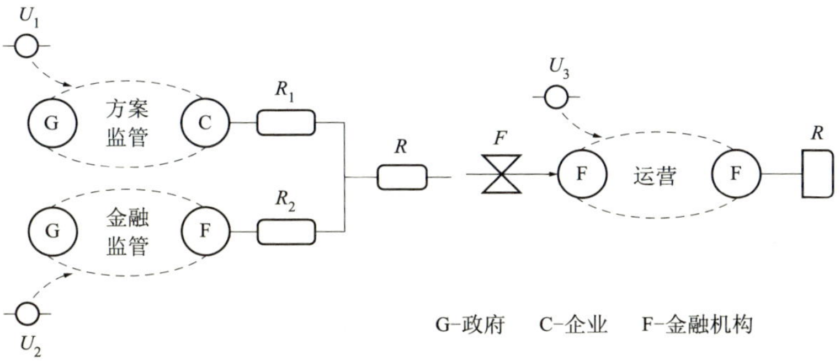

图 6-13　职业年金监管博弈链

1. 政府社会劳动保障机构与雇主之间的博弈

博弈主体，一方是政府社会劳动保障机构，另一方是建立职业年金的雇主。博弈内容主要就职业年金建立过程中是否符合劳动法和职业年金管理法。由于政府和雇主的目标利益不一致，双方形成博弈状态。政府出于保护公众利益的目的，制定相关法律法规以规范雇主行为。雇主为少数股东利益而经营，侵害职工利益的现象时有发生。职业年金建立初期，雇主在制定职业年金方案和选择受托人时有更大的决策权。因此，政府对建立职业年金过程是否遵守相关法律法规进行监管。当然，雇主也会充分利用法律法规的漏洞以逃避政府监管。

2. 政府金融监管部门与金融机构之间的博弈

参与职业年金运营的有多种金融机构，例如银行机构、保险机构、证券机构、基金机构、信托机构、资产管理机构等。因此，该博弈单元双方主体，一方是负责金融监管的政府机构，主要包括银行监管部门、证券监管部门和保险监管部门，另一方是参与职业年金运营的金融机构。双方主要就职业年金运营过程中金融机构的行为是否遵守相关法律法规而进行博弈。由于职业年金基金经过长期积累形成巨额的金融资本，因此，当职业年金运营过程中出现问题时，很可能会形成金融危机以及导致社会不稳定。对政府来讲，保证职业年金基金安全运营使职业年金真正起着社会养老保障作用的责任重大。金融机构作为一般雇主性组织，参与职业年金运营的目的，是为了获得一定的经济收入及对金融资本的控制权力。政府和金融机构之间目标不一致，使双方在职业年金运营过程中进行博弈。

（五）职业年金权益保障博弈链

权益保障主要是保障职业年金受益人的权益。因为以职工为主要成分的受益人主体相对于雇主和金融机构主体来讲，始终处于弱势地位，因此保障受益人的合法权益是职业年金运营过程中博弈的主要内容。参与权益保障博弈的主体主要包括职工、雇主和金融机构。博弈内容是职工受益人应当享受的合法权益，包括资产所有权、参与权、受益权、知情权、资产转移权和基金投资决策权等。职业年金权益保障博弈链由两个博弈单元构成，一是职工与雇主之间博弈形成的博弈单元，二是职工与金融机构之间博弈形成的博弈单元。职业年金权益保障博弈链，如图 6－14 所描述。

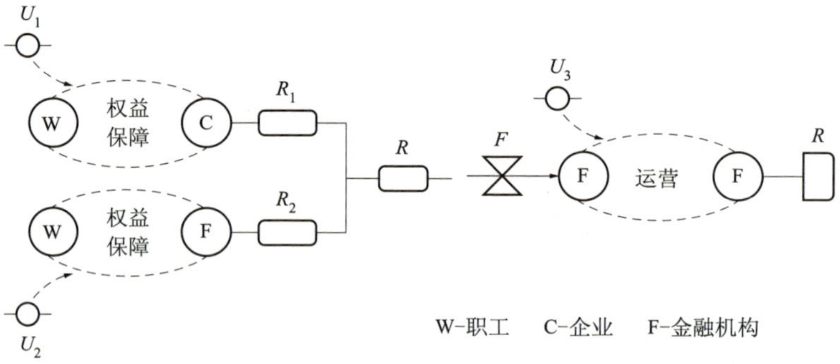

图 6－14　职业年金权益保障博弈链

1. 职工与雇主之间的博弈

职工与雇主之间主要就职工参与权、资产所有权和职工受益权等权益内容进行博弈。这里的职工指雇主多数的普通职工，不包括拥有决策权和管理权的雇主高级管理人员。参与权是职工最基本的权利，凡符合劳动法要求，与雇主签订正式劳动合同的正式职工，都有参与职业年金的权利。雇主出于少缴费或减少养老保障社会责任的目的，往往限制工龄比较短、劳动技能差、处于底层的职工参与职业年金的权利。这就形成了以该类职工为一方，雇主为另一方，就职工参与权进行博弈。资产所有权是职工获得职业年金基金资产所有的权利，职工与雇主就资产所有权进行的博弈，主要指雇主缴费形成的资产转让给职工的所有权。对雇主来讲，把自己缴费形成的资产所有权无偿地转让给职工，并不情愿，尽量拖延转让时间或把资产所有权转让给能够给雇主带来更多利润的关键人才，是雇主采取的策略。因此，就该部分资产所有权的转让方式和转让期限，在雇主与职工之间形成博弈。受益权是职工领取养老金的权利。就养老金领取资格和条件，雇主和职工之间也形成博弈。雇主的策略是把职工领取养老金的资格与条件严格限定，而职工则希望宽松一些。

2. 职工与金融机构之间的博弈

博弈主体一方是参与职业年金计划的雇主职工，另一方是参与职业年金运营管理的金融机构。双方主要就职工应该享有的职业年金知情权、监督权等所有者权益进行博弈。职工是职业年金基金资产所有人，又是信托资产（职业年金基金资产）的委托人和受益人，职工有权了解职业年金运营过程中与基金资产安全、保值增值等相关的信息，职工也有权对参与职业年金运营的金融机构进行监督。作为代理人的金融机构来讲，参与职业年金的目的是获得经济利益或取得职业年金基金资产的控制权，基本策略是尽量隐瞒相关信息或从事有利于自己的行为。因此，职工与金融机构之间，就信息透明与隐瞒、监督与被监督等有关知情权和监督权进行博弈。

（六）职业年金基金安全博弈链

职业年金是雇主职工的退休养老保障计划，职业年金基金是退休职工的养老金，因此，职业年金运营的首要原则就是保证基金的安全。职业年金存在的风险涉及基金安全风险，比如通货膨胀风险、基金投资风险、利率风险、汇率风险等。因此，针对基金安全的博弈包括受托人、基金投资人和基金保管人等博弈主体。职业年金基金安全博弈组链由两个博弈单元构成，一个是受托人与基金投资人之间的博弈单元，另一个是基金投资人与基金保管人之间的博弈单元，如图 6－15。

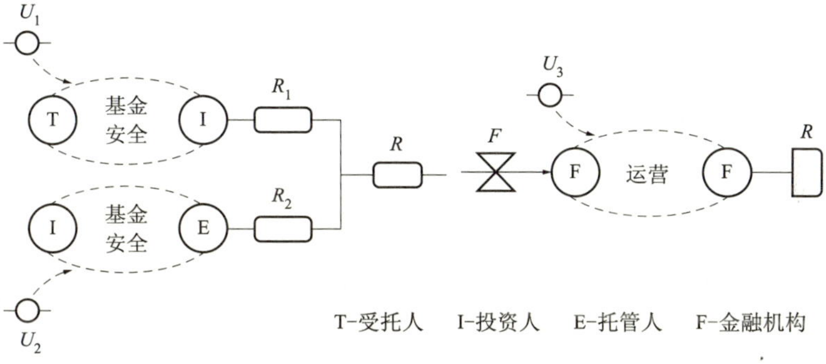

图 6－15　职业年金基金安全博弈链

1. 受托人与基金投资人之间的博弈

投资风险是基金面临的主要风险，受托人与基金投资人之间主要就职业年金基金投资策略、投资工具、投资组合等有关投资决策权展开博弈。受托人是接受信托资产并对职业年金运营负最终责任的法人，基金投资人是具体负责职业年金基金投资的法人。关于基金投资，由于受托人的信赖义务使其策略相对保守，保证基金安全的前提下有所增值，而基金投资人则因为激励契约与投资收益率紧密联系在一起而倾向于积极的投资策略。实际上，受托人与基金投资人之间的博弈，是有关基金保值与基金增值的博弈。

2. 基金投资人与基金保管人之间的博弈

基金投资人与基金保管人之间就基金安全所进行的博弈内容，主要包括制度性风险、操作性风险和信用风险等。基金投资人负责基金投资，基金保管人根据基金投资人的投资指令，负责基金资产的交割与结算。在基金安全问题上，博弈双方主要就负责如何承担以及各承担多少等问题进行博弈，实际上是安全责任的博弈。

第七章　职业年金治理

任何活动都离不开组织，组织是实现目标的基本保证。由于职业年金各参与主体之间关系所具有的特殊性，决定了其组织性质、组织结构、组织的内在关系以及组织治理的特殊性。

第一节　组织治理

一、组织的三种形式

科斯 1937 年发表的《企业的性质》论文中，第一次引入了“交易成本”的概念，他把企业与交易成本联系起来，说明了企业为什么存在的问题。科斯认为，当市场交易成本过高时，企业就会出现。企业是对价格机制的替代，企业和市场是两种可以相互替代的协调生产活动的手段。随后经过威廉姆森、张五常等经济学家的不断研究，使人们对企业问题有了更为深刻的认识。“企业与市场之间直接协调和自动协调”两分法深入人心。可是，人们很快发现这种简单的两分法，离现实世界的经济活动多样性相去甚远。先打破这种格局的是理查德森，他指出，企业与市场、指导性协调与自发性协调之间的区分会产生误导，这种区分忽略了企业之间合作的事实。Larsson（1993）则直接提出用市场、组织间协调和科层的三分法，替代市场和企业的两分法，如图 7－1。

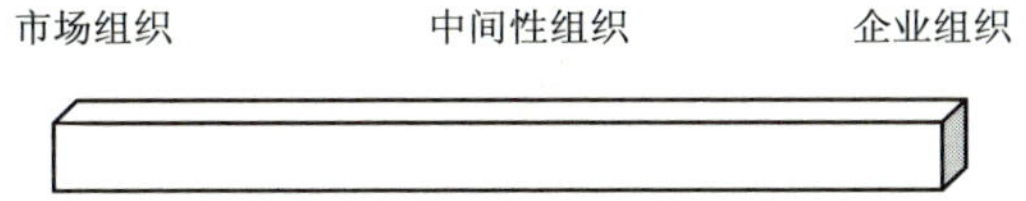

图 7－1　经济性组织三分法

威廉姆森可谓是交易成本经济学的集大成者。他从资产专用性、交易频率和不确定性三个交易纬度出发，解释经济活动的规制结构，指出三方规制与双方规制是与其交易活动相匹配的规制结构，是介于企业与市场之间的中间性组织的两种模式。他这里的中间性组织，实际上就是后来被学者逐渐认识并定义的网络组织。所谓网络组织是一种既不同于市场也不同于企业科层的组织形式，它是一些独立的企业通过正式契约和非正式契约所构成的相互依赖、共担风险、长期合作的交易模式。在交易成本的框架下，学者们对经济活动组织的解释是，市场交易是有成本的，当一项交易，市场组织成本较高时企业就会出现。也就是说，企业是市场的一种替代。但是，企业对交易内部化时，并不是对交易成本的消除，而是以层级运行成本替代市场交易成本。如果这种运行成本与市场交易成本一样高时，企业网络就会成为一种更为有效的组织形式。如果用威廉姆森的交易成本三个纬度来刻画三种组织形式的话，当三个纬度都处于较低状态下，市场组织具有比较优势；当三个纬度都处于较高状态下，企业层级组织具有比较优势；当三个纬度都处于中间状态下，网络组织具有比较优势。

二、组织治理

治理的概念通常被用于分析权力的应用。治理的核心是权力的行使、利益的分配以及责任的归属。新制度经济学尤其是以威廉姆森为代表的交易费用经济学，早在 1985 年就提出了“治理结构”的概念。他们认为，哪怕是最简单的交易活动都少不了治理结构或治理机制，治理的功能就是保护交易主体免受各种交易风险的侵害。

（一）企业治理

吴敬链认为“所谓公司治理结构，是指由所有者、董事会和高级执行人员即高级经理人员，三者组成的一种组织结构”。我国《公司法》规定的公司治理结构是由股东大会、董事会、监事会和经理组成的一种组织结构，如图 7－2。股东大会拥有最终控制权，董事会拥有实际控制权，经理

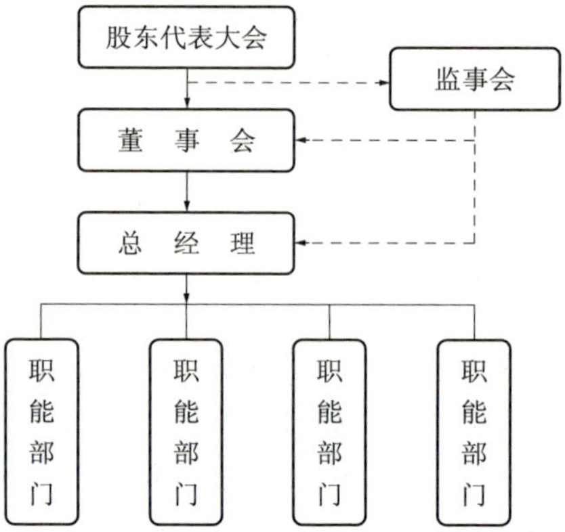

图 7－2　企业组织结构

拥有经营权，监事会拥有监督权，四种权力结构相互制约共同构成了企业组织结构。

企业组织结构是“四权三会”（股东大会的财产所有权、董事会的法人财产权、经理人的经营管理权和监事会的监督权）的设计，是对公司内部人的控制。公司所有权与控制权的分离（股东保留财产收益权，财产的占有权、使用权和处置权以法人财产权的形式为公司所有），产生了代理关系。因此，财产权分离与委托代理理论是现代企业组织结构的理论基础。这种理论解释了企业股东、董事和经理的权力来源。股东是企业财产的委托人，董事是一级代理人，经理是二级代理人。由于委托人与代理人之间利益不一致，从而导致了道德风险。股东作为财产所有人和财产委托人，为了保障自己的利益，就设计种种激励与约束制度控制代理人的道德风险。

组织治理制度主要包括三种制度：决策制度、激励制度和监督制度。决策制度是解决如何配置资源和行使剩余控制权；激励制度是调动参与者或经营管理人员的积极性；监督制度是如何防范参与者或经营管理人员的道德风险。

企业决策制度由其组织权力来源所决定。对企业组织来说，权力是从股东大会、董事会和经理逐级往下传递的，因此，从决策权的大小来讲，分为股东大会决策权、董事会决策权和经理决策权。在企业组织结构中，股东大会是最高决策机构，拥有选择或罢免董事和经理人员等经营管理者的决策权，审议公司章程，决定经营方向、投资方案和出卖公司资产，公司合并、分立、解散等重大事项的决策权。股东大会闭会期间，股东大会把决策权授予了董事会，董事会是公司日常经营管理的最高决策机构。经理人员的决策权主要是执行权，具体执行董事会决定的公司经营管理政策、方针和目标，经理人员是公司决策权结构中最低层的权力，但也是公司经营管理过程中最日常、最频繁的决策权。

激励制度是解决委托人与代理人之间的动力问题，即委托人如何通过一套激励制度促使代理人采取适当行为，最大限度地增加委托人的效用。对企业组织来讲，常用的激励制度主要有报酬激励制度、权力制度和声誉制度等。报酬激励制度包括固定薪金、奖金、股票期权计划、社会保险计划等内容；权力制度主要包括经营管理人员拥有的招聘权、解雇权、管理决策权、利益分配权，以及权力所带来的物质、精神享受；声誉制度对于公司高层管理人员的职业生涯来讲非常重要，一方面声誉可以为经理人员带来社会价值、赢得社会的尊重，使之产生成就感和心理满足感，另一方面为其职业或工作单位的转换，带来方便或更高提升提供保障。

企业组织的内部监督有股东对董事会、经理人员的临时监督，以及通过公司监事会的日常监督。股东监督是临时性的，而监事会是代表股东和企业员工的利益，对董事会、经理人员实行日常性监督。同时，董事会也负有对经理人员的监督作用。因此，股东的临时监督、监事会的日常监督，以及企业内部不同机构之间互相监督，构成企业组织的监督制度。

（二）网络治理

网络组织是由不同企业为了某个共同目标，组成的非一体化组织。网络组织的基本结构是由网络节点和网络连线组成，网络节点就是企业，网络连线是企业之间的关系。企业之间的关系或关系结构决定着企业在网络中的位置（即节点），企业位置不同就是网络结构不同。因此，网络结构是由企业之间的关系决定的，或者说网络组织结构就是关系结构。关系是企业与网络中其他组织成员之间相互影响、相互依赖的联系，是一个内涵丰富的概念，涉及经济、社会、文化、心理、感情、行为等方面。网络组织中的关系，除了最重要的企业之间的契约关系外，还包括信息交流、知识共享、企业文化、技术合作、血缘、朋友、地域等种种关系。不同关系相互“嵌入”，形成种种“嵌入性”关系结构。这种关系结构是网络组织形成的基础，也是网络组织运行的平台。根据“嵌入性”关系结构不同，大体上可以把网络组织结构分为两种：领导型网络组织和非领导型网络组织。领导型网络组织通常有一个核心企业在网络中具有较大控制力和指挥力，其他成员处于相对服从地位；与此相反，非领导型网络组织成员之间的关系是平等的。图 7－3 中的（1）和（2）分别表示领导型网络组织和非领导型网络组织。

（1）领导型网络组织　　（2）非领导型网络组织

图 7－3　网络组织结构

根据核心企业的性质不同，可以把领导型网络组织具体分为集成式网络组织和价值链式网络组织。在集成式网络组织中，核心企业是通过股权关系对网络中其他企业实行控股，从而获得核心地位，起指挥或决策作用，不参与整个网络组织价值创造，比如金融控股网络组织；在价值链式网络组织中，核心企业参与价值链的创造，处于价值链的核心地位，比如汽车制造业网络组织。非领导型网络组织可以分为集贸式网络组织和联盟式网络组织。集贸式网络组织中的企业之间关系相对松散，企业之间紧密度不大，约束力较小，比如区域性集群网络组织，就属于这种类型；联盟式网络组织较为普遍，企业之间关系紧密度比集贸式网络组织强，主要靠企业之间的意向性协议、商业信用和承诺联结。不同网络组织结构具有不同的特征，表 7－1 列出 2 种主要网络组织结构所具有的特征。

表 7－1　网络组织结构具有的特征

	非领导型网络组织		领导型网络组织	
	集贸式	联盟式	集成式	价值链式
功能	交易平台	信息、知识和价值交流	商品、服务的价值实现	
价值	降低交易成本	降低交易成本的同时，提升信息、知识的价值	降低交易成本的同时，提升信息、知识的价值	
价值实现过程	通过价格制度实现	通过信息、知识的扩散实现	通过指挥、协调、需求匹配、供应链管理等手段实现	通过设计 \ 制造、销售、服务价值链等实现
节点关系	平等的、松散的关系		非平等的、领导与服从关系	
网络连线	商业信用、共同目标或共同价值趋向		共同目标、产权、社会关系、契约	
目标导向	一般	较强	强	很强

在网络组织形式中，关系是网络存在的基础也是网络交易的基础，网络成员之间以关系为媒介，互动与交易的过程就是网络组织治理的过程。因此，可以把网络组织治理制度称为关系制度。图 7－4 为网络组织治理制度的基本模式。

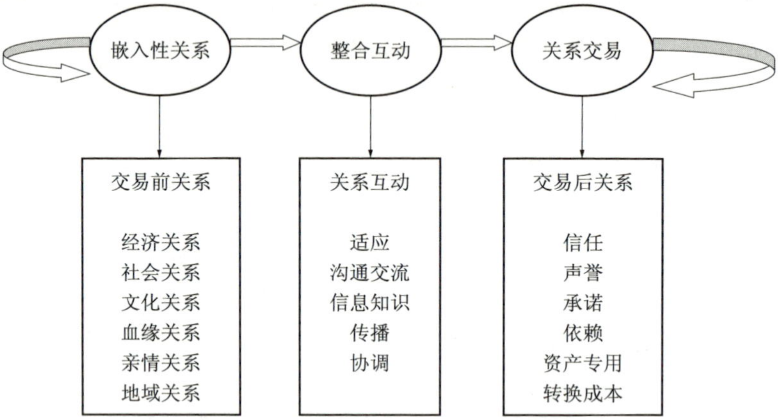

图7－4　网络组织治理的基本模式

在网络组织治理制度中，决策制度、激励制度和监督制度与一体化企业治理制度完全不同。企业治理制度是一种制度化的，通过授权有专门机构各司其职；而网络组织的决策制度由成员的关系影响力（交易前关系与交易后关系）大小决定其决策权大小。领导型网络组织中的核心企业决策整个网络的重大事项；非领导型网络组织其重大事项的决策由具有平等影响力的成员共同决策。网络组织的决策、激励和监督过程就是成员之间的整合互动过程，三者之间并没有明显的界限区分，是相互融合的过程。比如关系互动的适应、沟通和协调过程就是网络组织的决策过程；网络成员交易后获得的信任、依赖、声誉等关系是对成员很好的激励；而交易后获得的承诺、资产专用和转换成本关系，是对成员的监督或约束。因此，网络组织治理制度是以交易前关系为基础，然后通过成员之间的整合互动形成交易，交易后关系是前一次交易的激励，同时也是下次再交易的约束与条件，关系贯穿于网络组织治理的全部过程。

第二节　职业年金治理

一、职业年金组织的性质

职业年金治理，本质上是一种网络组织治理。由于职业年金经营动机、参与主体之间关系所具有的特殊性，决定了职业年金网络组织治理的特殊性。那么，职业年金网络组织是一个什么样的组织？大体来讲，在组织动机上，它是一个非营利性组织；法律地位上，它是个非法人组织；在经济学理论上，它是中间性网络组织，如图7－5。

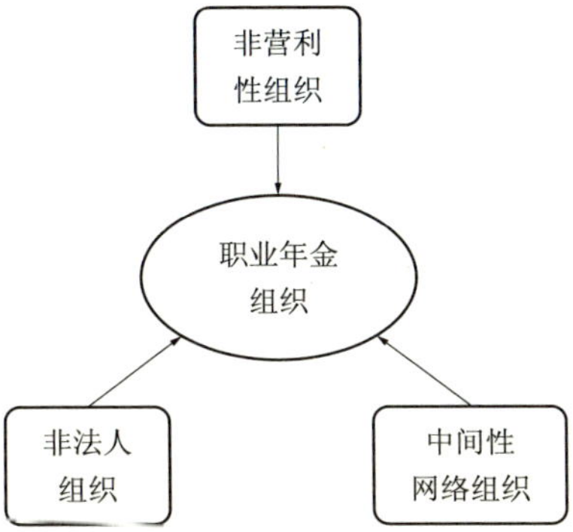

图7－5　职业年金组织的性质

（一）非营利性组织

组织的营利性或非营利性，主要是从组织动机的角度进行界定：营利性组织以利润为经营目标，为股东或所有者创造利润是组织存在和发展的宗旨；非营利性组织不以利润为动机，以社会效益为宗旨，为社会提供服务是其目标。非营利性组织一般具有以下三个特征：①不以营利为目的，这是区分营利性组织和非营利性组织的最重要标准。非营利性组织的经营过程是以社会效益为其存在和发展基础，但也并不是说不可以有经营利润，取得一定的经营利润以维持组织正常经营与发展，是非营利性组织的基本需求。②非分配的限制。非营利性组织取得的收入、利润或组织财产在经营过程中，不得分配给股东、所有者或经营管理者，必须进行积累或为组织宗旨与目标服务。③在经营过程中政府给予一定程度的税收优惠政策。

职业年金建立的动机是为了解决社会养老问题，职业年金运营目标是积累养老金为企业职工退休生活提供经济保障，因此，从职业年金建立与运营动机、目的等角度看，它不具有营利性。除了不以营利为目的外，职业年金运营过程中获得的收入、利润或财产不进行分配，而是积累到职工退休后，以退休金形式发放。职业年金运营过程享受一定的政府税收优惠政策也符合非营利性组织特征。

（二）非法人组织

职业年金组织是一个契约型基金组织，法律上如何对这样的组织定性呢？当基金以基金会的组织形式进行管理时，基金会往往以财团法人或社团法人的形式存在；而当基金以公司的组织形式进行管理时，公司是以经济法人实体存在。信托契约型的职业年金基金以什么组织形式存在，目前还没有统一的定性。首先，信托契约型的职业年金基金不是公司组织形式。如果赋予职业年金基金以基金会法人地位的话，应该属财团法人或是社团法人？财团法人和社团法人的区别在于，前者没有成员而后者有成员，财团法人有财产，社团法人没有财产。职业年金基金有成员且有财产，因此，既不属于财团法人也不能归类于社团法人。事实上，世界上许多国家没有赋予职业年金组织上的法律地位，也就是说，它是一个非法人地位的组织。

我国《民法通则》38 条对法人的定义是，“法人是具有民事权利能力和民事行为能力，依法独立享有民事权利和承担民事义务的组织”。38 条规定法人具备的条件：①依法成立；②有必要的财产或者经费；③有自己的名称、组织机构和场所；④能够独立承担民事责任。职业年金组织是通过契约关系由不同的金融机构共同运营与管理的组织，它虽然有自己的独立财产、名称和组织机构，但它不能独立享有民事权利和承担民事责任，显然不符合法人条件。

（三）中间性网络组织

根据经济理论解释，中间性网络组织是一种既不同于市场也不同于企业科层的组织形式，它是一些独立的企业通过正式契约和非正式契约，所构成的相互依赖、共担风险的长期合作的交易模式。中间性网络组织是介于市场和企业组织中间的一种组织形式。中间性网络组织最主要的特征：它是由独立的企业组织通过一定的关系联系在一起，形成的非一体化组织，不具有独立的法律地位。

职业年金组织属于中间性网络组织。首先，它不属于企业组织形式。企业组织一般有独立的法律地位，能够独立承担民事责任和义务，并独立享有民事权利。而职业年金基金组织不具有独立的法律地位。其次，职业年金组织，是以受托人为核心，基金保管人、基金投资人和账户管理人等不同金融机构，通过信托契约和委托代理契约关系形成的一种组织形式，符合现代经济学对中间性网络组织的解释。

二、组织治理比较

职业年金组织与企业组织、一般性网络组织有什么区别和相同之处？通过它们之间的比较，可以更清楚地知道如何对职业年金组织进行治理。

（一）职业年金与企业比较

本文从组织形成依据、组织资产构成方式、组织内在的委托代理关系等方面，对职业年金组织和企业组织进行比较。表7－2为两者之间相同之处和不同之处。

表7－2　职业年金组织与企业组织比较

比较项目		职业年金组织	企业组织
相同之处	组织依据	年金计划或方案	组织章程
	所有权益	受益人权益	股东权益
	组织资产	企业或职工缴费形成	股东投资形成
	组织治理	所有权与经营管理权分离	所有权与经营管理权分离
	组织内在关系	双层委托代理关系	双层委托代理关系
不同之处	组织资产	连续不断地缴费形成	一次性投入形成
	组织目标	解决企业职工养老	股东利益最大化
	经营方式	安全稳妥	积极开创性
	委托代理关系	第一层：信托关系 第二层：代理关系	第一层：代理关系 第二层：代理关系
	经营活动	仅有交易性活动	生产活动和交易性活动

1. 相同之处

（1）从基本情况看。企业设立有企业章程，职业年金有职业年金方案或计划；企业有股东投资，职业年金有雇主和雇员的缴费；企业股东享有股东权益，职业年金缴费者享有受益权益；企业有股东投资和经营所得形成的企业资产，职业年金的资产由缴费和投资收益组成；企业以股东利益最大化为经营目的，职业年金以受益人的退休养老保障为经营目的；企业与职业年金都实行财产所有权与经营管理权的分离制度。

（2）从组织内在的委托代理关系角度看，企业和职业年金，都实行双层次的委托代理关系，如图7－6。企业内部的委托代理关系：股东大会与董事会之间的委托代理关系；董事会与经理层之间的委托代理关系。职业年金的委托代理关系：建立职业年金的企业及其职工与受托人之间的委托代理关系（指经济学上委托代理关系，在法律上是信托关系）；受托人与其他参与主体之间的委托代理关系。

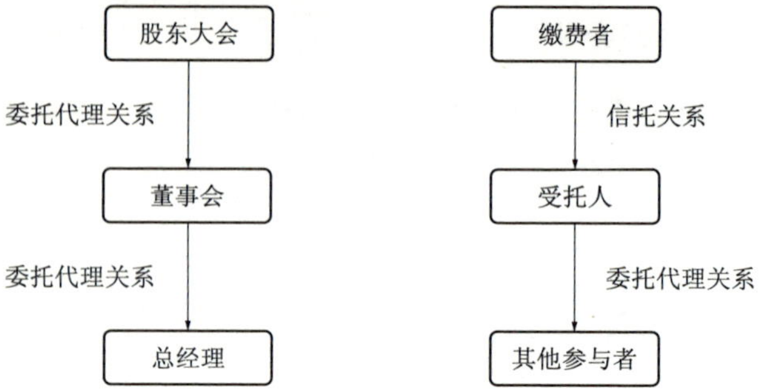

（1）企业的委托代理关系　（2）职业年金的委托代理关系

图 7－6　两种组织治理比较

2. 不同之处

（1）从基本情况看。组织资产构成方式不同：股东对企业投资是一次性的，而职业年金的缴费则是连续不断的。财产所有人享受的权益不同：企业中的财产所有人根据自己的投资额，获得相应的企业股息或利润分配，而职业年金中只有职工可以获得基金财产的受益权，作为缴费者之一的企业没有受益权，并且其拥有的财产所有权及其相应的权益要逐步转移给职工。组织宗旨和目标不同：企业的宗旨是股东利益至上，其目标是股东利益最大化，职业年金的宗旨是解决社会养老问题，其目标是为企业职工退休养老做资金准备。经营管理方式不同：企业为了追求利润可以采取积极冒险的经营管理方式，而职业年金是为职工的退休养老而经营，必须采取谨慎稳妥的经营管理方式。

（2）从组织内委托代理关系角度看。企业和职业年金虽然都是双层次的委托代理关系，但关系的内容和参与主体的性质却完全不同。在企业的委托代理关系中，股东大会与董事会之间是法律意义上的一般委托代理关系，而在职业年金中，缴费者与受托人之间的委托代理关系，属于法律上的信托关系。在法律意义上，一般的代理关系和信托关系在性质上有本质的区别，表 7－3 列出了一般代理关系和信托关系的不同。企业的代理人是由自然人组成的董事会和经理管理团队，职业年金的代理人，是受托人和参与经营管理的金融机构，一般是具有规模实力和专业经验，符合一定资格条件的企业法人。

3）大多数企业既有生产性活动也有交易性活动，而职业年金没有生产性活动仅有交易性活动。

表 7－3　一般代理关系和信托关系的区别

比较项目	信托关系	代理关系
控制边界的区别	控制权与受益权分离	控制权与受益权结合
	受托人以自己名义从事经营活动	代理人以委托人名义从事经营活动
	委托人对受托人的经营活动不得随意干涉	代理人受委托人严格监控，只能在授权范围内活动
	信托关系一旦建立，解除条件比较严格	代理关系的解除条件相对宽松
管理范围的区别	信托对财产管理范围比较宽，具有转移财产和管理财产的双层功能	代理对财产管理范围较窄，仅有管理财产的功能，没有转移财产的功能
	信托是一种长期财产管理制度	代理是一种相对短期的财产管理制度
	受托人独立管理财产	代理人与委托人共同管理财产
保护机制的区别	信托财产要独立运营，必须与委托人＼受托人等财产相分离；信托财产不因受托人的债权债务受追诉	代理管理的财产只要求与委托人的财产相分离；代理财产可以与代理人的财产共同运营；法律对代理财产没有特别规定

（二）职业年金与网络组织比较

从法律地位、组织性质、组织目标和组织内在关系四个方面，比较两种组织之间的相同之处和不同之处，如表 7－4。

表 7－4　职业年金治理与网络治理比较

比较项目		职业年金基金组织	网络组织
相同之处	法律地位	非法人组织	非法人组织
	组织性质	金融机构之间通过契约关系组成的中间性组织	不同类型企业通过嵌入性关系组成的中间性组织
不同之处	组织目标	解决企业职工退休养老问题	网络成员利益最大化
	组织关系	委托代理关系	各种嵌入性关系

1. 相同之处

职业年金与一般性网络组织，都是由不同的法人企业构成的非法人组织，在法律上不具有法人地位。在组织性质上，两者都属于中间性经济组织。实际上，在职业年金中，基金保管人、基金投资人和账户管理人是以受托人为核心形成的一种网络组织。

2. 不同之处

经营目标不同：职业年金是为参加职业年金的职工养老保障而经营，一般性网络组织是为网络成员（企业）的利益而经营。由于目标不同，因此两者采取的经营管理方式也不同：职业年金一般采取谨慎、稳健的经营管理方式，一般性网络组织为了取得更高的利益可以冒一定的风险。组织内在关系不同：职业年金是通过不同层次的委托代理关系把参与主体联系在一起，而一般性网络组织是通过复杂的“嵌入”性关系把成员联系在一起。

（三）比较结果

通过上述职业年金与企业、一般性网络组织的比较（表 7 – 5 为三种组织的比较），可以得出以下结论：

从组织基本特征上看，职业年金与企业组织有更多相同之处；

从组织内在关系上看，职业年金与企业组织具有相似的双层委托代理关系；

从组织性质上看，职业年金与网络组织都是由不同法人企业组成的非法人地位、中间性网络组织。

表 7 – 5　三种治理形式的特征比较

比较项目	企业组织	职业年金基金组织	网络组织
组织目标	股东利益	基金所有人利益	网络成员利益
组织性质	法人企业	中间性网络组织	中间性网络组织
组织结构	“三会四权”结构	“两会四权”结构	关系结构
组织成员	自然人	金融企业	一般企业
运营管理	行政权威关系	契约关系	“嵌入性”关系

三、职业年金治理

通过比较了解到：从组织性质上看，职业年金虽然是网络组织的一种，但从组织基本特征及组织内在关系上看，与企业有更多相同之处。因此，对职业年金治理，应该在网络治理理论的基础上，可以更多借鉴企业治理理论。在科斯看来，企业是对市场的替代是市场上一系列短期契约被企业这个长期契约所替代，科斯认为契约是企业的本质，企业治理也是契约的治理。因此，本文认为职业年金应该更多以契约关系进行治理。

（一）职业年金治理的特殊性

经济活动一般包括两个层面：一是生产性活动，是人与人之间的技术性关系；二是交易性活动，是人与人之间的社会性关系。不论是生产性活动还是交易性活动，都通过契约把人与人之间的关系联系起来。劳动契约或委托代理契约把人与人之间的技术性关系联系在一起，交易契约把人与人之间的社会性关系联系在一起。职业年金活动也不例外，在组织内部主要表现为参与主体之间的委托代理契约，在组织外部则主要表现为基金投资的交易与结算等交易性契约。因此，对职业年金的治理，本质上就是对契约的治理。

一般来讲，企业所涉及的治理主体包括股东、经营管理者、债权人、雇员等。与企业比较，职业年金的治理主体，没有债权人和雇员，主要有缴费主体和经营管理者，即委托人和代理人。但由于职业年金是为解决职工的退休养老问题而建立，负担更多的社会责任，因此，政府有责任保证职业年金的良好运营，政府也是职业年金治理主体之一。治理主体的有限理性、契约的不完备性和信息不对称性等，导致委托代理关系产生道德风险和逆向选择等问题。因此，职业年金治理就是对参与职业年金运营与管理的代理人进行必要的激励与约束，使职业年金基金能够保值增值，能以最小的成本获得较高的投资回报。治理的核心问题就是基金资产的剩余控制权与剩余索取权达到有效配置。剩余控制权与剩余索取权配置应当遵循两个基本原则：效率原则和公平原则。从效率原则看，剩余控制权应当配置给拥有信息、专业能力、经营管理经验等优势一方。与缴费者比较，基金管理人处于市场第一线，掌握及时、充分的信息。基金管理人的人力资本集中体现在对市场的洞察力和判断力，他们有较高的投资决策能力。因而，基金管理人理所当然地拥有对基金资产运用的剩余控制权。从公平原则看，剩余索取权应该配置给承担主要风险的一方，职工是职业年金主要风险的承担者，因此，剩余索取权应该配置给职工。如何使基金的剩余控制权和剩余索取权达到有效平衡，是职业年金治理的主要内容。

职业年金治理结构设计，在借鉴企业治理理论和网络治理理论的基础上，还必须充分考虑其自身的特殊性。首先，信托契约的特殊性。在信托关系中，由于存在财产转移和法律法规赋予受托人比代理人更大的剩余控制权，职业年金受益人须承担更大风险。设计职业年金治理结构时，不能超越法律法规限制受托人的剩余控制权。因此，只有通过严格的监督机制以及透明的信息披露机制，才能监控受托人及其代理人的行为。其次，非法人地位的特殊性。法律上的非法人地位意味着职业年金不具有独立承担民事责任和义务。在信托关系下，受托人的核心地位和法律法规赋予其充分的剩余控制权，决定了受托人在职业年金运营过程中必须具有充分的信赖义务与忠诚义务。第三，中间性网络组织的特殊性。中间性网络组织与企业不同之处在于，企业治理主体和治理对象是以自然人形成的委托代理关系为主，而中间性网络组织的治理主体和治理对象，是以法人机构形成的委托代理关系为主，因此，在设计职业年金治理结构时，必须考虑个体理性与团体理性的区别。

（二）职业年金治理结构

组织治理结构框架的设计，一般包括两方面的内容：一是由治理主体之间的委托代理关系形成的治理基本结构；二是相应的治理制度，主要包括决策制度、激励制度、约束制度、信息披露制度、内控制度以及受托人的信赖义务等。

1. 治理基本结构

职业年金治理结构基本框架设计，以其委托代理关系为基础，借鉴企业的“四权三会”治理结构进行设计。

（1）职业年金理事会对应企业的股东大会，代表缴费的企业与职工拥有基金资产的所有权，并有职业年金运营的最终控制权；

（2）职业年金受托人对应企业的董事会，拥有实际控制权；

（3）职业年金的基金保管人、基金投资人和账户管理人等其他参与机构，对应企业的经理团队，拥有经营管理权。

这样一来，职业年金理事会是职业年金财产所有人的一级代理人，受托人是二级代理人，基金保管人、基金投资人和账户管理人等其他参与主体，是三级代理人。首先，职业年金所有人通过委托代理关系把资产运营管理权委托给理事会。理事会由资产所有人、外部专家等共同组成，是运营的最高决策机构。其次，理事会通过信托关系把实际运营管理权信托给受托人，同时，理事会负责监督受托人。受托人一般是专业金融机构，具有独立法人资格。第三，根据理事会与受托人的约定（一般情况下法规也强制性规定），受托人必须把职业年金基金的保管权委托给商业银行或专业托管机构等托管人。根据专业能力和经验，受托人可以自己负责职业年金基金的投资运营，也可以委托外部专业投资机构负责职业年金基金的投资运营。基本结构框架如图 7－7。职业年金理事会、职业年金受托人和职业年金基金托管保管人、基金投资人、账户管理人等参与主体，共同构成了职业年金治理结构框架。理事会受财产所有人委托，负责选择受托人、监督受托人并有重要决策权；受托人具有运营管理的实际控制权，并承担最终责任；职业年金基金托管人负责基金资产的实际保管。

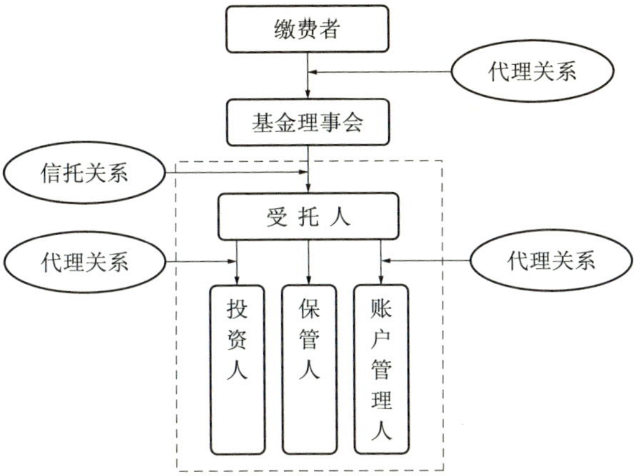

图 7－7 职业年金治理结构

职业年金治理结构的设计虽然借鉴了企业的“四权三会”治理结构，但两者之间有本质上的区别，主要体现在以下两个方面：

（1）企业治理结构中，董事会与总经理之间是内部契约型（体现在组织章程中）的委托代理关系；职业年金治理结构中，理事会与受托人之间是正式的法律信托关系（明确的法律契约）。而委托代理关系与信托关系有本质上的不同。

（2）企业治理结构中，总经理和职能部门经理等经营管理团队，由自然人构成；职业年金治理结构中，受托人及其代理人不是自然人，是企业法人机构，它们共同构成一个金融企业网络（图中的虚框内）负责职业年金的经营与管理。

2. 决策制度

职业年金治理的决策制度，类似于企业治理的层级决策制度，由委托人、理事会、受托人和受托人的代理人，共四层决策机构组成，如图7－8。

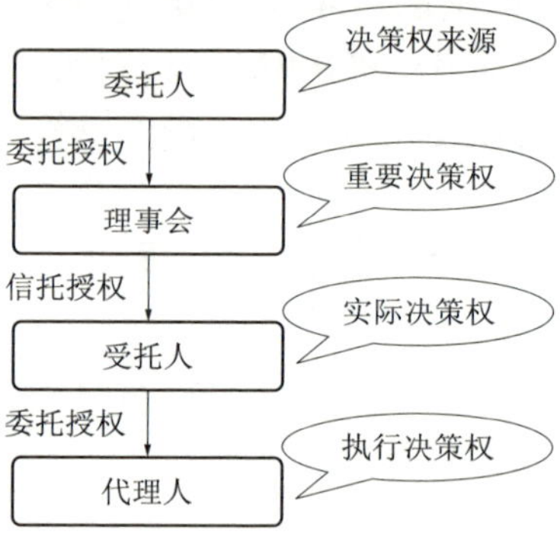

图 7－8　职业年金治理的决策制度

企业和职工是职业年金基金财产所有人，拥有基金财产所有权。因此，在决策制度中，企业和职工的基金财产所有权，是整个决策制度的权力根源，拥有组织运营的最高决策权。其权力体现：①职业年金计划是职业年金运营的章程，企业与职工决定职业年金计划的内容，并对职业年金计划方案拥有批准权或否决权；②企业与职工决定职业年金理事会的构成，并委托授权职业年金理事会代表企业与职工的共同利益，全面负责职业年金运营管理事务。

职业年金理事会通过企业与职工的授权获得决策权力，是企业与职工的一级代理人。其决策权力体现：①决定职业年金受托人；②决定职业年金基金投资策略、方针和政策；③监督职业年金受托人的行为，当发现受托人的行为不符合职业年金受益人利益时，解除与受托人的合约。

职业年金受托人相当于企业组织结构中的董事会，只不过受托人是法人金融机构，而一般企业的董事会由自然人构成。受托人通过理事会的信托契约关系获得授权。受托人依据信托法律关系，从职业年金理事会手中受让职业年金基金财产，受托人成为职业年金运营过程中最终责任承担者，是职业年金运营的决策中心。同时，职业年金理事会的决策权力就相应地减弱。如果说，在选定受托人之前，理事会是重要决策者，那么签订完信托合同之后，理事会的重要决策者地位就让位于受托人。此时，理事会从一个重要决策机构转变为独立监督机构。

职业年金受托人获得了实际运营决策权后，作为一个法人金融机构，有些职能受托人可以自己运营与管理，有些职能受托人没能力运营与管理，而有些职能法律法规要求必须由专业机构运营与管理。因此，受托人就面临把部分职能再委托给胜任的专业机构负责管理。比如，银行作为职业年金受托人的话，账户管理和基金保管是银行的特长，自己可以兼任，银行既可以担当受托人，又可以担当账户管理人与基金托管人，而基金投资业务不是银行的专长。因此，银行应该再委托专业的基金管理公司负责职业年金基金投资业务。如果是保险公司做职业年金受托人的话，情况又不一样，账户管理和投资业务，保险公司都有能力运营与管理，而基金保管业务由商业银行或专业托管机构负责，因此，保险公司作为受托人可以兼任账户管理业务、基金投资业务，但必须把基金托管业务再委托给专业托管机构运营与管理。实际上，职业年金基金组织的日常运营，是由受托人和受托人的代理人组成的金融企业网络共同完成。在这个金融网络的日常运营决策体系中，受托人的代理人相当于网络中的“分包商”，具体执行“主承包商”——受托人分配的任务，因此，代理人的决策地位非常低，这主要看受托人授权程度，授权程度高代理人有较大决策权，反之，代理人决策权就小。

3. 激励制度

激励制度是解决组织效率问题和如何调动组织成员积极性的问题。对一个经济组织来讲，剩余索取权激励是最基本也是最主要的激励制度。那么，对于职业年来讲则是例外。为什么这样讲，是因为职业年金不仅是一个经济性组织，更多表现为一个社会性组织或者说是非营利性组织。非营利组织最主要特征是不进行剩余分配，也就是说，组织经营利润不得分配给股东和经营管理人员。没有剩余索取权激励，这一点是职业年金区别于一般性经济组织之处。

职业年金的激励都有哪些呢？这主要看组织结构特征，因为，激励制度主要是针对运营管理机构及其工作人员。我们已经了解到，职业年金的最主要的结构特征是日常运营网络化，即运营与管理不是由企业内部职能来完成，而是由不同金融机构组成的金融网络完成。因此，其激励制度除了没有组织剩余索取权外，其他激励制度与网络组织激励制度基本相同。主要包括报酬激励、声誉激励、信任激励等。报酬激励是指物质方面的激励。参与职业年金运营的金融机构获得的报酬，必须大于其支出成本。根据美国行为科学家弗雷得里克·赫茨伯格提出的双因素激励理论，职业年金基金组织的报酬激励属于“保健因素”——参与主体最基本报酬要求。我国《企业年金基金管理试行办法》关于企业年金运营主体报酬激励的规定：“受托人提取的管理费不高于受托管理职业年金基金财产净值的0.2%；账户管理人的管理费按每户每月不超过5元人民币的限额，由设立职业年金计划的企业另行缴纳；托管人提取的托管费不高于托管职业年金基金财产净值的0.2%；投资管理人提取的管理费不高于投资管理职业年金基金财产净值的1.2%。”且不论这些规定是否合理，但从激励制度来讲是一种限制性的固定支付形式。这说明，一方面，不存在组织剩余索取权问题，另一方面，《企业年金试行办法》制定者的初衷，是让参与主体获得的报酬不要太多。声誉激励是网络组织非常重要的激励制度，网络成员只有具备良好的声誉或信誉，才能获得与其他网络成员继续合作的机会。在职业年金运营过程中，不同金融机构之间的良好沟通与合作，是职业年金有续发展的基础，是职业年金运营获得高效率和高效益的有力保证。网络运营其实是一种团队协调与合作的运营，任何一个成员不合作或与其他成员在业务能力上有明显差距，都会使得整个团队经营效率与效益打折扣，这就是我们常说的“木桶效应”。因此，任何参与职业年金运营的金融机构，如果在态度上或能力上出现不良声誉，那就意味着它在这个行业难以再存活下去。信任激励与声誉激励之间的联系比较密切，一般情况下，网络成员如果有良好声誉，成员之间信任感就会增强，反之，则会减弱。但信任激励与声誉激励又有区别，除了良好声誉会增加信任之外，长期合作关系、亲情关系、朋友关系、行业关系、地域关系等社会关系，都影响着网络成员之间的信任程度。“嵌入性”的社会关系，对职业年金理事会选择受托人与受托人选择账户管理人、投资管理人、基金托管人等代理人，有着重要影响。

4. 监督体系

监督制度解决运营流程中决策风险、执行风险和工作人员道德风险等问题。监督制度一般有组织内部监督和外部监督之分。内部监督主要通过政策、制度和组织结构等安排。有专门的监督机构对整个组织全面、独立监督；有内部上下级之间的层层监督和同级之间的相互监督等一整套监督体系。外部监督主要有法律法规、政策、行政等政府监督，行业协会的自律监督，社会中介机构的委托监督，以及来自社会方面的道德监督、社会责任监督等。图7-9为职业年金的监督体系。

在该图中，虚框内为内部监督，虚框外为外部监督。内部监督主要由上下级监督、同级监督和独立监督三种监督措施。上下级监督由委托人对理事会的监督、理事会对受托人的监督和受托人对其代理人的监督共三级；同级监督由账户管理人、投资管理人和基金托管人相互之间的监督；职业年金理事会选定了受托人，并与受托人建立了信托法律关系后，由主要决策者转变为独立监督者。一方面对受托人进行监督，另一方面对账户管理人、投资管理人和基金托管人进行监督。

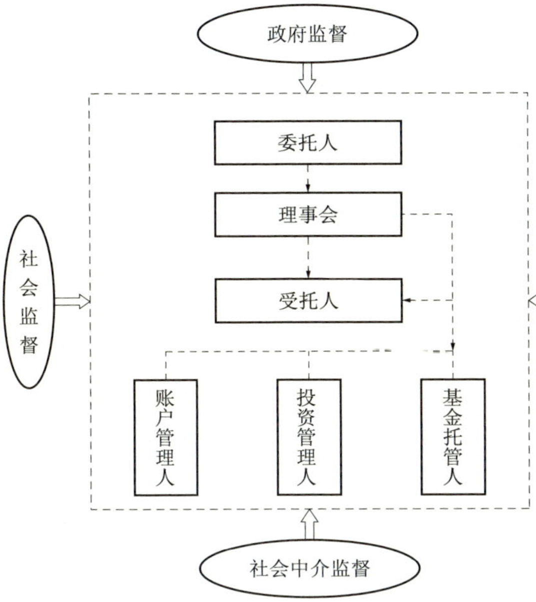

图7-9　职业年金治理的监督体系

职业年金日常运营过程中主要体现在受托人对其代理人的监督，以及账户管理人、投资管理人和基金托管人等代理人之间的相互监督，尤其受托人的监督责任重大，因为，受托人对职业年金运营负有最终法律责任。账户管理人、投资管理人和基金托管人等代理人之间通过完善的制度安排，形成相互制约、相互监督的关系。比如账户管理人通过与托管人核对缴费数据、基金财产变化等方式，监督基金托管人；通过对职业年金基金会计核算、估值、复核、审查基金财产净值，对投资管理人监督；基金托管人通过核对有关数据，监督投资管理人的投资运作和账户管理人的账目情况等。

职业年金外部监督以政府监督为主。社会劳动保障部门是职业年金运营的行政监督机构。由于参与职业年金运营涉及银行、保险、证券、信托、基金等不同性质的金融机构，所以，银行监督管理部门、保险监督管理部门、证券监督管理部门等金融监督部门，也参与职业年金运营的监督。在国外，职业年金运营一般都有税收优惠政策，因此，政府税收管理部门也有权监督职业年金运营。社会中介机构如会计师事务所、法律事务所等受委托人的委托，对职业年金管理绩效进行评估以及对职业年金基金财务报告进行审计等工作，起一定的外部监督作用。

5. 信息披露制度

信息披露是解决委托人与代理人之间因信息不对称，造成的道德风险和逆向选择风险问题的有效手段。公开、透明的信息披露，一方面可以有效保护职业年金受益人的利益，另一方面能起到监督代理人行为的作用。因此，信息披露制度是职业年金基金组织治理的重要组成部分。

信息披露有代理人的“自愿性”信息披露和强制性的信息披露。“自愿性”信息披露指代理人自愿或通过与委托人谈判，选择信息披露的方式，包括信息披露的内容、披露时间与披露方式等。强制性的信息披露主要是通过法律法规或政府监管机构，对信息披露进行统一的规范，即建立信息披露制度。代理人从自身利益的考虑，不可能自愿披露信息，即使自愿披露也是选择有利于自己的信息进行披露。因此，信息披露制度主要是强制性信息披露，或者委托人通过一定的契约安排要求代理人进行信息披露。

信息披露的基本原则是，代理人对信息披露必须做到披露的信息没有虚假、严重误导性陈述或重大遗漏，保证披露信息的真实性、合法性和完整性。职业年金基金积累模式下的信息披露制度，应该有以下几个方面的规范性内容：①信息披露方式，受托人应该向委托人（职业年金管理委员会或理事会）和政府监管机构定期披露信息，基金保管人、基金投资人和基金账户管理人向受托人披露信息；②信息披露内容，应该包括财务报告和运营管理报告；③披露时间，应该有季度信息披露、半年信息披露和年度信息披露。

6. 受托人的信赖义务

受托人的信赖义务是职业年金基金组织治理特有的制度，这主要因为以下三方面的原因：①在职业年金基金组织的委托代理关系中，信托关系是契约关系的核心，而受托人对职业年金的运营与管理，起着承上启下的关键作用。②与一般的委托代理契约比较，在信托契约中受托人拥有更多的决策权和财产处置权，委托代理导致的道德风险和逆向选择风险更为突出，因此，受托人必须比一般的代理人有更高的道德要求和可信赖度。③职业年金基金组织是一个非法人地位的组织，不能独立承担民事责任和义务，受托人承担了法人应该承担的责任和义务。

信托的本质就是因信任而委托，因此，受托人必须具备基本资格要求，那就是可信赖，或者说，信托人必须具有信赖义务。信赖义务包括忠实义务和注意义务。忠实义务是对受托人道德方面的要求，注意义务是对受托人职责方面的要求。

信托法对受托人的忠实义务有一般的要求：①受托人管理信托财产只能为了受益人的唯一利益，受托人不能使自己的利益与受益人的利益处于竞争状态。②受托人在进行交易时，必须公平交易，并向受益人披露受益人想知道或应该知道的与交易有关的信息。

注意义务要求受托人行使职能时必须尽责。一般信托法要求受托人的注意义务“应像一个谨慎的商人管理自己的事务那样处理一般信托事务”。注意义务包含两方面的内容：一是受托人工作态度方面的要求；二是受托人技能和判断能力方面的要求。由于职业年金养老保障的特殊性，要求受托人在工作态度上采取审慎管理原则。所谓“审慎”不是指工作态度上不积极、不主动，而是指受托人在处理职业年金事务时要小心谨慎，不要因追求利润最大化而冒风险，尤其是在进行职业年金基金投资时。具体来讲，受托人的注意义务大致包括以下五个方面：①对投资组合风险程度的义务。受托人在进行职业年金基金投资时，要合理配置风险，通过不同风险的投资配置达到控制风险的目的。资产投资的风险配置要考虑未来养老金的支出，以及避免市场不景气使职业年金资产遭受损失。②分散投资风险的义务。现代投资理论把投资风险分两大类：特定风险和系统风险。前者可以通过分散投资的方式消除风险，后者则难以通过分散投资方式而减少。对于可以分散的风险，受托人有分散投资风险的义务。③审慎和公平的义务。因职业年金中的受益人比较多，要求受托人对待不同受益人必须公平处理。④授权义务。传统信托法强调对受托人个体信赖，要求受托人必须自己单独处理信托事务。现代信托法改变了这项规定，赋予受托人可以把信托事务委托他人代理的权利。在职业年金基金组织中，受托人可以作为委托人授权其代理人（基金投资人、基金保管人和账户管理人），代为处理信托事务。这就要求受托人在选择代理人，以及向代理人授权时必须采取审慎原则，不能因代理人的行为而损害职业年金受益人的利益。⑤注意成本的义务。受托人处理信托事务时，必须进行成本收益分析。

第三节 我国企业年金解析

2004 年《企业年金试行办法》的出台是我国企业年金发展过程的“分水岭”。《企业年金试行办法》明确规定：我国企业年金采取基金积累模式。本节从模式类型与治理制度两个角度，具体分析我国企业年金治理存在的问题并给出建议。

一、基本模式分析

企业年金中存在双层的委托代理关系，第一层是委托人（企业与职工）与受托人之间的信托关系；第二层是受托人与其代理人之间的代理关系。因此，根据委托人与受托人之间的信托关系不同，以及受托人与其代理人之间的代理关系不同，可以把企业年金的模式划分为不同类型。

（一）治理模式类型

1. 理事会受托模式和法人机构受托模式

在第一层的信托关系中，我国《企业年金试行办法》规定两种类型的受托模式：企业年金理事会受托模式和法人机构受托模式。《企业年金试行办法》中第十五条规定："建立企业年金的企业，应当确定企业年金受托人（以下简称受托人），受托管理企业年金。受托人可以是企业成立的企业年金理事会，也可以是符合国家规定的法人受托机构。"

企业年金理事会受托模式是指举办企业年金的企业和参与企业年金的职工，共同组成一个企业年金理事会作为受托人，受托人具体负责企业年金运营与管理的相关事务。法人机构受托模式是指由具有法人地位的金融机构作为受托人，具体负责企业年金的运营与管理。

2. 部分职能分离模式与全部职能分离模式

企业年金模式中的运营与管理职能，主要有三种：基金保管职能、基金投资职能和账户管理职能。因此，在第二层的委托代理关系中，存在受托人如何对三种职能进行委托的问题，即全部委托还是部分委托，由此又产生了两种模式：部分职能分离模式与全部职能分离模式。如果受托人把基金保管职能、基金投资职能和账户管理职能的一部分，委托给其代理人，就称为部分职能分离模式；相反，如果受托人把基金保管职能、基金投资职能和账户管理职能，全部委托给其代理人，称为全部职能分离模式。

《企业年金试行办法》关于职能分离有如下要求：①受托职能和投资职能必须与基金保管职能分离。具体规定是：《企业年金试行办法》第十九条："受托人可以委托具有资格的企业年金账户管理机构作为账户管理人，负责管理企业年金账户；可以委托具有资格的投资运营机构作为投资管理人，负责企业年金基金的投资运营。受托人应当选择具有资格的商业银行或专业托管机构作为托管人，负责托管企业年金基金。"《企业年金基金管理试行办法》第四十五条："投资管理人与托管人不得为同一人，不得相互出资或相互持有股份。”这两条规定包括的含义有两层，第一层含义是受托人必须把基金保管职能委托出去，第二层含义是投资职能和基金保管职能不可以由同一个代理人代理。②企业年金理事会不具有法人资格，不能从事经营活动。具体规定体现在《企业年金试行办法》第十七条：“企业年金理事会除管理本企业的企业年金事务之外，不得从事其他任何形式的营业性活动。”其涵义是企业年金理事会作为受托人，必须把基金投资职能、基金保管职能和账户管理职能委托出去。

在《企业年金试行办法》和《企业年金基金管理试行办法》关于职能分离的要求下，由此可以做出以下判断：企业年金理事会作为受托人的情况下，是全职能分离模式；法人机构作为受托人的情况下，全职职能分离模式与部分职能分离模式并存。具体类型如表7－6。

表7－6　我国企业年金模式类型

受托人	类型	职能分离
理事会受托人	全分离型	受托、账户、投资、托管
		受托、账户兼托管、投资
		受托、账户兼投资、托管
法人机构受托人	全分离型	受托、账户、投资、托管
		受托、账户兼托管、投资
		受托、账户兼投资、托管
	部分分离型	受托兼账户、投资、托管
		受托兼投资、托管、账户
		受托兼账户兼投资、托管

（二）分析结论

1. 存在的问题

从治理模式类型的角度分析，我国企业年金治理主要存在的问题是，企业年金理事会作为受托人的问题和模式类型复杂的问题。

（1）企业年金理事会不具备受托人主体资格。

企业年金理事会不具有受托人法律上的主体资格。《信托法》第二十四条规定“受托人应当是具有完全民事行为能力的自然人、法人”。《企业年金试行办法》第十六条定义的企业年金理事会：“企业年金理事会由企业和职工代表组成，也可以聘请企业以外的专业人员参加，其中职工代表应不少于三分之一”。该规定表明理事会由自然人组成的团体，不是法人也不是自然人，不能独立承担民事责任和义务。

企业年金理事会不具有受托人经济能力上的主体资格。在以信托契约关系为基础的企业年金治理模式中，受托人拥有处理信托财产和运营管理的决策权，与其权力相匹配，受托人还要承担主要责任。因此，受托人必须有一定的资产赔偿能力。《企业年金基金管理试行办法》中，对法人机构受托人及其代理人都有一定的注册资本与资产规模要求，如表 7－7。

表 7－7　参与主体的资本金及资产规模要求

参与主体		注册资本	资产规模
受托人	年金理事会	\	\
	法人机构	不小于 1 亿	不小于 1.5 亿
基金保管人		\	不小于 50 亿
账户管理人		不小于 5000 万	\
基金投资人	综合类证券公司	不小于 10 亿	不小于 10 亿
	基金 \ 信托 \ 保险	不小于 1 亿	不小于 50 亿

而企业年金理事会不拥有任何财产，也没有注册资本和财产规模上的要求，如果因其过失造成企业年金的损失，它没有经济能力赔偿损失。也就是说，企业年金理事会作为受托人不承担企业年金运营的任何风险。

企业年金理事会不具有受托人专业能力上的主体资格。根据《企业年金试行办法》的规定，企业年金理事会是由企业和职工代表（不少于三分之一）组成，以及部分企业外聘请人员构成，除外聘人员具有专业能力外，企业和职工代表都不具备企业年金运营与管理的专业能力，这与受托人在企业年金运营过程中所担当的核心决策地位和承担的责任完全不符。

（2）治理模式类型复杂。

我国企业年金治理模式的类型，有企业年金理事会受托人和法人机构受托人两种受托模式，企业年金理事会受托模式下，有全部职能分离 3 种类型，法人机构受托模式下，有全部职能分离和部分职能分离，各 3 种类型，这样共有 9 种类型。这种复杂的治理模式设计，人为地增加了委托代理关系的复杂性和运营管理的困难，同时，还给监管、信息披露等方面带来不便。曾有国内学者评价我国的企业年金治理模式如"魔方"一般。因此，从制度设计上减少模式类型的复杂性非常必要。

2. 建议

根据上述分析本文做如下建议：

（1）取消企业年金理事会受托人的规定。既然企业年金理事会，不论从法律地位上，还是从经济能力和专业能力上，都不具备受托人的主体资格，就应该取消企业年金理事会受托人的规定。

（2）取消法人机构受托人的全部职能分离模式。法人机构作为受托人的全部职能分离模式下，受托人把基金保管、基金投资和账户管理职能，全部委托给其代理人，受托人仅作为决策中心的地位。然而，在一定的准入限制条件下，法人机构受托人不论在专业能力上，还是资产规模上并不比其代理人差，受托人没有必要把所有职能都委托出去。因此，在保证企业年金资产独立原则下，法人机构受托人除了必须把基金保管职能委托给代理人外，可以保留账户管理或基金投资管理职能。这样一来，我国企业年金治理模式，只有法人机构受托模式下的部分职能分离，共 3 种类型。既减少了模式类型的复杂化，又可以充分发挥法人机构受托人的专业能力与优势。比如商业银行有营业网点多、信息系统先进以及账户管理经验的优势，商业银行作为受托人就没必要把账户管理职能再委托出去。

二、我国企业年金治理分析

（一）治理结构

根据《企业年金试行办法》和《企业年金基金管理办法》的规定，我国企业年金治理结构基本框架如图 7－10 所描述。

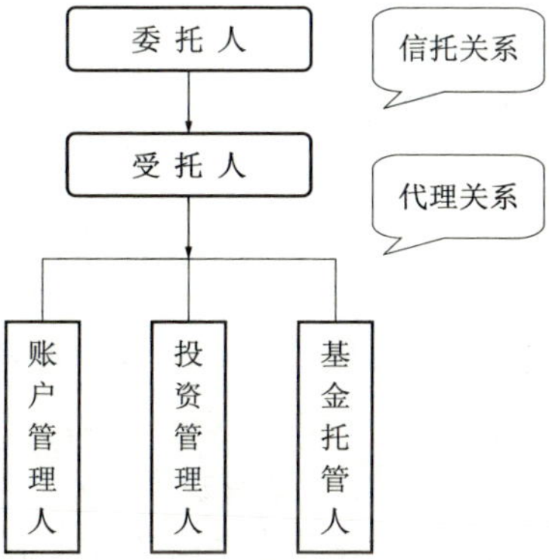

图 7－10 我国企业年金治理结构基本框架

1. 委托代理关系

在 7 – 10 图中，存在两层的委托代理关系，第一层的委托代理关系是委托人与受托人之间的信托关系，第二层委托代理关系是受托人与其代理人之间的代理关系。

《企业年金试行办法》第十五条规定：“建立企业年金的企业，应当确定企业年金受托人（以下简称受托人），受托管理企业年金。受托人可以是企业成立的企业年金理事会，也可以是符合国家规定的法人受托机构。”第十八条规定：“确定受托人应当签订书面合同。合同一方为企业，另一方为受托人。”第十五条规定了受托人有两种：企业年金理事会和法人受托机构。第十八条规定了信托契约的双方，分别是受托人和企业，也就是说，第一层信托关系中的委托人是企业。然而，《企业年金基金管理办法》关于信托契约的规定却有不同，其中第三条规定：“设立企业年金的企业及其职工作为委托人与企业年金理事会或法人受托机构（以下简称受托人），受托人与企业年金基金账户管理机构（以下简称账户管理人）、企业年金基金托管机构（以下简称托管人）和企业年金基金投资管理机构（以下简称投资管理人），按照国家有关规定建立书面合同关系。”这里规定了信托契约的委托人，是企业和职工，而不是《企业年金试行办法》规定的委托人，只有企业没有职工。

《企业年金试行办法》和《企业年金基金管理办法》虽然都明确了双层委托代理关系，但对第一层信托关系中的委托人却有不同的表述。

2. 治理结构分析

根据图 7 – 10 所描述的我国企业年金治理结构，比照企业治理结构，委托人作为信托财产的所有人相当于企业组织中的股东，应该拥有企业年金运营的最高决策权，受托人相当于企业组织中的董事会拥有实际决策权，代理人（基金保管人、基金投资人和账户管理人）相当于企业组织中的经理团队具有运营的执行权。

（二）分析结论

1. 存在的问题

（1）信托契约中的委托人主体不明确。《企业年金试行办法》和《企业年金基金管理办法》关于信托契约中委托人的规定不一致，造成法律上的责任与权利主体不明确。同时，如果按照《企业年金试行办法》所规定的，由建立企业年金计划的企业作为信托契约中的委托人，虽然解决了法律上的责任与权利主体问题，但企业只是基金财产所有人之一，更何况企业与职工的利益并不一致，职工的合法权益无法得到保障。另外，如果是《企业年金基金管理办法》所规定的，企业和职工作为共同委托人，职工作为自然人虽然能够成为法律上的责任与权利主体，但职工人数众多，个体差异性大，目标利益也不一致，很难形成统一的意见，因此可操作性差。

（2）在组织治理结构中，缺少代表资产所有人利益的最高权力机构和监督机构。

2. 建议

成立由企业管理人员、职工和外部专家组成的企业年金管理委员会（相当于《企业年金试行办法》规定的企业年金理事会），代表企业和职工的利益。企业年金管理委员会可以注册为社团法人，具有一定的法律地位，由企业年金管理委员会作为委托人与受托人建立信托契约关系。

（1）企业年金管理委员会作为委托人，解决了信托契约中法律主体不明确的问题。

（2）企业年金管理委员会主要由企业和职工共同构成，能够代表企业年金基金财产所有人的利益，可以有效保障职工受益人的合法权益。

（3）在治理制度中，企业年金管理委员会代表基金财产所有人的利益，可以作为最高决策机构，起到企业组织中的股东大会的作用。同时，企业年金管理委员会也可以起到监事会的作用，监督受托人和其他代理人。

参 考 文 献

［1］国家统计局网站［EB\OL］. http：//www. stats. gov. cn/tjsj/ndsj/.

［2］郑伟. 中国社会养老保险制度变迁与经济效应［M］. 北京：北京大学出版社，2009：16－35.

［3］刘贵平. 养老保险的人口学研究［M］. 北京：中国人口出版社，2009：12－23.

［4］劳动和社会保障部中国养老保险基金测算与管理课题组. 中国养老保险基金测算与管理［M］. 北京：经济科学出版社，2011：25－68.

［5］Milton Friedman. Private Pension Funds Structure，Performance and Investments. Cross-country Evidence［C］. Social Protection Discussion Paper Series. 2010：361－368.

［6］李宾. 中小企业治理制度优化研究［D］. 沈阳：东北财经大学，2014.

［7］世界银行. 防止老龄危机［M］. 北京：中国财政经济出版社，2004：28－46.

［8］Marla Ram swam，Applegate. Corporate Information Systems Management［M］. IRWIN，2006：278－361.

［9］世界银行. 老年保障：中国的养老金体制改革［M］. 北京：中国财政经济出版社，2007：11－56.

［10］伦斯汤普森. 老而弥智——养老保险经济学［M］. 孙树涵，译. 北京：中国劳动社会保障出版社，2003：66－89.

［11］于中一，陈惠红. 中国社会保障筹资手段的选择与社会保障税的应用［J］. 财政研究，2010（2）：20－29.

［12］刘钧. 我国社会保障制度改革的两难困境与选择［J］. 财经问题研究，2005（1）：16－19.

［13］丁宁宁，董志用. 养老保障制度改革的目标与选择［EB\OL］. http：//www. drcnet. com. cn.

［14］李绍光. 养老金制度与资本市场［M］. 北京：中国发展出版社，2008.

［15］北京大学中国经济研究中心宏观组. 中国社会养老保障制度选择：

激励与增长［J］. 金融研究，2010（2）：1－12.
［16］袁志刚．中国养老保险体系选择的经济学分析［J］. 经济研究 2011（5）：13－19.
［17］OECD. Guideline for Pension Fund Governance［J］. Pension Market in Focus. Newsletter，2005（12）：61－123.
［18］徐锦文．关于我国社会保障基金筹资问题的思考［J］. 财贸经济，2014（9）：17－19.
［19］郭杨．养老保险体系的两种模式与社会经济因素的关系［J］. 湖北财税，2012（12）：12－15.
［20］中国劳动与社会保障部网［EB \ OL］. http：//www. molss. gov. cn/gb/zwxx/node__5435. htm.
［21］国家统计局．中国经济年鉴［M］. 北京：中国统计出版社，2000，2001，2002，2003，2004，2005，2006.
［22］刘渝林．我国养老保障基金投融资模式与运行机制研究［D］. 重庆：重庆大学，2006：12－25.
［23］黄熙．社保基金筹资模式选择与投资运营管理［D］. 天津：天津大学，2005：33－65.
［24］林志学．养老保险基金收益保障机制及其运营模式创新研究［D］. 上海：复旦大学，2005：52－89.
［25］侯光明．组织系统科学概论［M］. 北京：科学出版社，2006：157－174.
［26］杨小军．证券投资基金治理：信息披露与制度安排［D］. 天津：天津大学，2012：25－45.
［27］中国养老金网［EB \ OL］. http：//www. cnpension. net/.
［28］周小明．信托制度比较法研究［M］. 北京：清华大学出版社，2006：76－102.
［29］彭雪梅．职业年金的税收政策研究［D］. 成都：西南财经大学，2014：1－3.
［30］Sinn. Chile's Private Pension System：It's Current State and Future Challenge［J］. Journal of finance，2008（23）：131－156.
［31］张松．养老基金与资本市场互动的理论与实证研究［D］. 成都：西南财经大学，2015：24－26.
［32］龙菊．我国社会保障储备基金投资问题研究［D］. 北京：首都经济贸易大学，2006：6－8.

[33] 王鉴岗. 社会养老保险平衡测算 [M]. 北京: 经济管理出版社, 2009: 69 - 103.
[34] 余雪明. 比较退休基金法 [M]. 北京: 中国政法大学出版社, 2013: 65 - 96. 2005: 35 - 42.
[35] 梁庆文. 职业年金基金的风险管理研究 [D]. 天津: 天津大学 2006: 61 - 67.
[36] 靳景玉. 城市联盟的合作动力机制研究 [D]. 成都: 四川大学, 2014: 123 - 138.
[37] Russell Gale. Prudent Pension Rule Standard for the Investment of Pension Fund Assets [J]. Financial Market Trends, 2012 (13): 83 - 121.
[38] 支燕. 我国养老金模式选择及收益保障制度研究 [D]. 天津: 南开大学, 2013: 63 - 69.
[39] 王美成. 企业年管理方案设计优化分析 [J]. 大众科技, 2014 (7): 25 - 36.
[40] 陈维义. 基于多层委托代理关系的企业职工参与管理研究 [D]. 沈阳: 东北大学, 2011.
[41] 黄瑞. 职业年金中的委托代理关系研究 [J]. 北京航空航天大学学报, 2014 (3): 25 - 27.
[42] 陈晓红. 论职业年金市场信息不对称 [J]. 实务研究,2010 (6): 21 - 23.
[43] 张维迎. 博弈论与信息经济学[M]. 上海: 上海人民出版社, 2012.
[44] 王君萍. 风险投资中的委托代理关系研究 [D]. 西安: 西北农林科技大学, 2013.
[45] 赵毅博. 日本养老保障体系研究 [D]. 长春: 吉林大学. 2014.
[46] 赵书文. 公民身份与养老保障的平等——以单位制变迁为视角 [D]. 重庆: 西南政法大学, 2014.
[47] 张倩. 典型国家公务员养老保险比较及其对中国的启示 [D]. 武汉: 华中科技大学, 2010.
[48] 王磊. 事业单位养老保险法律制度改革与完善研究 [D]. 长春: 吉林大学, 2012.
[49] 黄恬悦. 中国事业单位养老保险改革研究 [D]. 武汉: 华中科技大学, 2012.
[50] 王智斌. 中国养老保险制度改革与政策建议 [D]. 成都: 西南财经大学, 2007.

[51] 胡秋明．可持续养老金制度改革的理论与政策研究［D］．成都：西南财经大学，2009.
[52] 樊琳．机关事业单位与企业养老保险制度并轨的可行性研究［D］．长春：吉林大学，2014.
[53] 郑国慧．我国企业年金法律问题研究［D］．北京：北方工业大学，2007.
[54] 陈佳．中国事业单位养老保险制度改革研究［D］．天津：南开大学，2009.
[55] 刘健良．我国公务员社会养老保险立法研究［D］．重庆：西南大学，2012.
[56] 赵双．我国养老保险双轨制研究［D］．北京：北京交通大学．2012.
[57] 张云野，刘婉华．职业年金制度研究［D］．北京：清华大学出版社，2014.
[58] 易开刚．现代化养老服务业的发展战略、模式与对策研究［D］．杭州：浙江工商大学出版社，2014.

附录

我国养老保障双轨制形成与改革的有关文件

1. 国务院关于企业职工养老保险制度改革的决定

国发〔1991〕33号

我国企业职工的养老保险制度是50年代初期建立的，以后在1958年和1978年两次做了修改。近年来，各地区为适应经济体制改革的需要，又进行了以退休费用社会统筹为主要内容的改革，取得了一定成效。按照国民经济和社会发展十年规划和第八个五年计划纲要的要求，在总结各地经验的基础上，国务院对企业职工养老保险制度改革做如下决定：

一、根据我国生产力发展水平和人口众多且老龄化发展迅速的情况，企业职工养老保险制度改革要处理好国家利益、集体利益和个人利益，目前利益和长远利益，整体利益和局部利益的关系，主要是对现行的制度办法进行调整、完善。考虑到各地区和企业的情况不同，各省、自治区、直辖市人民政府可以根据国家的统一政策，对职工养老保险做出具体规定，允许不同地区、企业之间存在一定的差别。

二、随着经济的发展，逐步建立起基本养老保险与企业补充养老保险和职工个人储蓄性养老保险相结合的制度。改变养老保险完全由国家、企业包下来的办法，实行国家、企业、个人三方共同负担，职工个人也要缴纳一定的费用。

三、基本养老保险基金由政府根据支付费用的实际需要和企业、职工的承受能力，按照以支定收、略有结余、留有部分积累的原则统一筹集。具体的提取比例和积累率，由省、自治区、直辖市人民政府经实际测算后确定，并报国务院备案。

四、企业和职工个人缴纳的基本养老保险费分别记入《职工养老保险手册》。

企业缴纳的基本养老保险费，按本企业职工工资总额和当地政府规定的比例在税前提取，由企业开户银行按月代为扣缴。企业逾期不缴，要按规定加收滞纳金。滞纳金并入基本养老保险基金。

职工个人缴纳基本养老保险费，在调整工资的基础上逐步实行，缴费标准开始时可不超过本人标准工资的3%，以后随着经济的发展和职工工资的调整再逐步提高。职工个人缴纳的基本养老保险费，由企业在发放工资时代为收缴。

五、企业和职工个人缴纳的基本养老保险费转入社会保险管理机构在银行开设的“养老保险基金专户”，实行专项储存，专款专用，任何单位和个人均不得擅自动用。银行应按规定提取“应付未付利息”；对存入银行的基金，其存期按照人民银行规定的同期城乡居民储蓄存款利率计息，所得利息并入基金。积累基金的一部分可以购买国家债券。

地方各级政府要设立养老保险基金委员会，实施对养老保险基金管理的指导和监督。委员会由政府主管领导任主任，劳动、财政、计划、审计、银行、工会等部门的负责同志参加，办公室设在劳动部门。

六、职工退休后的基本养老金计发办法目前不做变动，今后可结合工资制度改革，通过增加标准工资在工资总额中的比重，逐步提高养老金的数额。

国家根据城镇居民生活费用价格指数增长情况，参照在职职工工资增长情况对基本养老金进行适当调整，所需费用从基本养老保险基金中开支。

七、尚未实行基本养老保险基金省级统筹的地区，要积极创造条件，由目前的市、县统筹逐步过渡到省级统筹。实行省级统筹后，原有固定职工和劳动合同制职工的养老保险基金要逐步按统一比例提取，合并调剂使用。具体办法由各省、自治区、直辖市人民政府制定。

中央部属企业，除国家另有规定者外，都要参加所在地区的统筹。

八、企业补充养老保险由企业根据自身经济能力，为本企业职工建立，所需费用从企业自有资金中的奖励、福利基金内提取。个人储蓄性养老保险由职工根据个人收入情况自愿参加。国家提倡、鼓励企业实行补充养老保险和职工参加个人储蓄性养老保险，并在政策上给予指导。同时，允许试行将个人储蓄性养老保险与企业补充养老保险挂钩的办法。补充养老保险基金，由社会保险管理机构按国家技术监督局发布的社会保障号码（国家标准GB11643—1989）记入职工个人账户。

九、劳动部和地方各级劳动部门负责管理城镇企业（包括不在城镇的全民所有制企业）职工的养老保险工作。

劳动部门所属的社会保险管理机构，是非营利性的事业单位，经办基本养老保险和企业补充养老保险的具体业务，并受养老保险基金委员会委托，管理养老保险基金。现已由人民保险公司经办的养老保险业务，可以维持现状不作变动。个人储蓄性养老保险由职工个人自愿选择经办机构。

十、社会保险管理机构可从养老保险基金中提取一定的管理服务费，具体的提取比例根据实际工作需要和节约的原则，由当地劳动部门提出，经同级财政部门审核，报养老保险基金委员会批准。管理服务费主要用于支付必要的行政和业务等费用。养老保险基金及管理服务费，不计征税、费。

社会保险管理机构应根据国家的政策规定，建立健全基金管理的各项制度，编制养老保险基金和管理服务费收支的预、决算，报当地人民政府在预算中列收列支，并接受财政、审计、银行和工会的监督。

十一、本决定适用于全民所有制企业。城镇集体所有制企业可以参照执行；对外商投资企业中方职工、城镇私营企业职工和个体劳动者，也要逐步建立养老保险制度。具体办法由各省、自治区、直辖市人民政府制定。

十二、国家机关、事业单位和农村（含乡镇企业）的养老保险制度改革，分别由人事部、民政部负责，具体办法另行制定。

企业职工养老保险制度改革，是保障退休职工生活，维护社会安定的一项重要措施，对减轻国家和企业负担，促进经济体制改革以及合理引导消费有重要作用。这项工作政策性强，涉及面广，各级政府要切实加强领导，根据本决定的精神，结合实际抓紧制定具体的实施方案，积极稳妥地推进企业职工养老保险制度的改革。

1991 年 6 月 26 日

2. 国务院关于深化企业职工养老保险制度改革的通知

国发〔1995〕6 号

《国务院关于企业职工养老保险制度改革的决定》发布以来，各地区、各有关部门积极进行企业职工养老保险制度改革，在推进保险费用社会统筹、扩大保险范围、实行职工个人缴费制度和进行社会统筹与个人账户相结合试点等方面取得了一定成效，对保障企业离退休人员基本生活，维护社会稳定和促进经济发展发挥了重要作用。但是，由于这项改革尚处于探索阶段，现行的企业职工养老保险制度还不能适应建立社会主义市场经济体制的要求，必须进一步深化改革。根据《中共中央关于建立社会主义市场经济体制若干问题的决定》精神，经过调查研究和广泛征求意见，现就深化企业职工养老保险制度改革的有关问题通知如下：

一、企业职工养老保险制度改革的目标是：到本世纪末，基本建立起适应社会主义市场经济体制要求，适用城镇各类企业职工和个体劳动者，资金来源多渠道、保障方式多层次、社会统筹与个人账户相结合、权利与义务相对应、管理服务社会化的养老保险体系。基本养老保险应逐步做到对各类企业和劳动者统一制度、统一标准、统一管理和统一调剂使用基金。

二、深化企业职工养老保险制度改革的原则是：保障水平要与我国社会生产力发展水平及各方面的承受能力相适应；社会互济与自我保障相结合，公平与效率相结合；政策统一，管理法制化；行政管理与保险基金管理分开。

三、基本养老保险费用由企业和个人共同负担，实行社会统筹与个人账户相结合。在理顺分配关系，加快个人收入工资化、工资货币化进程的基础上，逐步提高个人缴费比例。提高个人缴费比例的幅度，由各省、自治区、直辖市人民政府根据本地区职工工资增长等情况确定。为适应各地区的不同情况，对实行社会统筹与个人账户相结合提出两个实施办法，由地、市（不含县级市）提出选择意见报省、自治区人民政府批准，直辖市由市人民政府选择，均报劳动部备案。各地区还可以结合本地实际，对两个实施办法进行修改完善。

四、为了保障企业离退休人员基本生活，各地区应当建立基本养老金正常调整机制。基本养老金可按当地职工上一年度平均工资增长率的一定比例进行调整，具体办法在国家政策指导下由省、自治区、直辖市人民政府确定。

五、国家在建立基本养老保险、保障离退休人员基本生活的同时，鼓励建立企业补充养老保险和个人储蓄性养老保险。企业按规定缴纳基本养老保险费后，可以在国家政策指导下，根据本单位经济效益情况，为职工建立补充养老保险。企业补充养老保险和个人储蓄性养老保险，由企业和个人自主选择经办机构。

六、各地区应充分考虑到养老保险制度改革是一件涉及长远的大事，对企业与个人缴纳养老保险费的比例、发放养老金的标准和基金积累率等问题，要从我国生产力水平比较低、人口众多且老龄化问题日益突出等实际情况出发，兼顾国家、企业、个人三者利益，兼顾目前利益和长远利益，在充分测算论证的基础上进行统筹安排。要严格控制基本养老保险费的收缴比例和基本养老金的发放水平，减轻企业和国家的负担。

七、要根据国家有关规定建立健全养老保险基金的预算管理和财务、会计制度，做好缴费记录和个人账户等基础工作，严格控制管理费的提取和使用，坚持专款专用原则，切实搞好基金管理，确保基金的安全并努力实现其保值增值。当前，养老保险基金的结余额，除留足两个月的支付费用外，80%左右应用于购买由国家发行的社会保险基金特种定向债券，任何单位和个人不得自行决定基金的其他用途。养老保险基金营运所得收益，全部并入基金并免征税费。

八、各地区和有关部门应积极创造条件，提高养老保险管理服务的社会化程度，逐步将企业发放养老金改为社会化发放，技术条件和基础工作较好的地区，可以实行由银行或者邮局直接发放；暂不具备条件的地区，可以由社会保险经办机构发放。社会保险经办机构也可以通过在大型企业设立派出机构等办法，对企业离退休人员进行管理服务。同时要充分发挥各方面的积极性，逐步将主要由企业管理离退休人员转为主要依托社区进行管理，提高社会化管理水平，切实减轻企业负担。

九、要实行社会保险行政管理与基金管理分开、执行机构与监督机构分设的管理体制。社会保险行政管理部门的主要任务是制订政策、规划，加强监督、指导。管理社会保险基金一律由社会保险经办机构负责。各地区和有关部门要设立由政府代表、企业代表、工会代表和离退休人员代表组成的社会保险监督委员会，加强对社会保险政策、法规执行情况和基金管理工作的监督。

十、已经国务院批准，由国务院有关部门和单位直接组织养老保险费用统筹的企业，仍参加主管部门和单位组织的统筹，但要按照社会统筹与个人账户相结合的原则进行改革。

十一、全国城镇企业职工养老保险工作由劳动部负责指导、监督，深化企业职工养老保险制度改革的工作亦由劳动部负责推动。国家体改委要积极参与，可选择一些地方进行深化改革的试点，劳动部要积极给予支持。国家计委、国家经贸委、财政部、中国人民银行等有关部门也应按照各自的职责协同配合，搞好深化改革的工作。

深化企业职工养老保险制度改革是一项十分重要的工作，对于完善社会保障体系，促进改革、发展和稳定具有重要意义。各地区、各有关部门对这项工作要高度重视，切实加强领导，精心组织实施，积极稳妥地推进，务求抓出实效。对深化改革中出现的新情况、新问题，要及时认真地研究解决，重大问题及时报告。

1995 年 3 月 1 日

3. 国务院关于建立统一的企业职工基本养老保险制度的决定

国发〔1997〕26 号

各省、自治区、直辖市人民政府，国务院各部委、各直属机构：

近年来，各地区和有关部门按照《国务院关于深化企业职工养老保险制度改革的通知》要求，制定了社会统筹与个人账户相结合的养老保险制度改革方案，建立了职工基本养老保险个人账户，促进了养老保险新机制的形成，保障了离退休人员的基本生活，企业职工养老保险制度改革取得了新的进展。但是，由于这项改革仍处在试点阶段，目前还存在基本养老保险制度不统一、企业负担重、统筹层次低、管理制度不健全等问题，必须按照党中央、国务院确定的目标和原则，进一步加快改革步伐，建立统一的企业职工基本养老保险制度，促进经济与社会健康发展。为此，国务院在总结近几年改革试点经验的基础上做出如下决定：

一、到本世纪末，要基本建立起适应社会主义市场经济体制要求，适用城镇各类企业职工和个体劳动者，资金来源多渠道、保障方式多层次、社会统筹与个人账户相结合、权利与义务相对应、管理服务社会化的养老保险体系。企业职工养老保险要贯彻社会互济与自我保障相结合、公平与效率相结合、行政管理与基金管理分开等原则，保障水平要与我国社会生产力发展水平及各方面的承受能力相适应。

二、各级人民政府要把社会保险事业纳入本地区国民经济与社会发展计划，贯彻基本养老保险只能保障退休人员基本生活的原则，把改革企业职工养老保险制度与建立多层次的社会保障体系紧密结合起来，确保离退休人员基本养老金和失业人员失业救济金的发放，积极推行城市居民最低生活保障制度。为使离退休人员的生活随着经济与社会发展不断得到改善，体现按劳分配原则和地区发展水平及企业经济效益的差异，各地区和有关部门要在国家政策指导下大力发展企业补充养老保险，同时发挥商业保险的补充作用。

三、企业缴纳基本养老保险费（以下简称企业缴费）的比例，一般不得超过企业工资总额的20%（包括划入个人账户的部分），具体比例由省、自治区、直辖市人民政府确定。少数省、自治区、直辖市因离退休人数较多、养老保险负担过重，确需超过企业工资总额20%的，应报劳动部、财政部审批。个人缴纳基本养老保险费（以下简称个人缴费）的比例，1997年不得低于本人缴费工资的4%，1998年起每两年提高1个百分点，最终达到本人缴费工资的8%。有条件的地区和工资增长较快的年份，个人缴费比例提高的速度应适当加快。

四、按本人缴费工资11%的数额为职工建立基本养老保险个人账户，个人缴费全部记入个人账户，其余部分从企业缴费中划入。随着个人缴费比例的提高，企业划入的部分要逐步降至3%。个人账户储存额，每年参考银行同期存款利率计算利息。个人账户储存额只用于职工养老，不得提前支取。职工调动时，个人账户全部随同转移。职工或退休人员死亡，个人账户中的个人缴费部分可以继承。

五、本决定实施后参加工作的职工，个人缴费年限累计满15年的，退休后按月发给基本养老金。基本养老金由基础养老金和个人账户养老金组成。退休时的基础养老金月标准为省、自治区、直辖市或地（市）上年度职工月平均工资的20%，个人账户养老金月标准为本人账户储存额除以120。个人缴费年限累计不满15年的，退休后不享受基础养老金待遇，其个人账户储存额一次支付给本人。

本决定实施前已经离退休的人员，仍按国家原来的规定发给养老金，同时执行养老金调整办法。各地区和有关部门要按照国家规定进一步完善基本养老金正常调整机制，认真抓好落实。

本决定实施前参加工作、实施后退休且个人缴费和视同缴费年限累计满15年的人员，按照新老办法平稳衔接、待遇水平基本平衡等原则，在发给基础养老金和个人账户养老金的基础上再确定过渡性养老金，过渡性养老金从养老保险基金中解决。具体办法，由劳动部会同有关部门制定并指导实施。

六、进一步扩大养老保险的覆盖范围，基本养老保险制度要逐步扩大到城镇所有企业及其职工。城镇个体劳动者也要逐步实行基本养老保险制度，其缴费比例和待遇水平由省、自治区、直辖市人民政府参照本决定精神确定。

七、抓紧制定企业职工养老保险基金管理条例，加强对养老保险基金的管理。基本养老保险基金实行收支两条线管理，要保证专款专用，全部用于职工养老保险，严禁挤占挪用和挥霍浪费。基金结余额，除预留相当于2个月的支付费用外，应全部购买国家债券和存入专户，严格禁止投入其他金融和经营性事业。要建立健全社会保险基金监督机构，财政、审计部门要依法加强监督，确保基金的安全。

八、为有利于提高基本养老保险基金的统筹层次和加强宏观调控，要逐步由县级统筹向省或省授权的地区统筹过渡。待全国基本实现省级统筹后，原经国务院批准由有关部门和单位组织统筹的企业，参加所在地区的社会统筹。

九、提高社会保险管理服务的社会化水平，尽快将目前由企业发放养老金改为社会化发放，积极创造条件将离退休人员的管理服务工作逐步由企业转向社会，减轻企业的社会事务负担。各级社会保险机构要进一步加强基础建设，改进和完善服务与管理工作，不断提高工作效率和服务质量，促进养老保险制度的改革。

十、实行企业化管理的事业单位，原则上按照企业养老保险制度执行。

建立统一的企业职工基本养老保险制度是深化社会保险制度改革的重要步骤，关系改革、发展和稳定的全局。各地区和有关部门要予以高度重视，切实加强领导，精心组织实施。劳动部要会同国家体改委等有关部门加强工作指导和监督检查，及时研究解决工作中遇到的问题，确保本决定的贯彻实施。

1997年7月16日

4. 关于实行企业职工基本养老保险省级统筹和行业统筹移交地方管理有关问题的通知

国发〔1998〕28号

各省、自治区、直辖市人民政府，国务院各部委、各直属机构：

为了深化企业职工养老保险制度改革，加强基本养老保险基金管理和调剂力度，确保企业离退休人员基本养老金的按时足额发放，国务院决定，加快实行企业职工基本养老保险省级统筹，并将铁道部、交通部、信息产业部（原邮电部部分）、水利部、民航总局、煤炭局（原煤炭部）、有色金属局（原中国有色金属工业总公司）、国家电力公司（原电力部）、中国石油天然气集团公司和中国石油化工集团公司（原石油天然气总公司部分）、银行系统（工商银行、农业银行、中国银行、建设银行、交通银行、中保集团）、中国建筑工程总公司组织的基本养老保险行业统筹移交地方管理。现就有关问题通知如下：

一、加快实行企业职工基本养老保险省级统筹

（一）1998 年底以前，各省、自治区、直辖市（以下简称省、区、市）要实行企业职工基本养老保险省级统筹（以下简称省级统筹），建立基本养老保险基金省级调剂机制，调剂金的比例以保证省、区、市范围内企业离退休人员基本养老金的按时足额发放为原则。到 2000 年，在省、区、市范围内，要基本实现统一企业缴纳基本养老保险费比例，统一管理和调度使用基本养老保险基金，对社会保险经办机构实行省级垂直管理。

（二）省级统筹的范围包括，省、区、市（含计划单列市、副省级省会城市、经济特区、开发区等）内的国有企业、集体企业、外商投资企业、私营企业等城镇各类企业及其职工。城镇个体经济组织及其从业人员也应参加基本养老保险并纳入省级统筹。

（三）从 1998 年 9 月 1 日起，目前实行基本养老保险基金差额缴拨的地区，要改变基金结算方式，对企业和职工个人全额征收基本养老保险费，对企业离退休人员全额支付基本养老金。各省、区、市要积极创造条件，加快实现企业离退休人员基本养老金的社会化发放，推进社会化管理进程。

二、按期完成基本养老保险行业统筹移交地方管理

（四）在 1998 年 8 月 31 日以前，实行基本养老保险行业统筹（以下简称行业统筹）企业的基本养老保险工作，按照先移交后调整的原则，全部移交省、区、市管理。从 1998 年 9 月 1 日起，由省、区、市社会保险经办机构负责收缴行业统筹企业基本养老保险费和发放离退休人员基本养老金。跨省、区、市的，按单位或其分支机构的注册登记地进行属地划分，其基本养老保险工作分别移交所在省、区、市社会保险经办机构管理。行业统筹在各省、区、市的省级社会保险经办机构暂予保留，待地方政府机

构改革时再统筹研究。

（五）行业统筹移交地方管理后，1998 年内，企业和职工个人缴纳基本养老保险费的比例保持不变。从 1999 年起，调整企业缴纳基本养老保险费的比例，起步时不低于企业工资总额的 13%，以后逐步过渡到与地方企业相同的比例。根据行业的具体情况，煤炭、银行、民航企业的过渡期为 5 年，其他行业企业的过渡期原则上为 3 年。从 1999 年 1 月 1 日起，职工个人缴纳基本养老保险费的比例按省、区、市确定的统一比例执行，一次到位。

从 1998 年 1 月 1 日起，统一按本人缴费工资 11% 的数额调整或建立职工基本养老保险个人账户，移交前后的个人账户储存额合并计算。

（六）行业统筹移交地方管理后，原行业统筹企业已离退休人员的基本养老保险原待遇原则上维持不变，其中经原劳动部、财政部批准的统筹项目内的部分由省级统筹的基本养老保险基金支付，未列入统筹项目的部分由企业支付。行业统筹移交地方管理以后退休的人员，基本养老保险待遇按照省、区、市的办法执行，对于按原行业统筹计发办法计算高于按地方计发办法计算的部分，可由各省、区、市采用加发补贴的办法解决，所需费用从省级统筹的基本养老保险基金中支付，补贴的标准逐年调整，5 年后执行省、区、市的计发办法。

（七）行业统筹积累的基本养老保险基金，全部移交给省、区、市社会保险经办机构管理，其中存在省、区、市以下社会保险经办机构的，随同行业统筹移交地方管理一并移交给地方；存在中央部门的，主要用于解决移交过程中的地区不平衡问题。具体移交办法由劳动保障部、财政部统一研究制定并尽快下发。

行业统筹企业建立的补充养老保险，要逐步加以规范，由劳动保障部审查同意的机构经办。补充养老保险积累的基金不移交地方。

（八）加快行业统筹移交地方管理，是实行省级统筹的重要保证。行业统筹移交地方管理的工作由劳动保障部会同财政部组织实施。行业统筹移交地方管理后，企业缴纳基本养老保险费的比例调整和对退休人员的补贴办法等，各省、区、市要报劳动保障部，劳动保障部商财政部同意后，由省、区、市人民政府批准实施。

三、加强领导，严肃纪律，确保按时足额发放企业离退休人员基本养老金

（九）各省、区、市人民政府、各有关部门和单位要统一认识，加强领导，积极稳妥地推进省级统筹和行业统筹移交地方管理的工作，要按照本通知规定的程序和进度，抓紧进行，认真落实。要严肃纪律，不能搞提前退休，不得擅自提高待遇，不准借交接之机挪用基本养老保险基金，对被挤占挪用的基本养老保险基金，要从严从快清查收回。各省、区、市人民政府要采取切实有效措施，按期建立省级统筹，保证基本养老保险基金在省、区、市范围内调剂使用，确保按时足额发放企业离退休人员的基本养老金，不得再发生新的拖欠，对以前拖欠的要逐步予以补发。对发放企业离退休人员基本养老金确有困难的地区，1998 年中央财政给予适当支持。

（十）实行省级统筹和行业统筹移交地方管理，时间紧、任务重、政策性强，涉及各方面利益的调整和社会的稳定，各省、区、市人民政府、各有关部门和单位要高度重视，精心组织实施。劳动保障部、财政部要加强指导，保证省级统筹和行业统筹移交地方管理工作的顺利完成。

1998 年 8 月 6 日

5. 国务院关于完善企业职工基本养老保险制度的决定

国发〔2005〕38 号

各省、自治区、直辖市人民政府，国务院各部委、各直属机构：

近年来，各地区和有关部门按照党中央、国务院关于完善企业职工基本养老保险制度的部署和要求，以确保企业离退休人员基本养老金按时足额发放为中心，努力扩大基本养老保险覆盖范围，切实加强基本养老保险基金征缴，积极推进企业退休人员社会化管理服务，各项工作取得明显成效，为促进改革、发展和维护社会稳定发挥了重要作用。但是，随着人口老龄化、就业方式多样化和城市化的发展，现行企业职工基本养老保险制度还存在个人账户没有做实、计发办法不尽合理、覆盖范围不够广泛等不适应的问题，需要加以改革和完善。为此，在充分调查研究和总结东北三省完善城镇社会保障体系试点经验的基础上，国务院对完善企业职工基本养老保险制度做出如下决定：

一、完善企业职工基本养老保险制度的指导思想和主要任务。以邓小平理论和“三个代表”重要思想为指导，认真贯彻党的十六大和十六届三中、四中、五中全会精神，按照落实科学发展观和构建社会主义和谐社会的要求，统筹考虑当前和长远的关系，坚持覆盖广泛、水平适当、结构合理、基金平衡的原则，完善政策，健全机制，加强管理，建立起适合我国国情，实现可持续发展的基本养老保险制度。主要任务是：确保基本养老金按时足额发放，保障离退休人员基本生活；逐步做实个人账户，完善社会统筹与个人账户相结合的基本制度；统一城镇个体工商户和灵活就业人员参保缴费政策，扩大覆盖范围；改革基本养老金计发办法，建立参保缴费的激励约束机制；根据经济发展水平和各方面承受能力，合理确定基本养老金水平；建立多层次养老保险体系，划清中央与地方、政府与企业及个人的责任；加强基本养老保险基金征缴和监管，完善多渠道筹资机制；进一步做好退休人员社会化管理工作，提高服务水平。

二、确保基本养老金按时足额发放。要继续把确保企业离退休人员基本养老金按时足额发放作为首要任务，进一步完善各项政策和工作机制，确保离退休人员基本养老金按时足额发放，不得发生新的基本养老金拖欠，切实保障离退休人员的合法权益。对过去拖欠的基本养老金，各地要根据《中共中央办公厅国务院办公厅关于进一步做好补发拖欠基本养老金和企业调整工资工作的通知》要求，认真加以解决。

三、扩大基本养老保险覆盖范围。城镇各类企业职工、个体工商户和灵活就业人员都要参加企业职工基本养老保险。当前及今后一个时期，要以非公有制企业、城镇个体工商户和灵活就业人员参保工作为重点，扩大基本养老保险覆盖范围。要进一步落实国家有关社会保险补贴政策，帮助就业困难人员参保缴费。城镇个体工商户和灵活就业人员参加基本养老保险的缴费基数为当地上年度在岗职工平均工资，缴费比例为20%，其中8%记入个人账户，退休后按企业职工基本养老金计发办法计发基本养老金。

四、逐步做实个人账户。做实个人账户，积累基本养老保险基金，是应对人口老龄化的重要举措，也是实现企业职工基本养老保险制度可持续发展的重要保证。要继续抓好东北三省做实个人账户试点工作，抓紧研究制订其他地区扩大做实个人账户试点的具体方案，报国务院批准后实施。国家制订个人账户基金管理和投资运营办法，实现保值增值。

五、加强基本养老保险基金征缴与监管。要全面落实《社会保险费征缴暂行条例》的各项规定，严格执行社会保险登记和缴费申报制度，强化社会保险稽核和劳动保障监察执法工作，努力提高征缴率。凡是参加企业职工基本养老保险的单位和个人，都必须按时足额缴纳基本养老保险费；对拒缴、瞒报少缴基本养老保险费的，要依法处理；对欠缴基本养老保险费的，要采取各种措施，加大追缴力度，确保基本养老保险基金应收尽收。各地要按照建立公共财政的要求，积极调整财政支出结构，加大对社会保障的资金投入。

基本养老保险基金要纳入财政专户，实行收支两条线管理，严禁挤占挪用。要制定和完善社会保险基金监督管理的法律法规，实现依法监督。各省、自治区、直辖市人民政府要完善工作机制，保证基金监管制度的顺利实施。要继续发挥审计监督、社会监督和舆论监督的作用，共同维护基金安全。

六、改革基本养老金计发办法。为与做实个人账户相衔接，从2006年1月1日起，个人账户的规模统一由本人缴费工资的11%调整为8%，全部由个人缴费形成，单位缴费不再划入个人账户。同时，进一步完善鼓励职工参保缴费的激励约束机制，相应调整基本养老金计发办法。

《国务院关于建立统一的企业职工基本养老保险制度的决定》（国发〔1997〕26号）实施后参加工作、缴费年限（含视同缴费年限，下同）累计满15年的人员，退休后按月发给基本养老金。基本养老金由基础养老金和个人账户养老金组成。退休时的基础养老金月标准以当地上年度在岗职工月平均工资和本人指数化月平均缴费工资的平均值为基数，缴费每满1年发给1%。个人账户养老金月标准为个人账户储存额除以计发月数，计发月数根据职工退休时城镇人口平均预期寿命、本人退休年龄、利息等因素确定。（详见附件）

国发〔1997〕26号文件实施前参加工作，本决定实施后退休且缴费年限累计满15年的人员，在发给基础养老金和个人账户养老金的基础上，再发给过渡性养老金。各省、自治区、直辖市人民政府要按照待遇水平合理衔接、新老政策平稳过渡的原则，在认真测算的基础上，制订具体的过渡办法，并报劳动保障部、财政部备案。

本决定实施后到达退休年龄但缴费年限累计不满15年的人员，不发给基础养老金；个人账户储存额一次性支付给本人，终止基本养老保险关系。

本决定实施前已经离退休的人员，仍按国家原来的规定发给基本养老金，同时执行基本养老金调整办法。

七、建立基本养老金正常调整机制。根据职工工资和物价变动等情况，国务院适时调整企业退休人员基本养老金水平，调整幅度为省、自治区、直辖市当地企业在岗职工平均工资年增长率的一定比例。各地根据本地实际情况提出具体调整方案，报劳动保障部、财政部审批后实施。

八、加快提高统筹层次。进一步加强省级基金预算管理，明确省、市、县各级人民政府的责任，建立健全省级基金调剂制度，加大基金调剂力度。在完善市级统筹的基础上，尽快提高统筹层次，实现省级统筹，为构建全国统一的劳动力市场和促进人员合理流动创造条件。

九、发展企业年金。为建立多层次的养老保险体系，增强企业的人才竞争能力，更好地保障企业职工退休后的生活，具备条件的企业可为职工建立企业年金。企业年金基金实行完全积累，采取市场化的方式进行管理和运营。要切实做好企业年金基金监管工作，实现规范运作，切实维护企业和职工的利益。

十、做好退休人员社会化管理服务工作。要按照建立独立于企业事业单位之外社会保障体系的要求，继续做好企业退休人员社会化管理工作。要加强街道、社区劳动保障工作平台建设，加快公共老年服务设施和服务网络建设，条件具备的地方，可开展老年护理服务，兴建退休人员公寓，为退休人员提供更多更好的服务，不断提高退休人员的生活质量。

十一、不断提高社会保险管理服务水平。要高度重视社会保险经办能力建设，加快社会保障信息服务网络建设步伐，建立高效运转的经办管理服务体系，把社会保险的政策落到实处。各级社会保险经办机构要完善管理制度，制定技术标准，规范业务流程，实现规范化、信息化和专业化管理。同时，要加强人员培训，提高政治和业务素质，不断提高工作效率和服务质量。

完善企业职工基本养老保险制度是构建社会主义和谐社会的重要内容，事关改革发展稳定的大局。各地区和有关部门要高度重视，加强领导，精心组织实施，研究制订具体的实施意见和办法，并报劳动保障部备案。劳动保障部要会同有关部门加强指导和监督检查，及时研究解决工作中遇到的问题，确保本决定的贯彻实施。

本决定自发布之日起实施，已有规定与本决定不一致的，按本决定执行。

2005 年 12 月 3 日

6. 国务院关于开展新型农村社会养老保险试点的指导意见

国发〔2009〕32 号

各省、自治区、直辖市人民政府，国务院各部委、各直属机构：

根据党的十七大和十七届三中全会精神，国务院决定，从 2009 年起开展新型农村社会养老保险（以下简称新农保）试点。现就试点工作提出以下指导意见：

一、基本原则

新农保工作要高举中国特色社会主义伟大旗帜，以邓小平理论和“三个代表”重要思想为指导，深入贯彻落实科学发展观，按照加快建立覆盖城乡居民的社会保障体系的要求，逐步解决农村居民老有所养问题。新农保试点的基本原则是“保基本、广覆盖、有弹性、可持续”。一是从农村实际出发，低水平起步，筹资标准和待遇标准要与经济发展及各方面承受能力相适应；二是个人（家庭）、集体、政府合理分担责任，权利与义务相对应；三是政府主导和农民自愿相结合，引导农村居民普遍参保；四是中央确定基本原则和主要政策，地方制订具体办法，对参保居民实行属地管理。

二、任务目标

探索建立个人缴费、集体补助、政府补贴相结合的新农保制度，实行社会统筹与个人账户相结合，与家庭养老、土地保障、社会救助等其他社会保障政策措施相配套，保障农村居民老年基本生活。2009 年试点覆盖面为全国 10% 的县（市、区、旗），以后逐步扩大试点，在全国普遍实施，2020 年之前基本实现对农村适龄居民的全覆盖。

三、参保范围

年满 16 周岁（不含在校学生）、未参加城镇职工基本养老保险的农村居民，可以在户籍地自愿参加新农保。

四、基金筹集

新农保基金由个人缴费、集体补助、政府补贴构成。

（一）个人缴费。参加新农保的农村居民应当按规定缴纳养老保险费。缴费标准目前设为每年100元、200元、300元、400元、500元5个档次，地方可以根据实际情况增设缴费档次。参保人自主选择档次缴费，多缴多得。国家依据农村居民人均纯收入增长等情况适时调整缴费档次。

（二）集体补助。有条件的村集体应当对参保人缴费给予补助，补助标准由村民委员会召开村民会议民主确定。鼓励其他经济组织、社会公益组织、个人为参保人缴费提供资助。

（三）政府补贴。政府对符合领取条件的参保人全额支付新农保基础养老金，其中中央财政对中西部地区按中央确定的基础养老金标准给予全额补助，对东部地区给予50%的补助。

地方政府应当对参保人缴费给予补贴，补贴标准不低于每人每年30元；对选择较高档次标准缴费的，可给予适当鼓励，具体标准和办法由省（区、市）人民政府确定。对农村重度残疾人等缴费困难群体，地方政府为其代缴部分或全部最低标准的养老保险费。

五、建立个人账户

国家为每个新农保参保人建立终身记录的养老保险个人账户。个人缴费，集体补助及其他经济组织、社会公益组织、个人对参保人缴费的资助，地方政府对参保人的缴费补贴，全部记入个人账户。个人账户储存额目前每年参考中国人民银行公布的金融机构人民币一年期存款利率计息。

六、养老金待遇

养老金待遇由基础养老金和个人账户养老金组成，支付终身。

中央确定的基础养老金标准为每人每月55元。地方政府可以根据实际情况提高基础养老金标准，对于长期缴费的农村居民，可适当加发基础养老金，提高和加发部分的资金由地方政府支出。

个人账户养老金的月计发标准为个人账户全部储存额除以139（与现行城镇职工基本养老保险个人账户养老金计发系数相同）。参保人死亡，个人账户中的资金余额，除政府补贴外，可以依法继承；政府补贴余额用于继续支付其他参保人的养老金。

七、养老金待遇领取条件

年满60周岁、未享受城镇职工基本养老保险待遇的农村有户籍的老年人，可以按月领取养老金。

新农保制度实施时，已年满60周岁、未享受城镇职工基本养老保险待遇的，不用缴费，可以按月领取基础养老金，但其符合参保条件的子女应当参保缴费；距领取年龄不足15年的，应按年缴费，也允许补缴，累计缴费不超过15年；距领取年龄超过15年的，应按年缴费，累计缴费不少于15年。

要引导中青年农民积极参保、长期缴费，长缴多得。具体办法由省（区、市）人民政府规定。

八、待遇调整

国家根据经济发展和物价变动等情况，适时调整全国新农保基础养老金的最低标准。

九、基金管理

建立健全新农保基金财务会计制度。新农保基金纳入社会保障基金财政专户，实行收支两条线管理，单独记账、核算，按有关规定实现保值增值。试点阶段，新农保基金暂实行县级管理，随着试点扩大和推开，逐步提高管理层次；有条件的地方也可直接实行省级管理。

十、基金监督

各级人力资源社会保障部门要切实履行新农保基金的监管职责，制定完善新农保各项业务管理规章制度，规范业务程序，建立健全内控制度和基金稽核制度，对基金的筹集、上解、划拨、发放进行监控和定期检查，并定期披露新农保基金筹集和支付信息，做到公开透明，加强社会监督。财政、监察、审计部门按各自职责实施监督，严禁挤占挪用，确保基金安全。试点地区新农保经办机构和村民委员会每年在行政村范围内对村内参保人缴费和待遇领取资格进行公示，接受群众监督。

十一、经办管理服务

开展新农保试点的地区，要认真记录农村居民参保缴费和领取待遇情况，建立参保档案，长期妥善保存；建立全国统一的新农保信息管理系统，纳入社会保障信息管理系统（“金保工程”）建设，并与其他公民信息管理系统实现信息资源共享；要大力推行社会保障卡，方便参保人持卡缴费、领取待遇和查询本人参保信息。试点地区要按照精简效能原则，整合现有农村社会服务资源，加强新农保经办能力建设，运用现代管理方式和政府购买服务方式，降低行政成本，提高工作效率。新农保工作经费纳入同级财政预算，不得从新农保基金中开支。

十二、相关制度衔接

原来已开展以个人缴费为主、完全个人账户农村社会养老保险（以下称老农保）的地区，要在妥善处理老农保基金债权问题的基础上，做好与新农保制度衔接。在新农保试点地区，凡已参加了老农保、年满60周岁且已领取老农保养老金的参保人，可直接享受新农保基础养老金；对已参加老农保、未满60周岁且没有领取养老金的参保人，应将老农保个人账户资金并入新农保个人账户，按新农保的缴费标准继续缴费，待符合规定条件时享受相应待遇。

新农保与城镇职工基本养老保险等其他养老保险制度的衔接办法，由人力资源社会保障部会同财政部制定。要妥善做好新农保制度与被征地农民社会保障、水库移民后期扶持政策、农村计划生育家庭奖励扶助政策、农村五保供养、社会优抚、农村最低生活保障制度等政策制度的配套衔接工作，具体办法由人力资源社会保障部、财政部会同有关部门研究制订。

十三、加强组织领导

国务院成立新农保试点工作领导小组，研究制订相关政策并督促检查政策的落实情况，总结评估试点工作，协调解决试点工作中出现的问题。

地方各级人民政府要充分认识开展新农保试点工作的重大意义，将其列入当地经济社会发展规划和年度目标管理考核体系，切实加强组织领导。各级人力资源社会保障部门要切实履行新农保工作行政主管部门的职责，会同有关部门做好新农保的统筹规划、政策制定、统一管理、综合协调等工作。试点地区也要成立试点工作领导小组，负责本地区试点工作。

十四、制定具体办法和试点实施方案

省（区、市）人民政府要根据本指导意见，结合本地区实际情况，制定试点具体办法，并报国务院新农保试点工作领导小组备案；要在充分调研、多方论证、周密测算的基础上，提出切实可行的试点实施方案，按要求选择试点地区，报国务院新农保试点工作领导小组审定。试点县（市、区、旗）的试点实施方案由各省（区、市）人民政府批准后实施，并报国务院新农保试点工作领导小组备案。

十五、做好舆论宣传工作

建立新农保制度是深入贯彻落实科学发展观、加快建设覆盖城乡居民社会保障体系的重大决策，是应对国际金融危机、扩大国内消费需求的重大举措，是逐步缩小城乡差距、改变城乡二元结构、推进基本公共服务均等化的重要基础性工程，是实现广大农村居民老有所养、促进家庭和谐、增加农民收入的重大惠民政策。

各地区和有关部门要坚持正确的舆论导向，运用通俗易懂的宣传方式，加强对试点工作重要意义、基本原则和各项政策的宣传，使这项惠民政策深入人心，引导适龄农民积极参保。

各地要注意研究试点过程中出现的新情况、新问题，积极探索和总结解决新问题的办法和经验，妥善处理改革、发展和稳定的关系，把好事办好。重要情况要及时向国务院新农保试点工作领导小组报告。

2009 年 9 月 1 日

7. 中共中央 国务院关于分类推进事业单位改革的指导意见

中发〔2011〕5 号

为全面贯彻落实党的十七大和十七届二中、三中、四中、五中全会精神，推动公益事业更好更快发展，不断满足人民群众日益增长的公益服务需求，现就分类推进事业单位改革提出如下意见。

一、改革的重要性和紧迫性

1. 事业单位是经济社会发展中提供公益服务的主要载体，是我国社会主义现代化建设的重要力量。改革开放特别是党的十六大以来，各地区各有关部门积极探索事业单位改革，不断创新事业单位体制机制，稳步推进教育、科技、文化、卫生等行业体制改革，积累了有益经验，取得了明显成效，为进一步推进改革奠定了基础。事业单位提供公益服务总量不断扩大，服务水平逐步提高，在促进经济社会发展、改善人民群众生活方面发挥了重要作用。

2. 当前，我国正处于全面建设小康社会的关键时期，加快发展社会事业、满足人民群众公益服务需求的任务更加艰巨。面对新形势新要求，我国社会事业发展相对滞后，一些事业单位功能定位不清，政事不分、事企不分，机制不活；公益服务供给总量不足，供给方式单一，资源配置不合理，质量和效率不高；支持公益服务的政策措施还不够完善，监督管理薄弱。这些问题影响了公益事业的健康发展，迫切需要通过分类推进事业单位改革加以解决。

3. 分类推进事业单位改革，是深入贯彻落实科学发展观、构建社会主义和谐社会的必然要求，是推进政府职能转变、建设服务型政府的重要举措，是提高事业单位公益服务水平、加快各项社会事业发展的客观需要。必须从改革开放和社会主义现代化建设全局的高度，充分认识分类推进事业单位改革的重大意义，切实增强责任感和紧迫感，坚定不移地把这项改革推向深入。

二、改革的指导思想、基本原则和总体目标

4. 指导思想。高举中国特色社会主义伟大旗帜，以邓小平理论和“三个代表”重要思想为指导，深入贯彻落实科学发展观，按照政事分开、事企分开和管办分离的要求，以促进公益事业发展为目的，以科学分类为基础，以深化体制机制改革为核心，总体设计、分类指导、因地制宜、先行试点、稳步推进，进一步增强事业单位活力，不断满足人民群众和经济社会发展对公益服务的需求。

5. 基本原则。坚持以人为本，把提高公益服务水平、满足人民群众需求作为出发点和落脚点；坚持分类指导，根据不同类别事业单位的特点，实施改革和管理；坚持开拓创新，破除影响公益事业发展的体制机制障碍，鼓励进行多种形式的探索和实践；坚持着眼发展，充分发挥政府主导、社会力量参与和市场机制的作用，实现公益服务提供主体多元化和提供方式多样化；坚持统筹兼顾，充分发挥中央和地方两个积极性，注意与行业体制改革、政府机构改革等相衔接，妥善处理改革发展稳定的关系。

6. 总体目标和阶段性目标。到 2020 年，建立起功能明确、治理完善、运行高效、监管有力的管理体制和运行机制，形成基本服务优先、供给水平适度、布局结构合理、服务公平公正的中国特色公益服务体系。今后 5 年，在清理规范基础上完成事业单位分类，承担行政职能事业单位和从事生产经营活动事业单位的改革基本完成，从事公益服务事业单位在人事管

理、收入分配、社会保险、财税政策和机构编制等方面改革取得明显进展，管办分离、完善治理结构等改革取得较大突破，社会力量兴办公益事业的制度环境进一步优化，为实现改革的总体目标奠定坚实基础。

三、科学划分事业单位类别

7. 清理规范现有事业单位。对未按规定设立或原承担特定任务已完成的，予以撤销。对布局结构不合理、设置过于分散、工作任务严重不足或职责相同相近的，予以整合。

8. 划分现有事业单位类别。在清理规范基础上，按照社会功能将现有事业单位划分为承担行政职能、从事生产经营活动和从事公益服务三个类别。对承担行政职能的，逐步将其行政职能划归行政机构或转为行政机构；对从事生产经营活动的，逐步将其转为企业；对从事公益服务的，继续将其保留在事业单位序列、强化其公益属性。今后，不再批准设立承担行政职能的事业单位和从事生产经营活动的事业单位。

9. 细分从事公益服务的事业单位。根据职责任务、服务对象和资源配置方式等情况，将从事公益服务的事业单位细分为两类：承担义务教育、基础性科研、公共文化、公共卫生及基层的基本医疗服务等基本公益服务，不能或不宜由市场配置资源的，划入公益一类；承担高等教育、非营利医疗等公益服务，可部分由市场配置资源的，划入公益二类。具体由各地结合实际研究确定。

四、推进承担行政职能事业单位改革

10. 严格认定标准和范围。根据国家有关法律法规和中央有关政策规定，按照是否主要履行行政决策、行政执行、行政监督等职能，从严认定承担行政职能的事业单位。

11. 区分不同情况实施改革。结合行政管理体制改革和政府机构改革，特别是探索实行职能有机统一的大部门体制，推进承担行政职能事业单位改革。涉及机构编制调整的，不得突破政府机构限额和编制总额，主要通过行政管理体制和政府机构改革中调剂出来的空额逐步解决。对部分承担行政职能的事业单位，要认真梳理职能，将属于政府的职能划归相关行政机构；职能调整后，要重新明确事业单位职责、划定类别，工作任务不足的予以撤销或并入其他事业单位。对完全承担行政职能的事业单位，可调整为相关行政机关的内设机构，确需单独设置行政机构的，要按照精简效能原则设置。已认定为承担行政职能、但尚未调整到位的事业单位，在过渡期内继续按照现行法律法规和政策规定履行职责，使用事业编制且只减不增，人事、财务、社会保险等依照国家现行政策规定实施管理。

五、推进从事生产经营活动事业单位改革

12. 推进转企改制。周密制定从事生产经营活动事业单位转企改制工作方案，按照有关规定进行资产清查、财务审计、资产评估，核实债权债务，界定和核实资产，由同级财政部门依法核定国家资本金。转制单位要按规定注销事业单位法人，核销事业编制，进行国有资产产权登记和工商登记，并依法与在职职工签订劳动合同，建立或接续社会保险关系。事业单位转企改制后，要按照现代企业制度要求，深化内部改革，转变管理机制，并依照政企分开、政资分开的原则，逐步与原行政主管部门脱钩，其国有资产管理除国家另有规定外，由履行国有资产出资人职责的机构负责。

13. 完善过渡政策。为平稳推进转制工作，可给予过渡期，一般为5年。在过渡期内，对转制单位给予适当保留原有税收等优惠政策，原有正常事业费继续拨付。在离退休待遇方面，转制前已离退休人员，原国家规定的离退休费待遇标准不变，支付方式和待遇调整按国家有关规定执行；转制前参加工作、转制后退休的人员，基本养老金的计发和调整按照国家有关规定执行，保证离退休人员待遇水平平稳衔接。在医疗保障方面，离休人员继续执行现行办法，所需资金按原渠道解决；转制前已退休人员，转制后继续按规定享受职工基本医疗保险、补充医疗保障等待遇。有条件的转制单位，可按照有关规定为职工建立补充医疗保险和企业年金。要进一步做好离退休人员的服务管理工作。

六、推进从事公益服务事业单位改革

14. 明确改革目的。强化事业单位公益属性，进一步理顺体制、完善机制、健全制度，充分调动广大工作人员的积极性、主动性、创造性，真正激发事业单位生机与活力，不断提高公益服务水平和效率，促进公益事业大力发展，切实为人民群众提供更加优质高效的公益服务。

15. 改革管理体制。实行政事分开，理顺政府与事业单位的关系。行政主管部门要加快职能转变，创新管理方式，减少对事业单位的微观管理和直接管理，强化制定政策法规、行业规划、标准规范和监督指导等职责，进一步落实事业单位法人自主权。对面向社会提供公益服务的事业单位，积极探索管办分离的有效实现形式，逐步取消行政级别。对不同类型事业单位实行不同的机构编制管理，科学制定机构编制标准，合理控制总

量，着力优化结构，建立动态调整机制，强化监督管理。

16. 建立健全法人治理结构。面向社会提供公益服务的事业单位，探索建立理事会、董事会、管委会等多种形式的治理结构，健全决策、执行和监督机制，提高运行效率，确保公益目标实现。不宜建立法人治理结构的事业单位，要继续完善现行管理模式。

17. 深化人事制度改革。以转换用人机制和搞活用人制度为核心，以健全聘用制度和岗位管理制度为重点，建立权责清晰、分类科学、机制灵活、监管有力的事业单位人事管理制度。加快推进职称制度改革。对不同类型事业单位实行分类人事管理，依据编制管理办法分类设岗，实行公开招聘、竞聘上岗、按岗聘用、合同管理。

18. 深化收入分配制度改革。以完善工资分配激励约束机制为核心，健全符合事业单位特点、体现岗位绩效和分级分类管理要求的工作人员收入分配制度。结合规范事业单位津贴补贴实施绩效工资，进一步做好义务教育学校、公共卫生与基层医疗卫生事业单位实施绩效工资工作；对其他事业单位按照分类指导、分步实施、因地制宜、稳慎推进的原则，实施绩效工资。各地区各部门要根据改革进程，探索对不同类型事业单位实行不同的绩效工资管理办法，分步实施到位。完善事业单位工资正常调整机制。

19. 推进社会保险制度改革。完善事业单位及其工作人员参加基本养老、基本医疗、失业、工伤等社会保险政策，逐步建立起独立于单位之外、资金来源多渠道、保障方式多层次、管理服务社会化的社会保险体系。事业单位工作人员基本养老保险实行社会统筹和个人账户相结合，养老保险费由单位和个人共同负担，个人缴费全部记入个人账户。养老保险基金单独建账，实行省级统筹，基本养老金实行社会化发放。实行“老人老办法、新人新制度、中人逐步过渡”，对改革前参加工作、改革后退休的人员，妥善保证其养老待遇水平平稳过渡、合理衔接，保持国家规定的待遇水平不降低。建立事业单位工作人员职业年金制度。统筹考虑企业、事业单位、机关离退休人员养老待遇水平。

20. 加强对事业单位的监督。建立事业单位绩效考评制度，考评结果作为确定预算、负责人奖惩与收入分配等的重要依据。加强审计监督和舆论监督。面向社会提供公益服务的事业单位要建立信息披露制度，重要事项和年度报告要向社会公开，涉及人民群众切身利益的重大公益服务事项要进行社会公示和听证。

21. 全面加强事业单位党的建设。按照党章和有关规定，及时调整党的组织设置，理顺隶属关系，选好配强党组织领导班子，加强党员教育、管理、服务，做好思想政治工作，推进精神文明建设，领导工会、共青团等群众组织开展工作，充分发挥党组织在促进事业发展、完成本单位中心任务中的领导核心或政治核心作用，保证党的基本路线方针政策在事业单位的贯彻执行。

七、构建公益服务新格局

22. 大力发展公益服务。适应经济社会发展和人民群众需要，不断拓展公益服务领域，增加公益服务品种，扩大公益服务供给总量。发挥政府主导作用，引导社会力量广泛参与，引入市场竞争机制，充分调动各方面积极性，不断增强公益事业发展活力方式多样化的公益服务新格局，努力为人民群众提供广覆盖、多层次的公益服务。

23. 强化政府责任。按照逐步实现基本公共服务均等化的要求，优先发展直接关系人民群众基本需求和国家安全、社会稳定的公益服务，促进公益服务公平公正。加快发展农村、欠发达地区和民族地区公益事业，缩小城乡之间、地区之间公益服务水平差距，切实满足广大农民和城市低收入群体医疗、教育、文化等公益服务需求。优化公益服务资源配置，合理规划布局，科学设置事业单位，打破条块分割和行政区划界限，推进资源共享。创新公益服务提供方式，完善购买服务机制，提高服务质量和效率。

24. 鼓励社会力量兴办公益事业。完善相关政策，放宽准入领域，推进公平准入，鼓励社会力量依法进入公益事业领域。对社会力量兴办公益事业的，在设立条件、资质认定、职业资格与职称评定、税收政策和政府购买服务等方面，与事业单位公平对待，并切实加强监管，引导其健康发展。完善和落实税收优惠政策，鼓励企业、社会团体和公民个人捐赠公益事业。大力倡导和发展志愿服务。

25. 充分发挥市场机制作用。完善扶持政策，充分发挥市场在公益事业领域资源配置中的积极作用，为社会资本投资创造良好环境，推动相关产业加快发展，满足人民群众多层次、多样化服务需求。

八、完善支持公益事业发展的财政政策

26. 加大财政对公益事业发展支持力度。加快建立健全公共财政体系，调整支出结构，加大投入力度，着力构建财政支持公益事业发展长效机制。制定和完善支持社会力量兴办公益事业的财政政策，形成多渠道筹措资金发展公益事业的投入机制。对事业单位的财政资金使用情况进行绩效考评，严格资金管理，提高使用效益。

27. 改革和完善财政支持方式。按照国家政策和以事定费的原则，结合不同事业单位的具体特点和财力，对不同类型事业单位实行不同的财政支持办法，合理制定标准，实行动态调整，健全监管制度，充分发挥财政资金的效用。对公益一类，根据正常业务需要，财政给予经费保障；对公益二类，根据财务收支状况，财政给予经费补助，并通过政府购买服务等方式予以支持。

28. 推进预算管理、政府采购和国有资产管理改革。研究建立事业单位资产配置标准体系，促进资产管理与预算编制有机结合，强化事业单位政府采购预算管理与执行，规范政府采购操作执行行为。加强行政事业性收费管理，严格收费项目和标准审批。建立健全事业单位财务会计和国有资产管理制度，加强财务监督，确保财政资金和国有资产使用规范、安全和有效。

九、认真做好组织实施工作

29. 加强领导。分类推进事业单位改革事关经济社会发展全局，是一场广泛而深刻的变革，任务复杂艰巨。各地区各部门要高度重视，坚定信心，精心组织，攻坚克难，确保改革顺利推进。为加强对改革工作的领导，建立中央分类推进事业单位改革工作部际联席会议制度，负责交流改革情况、研究共性问题、提出工作建议等工作，具体工作由中央编办承担。教育、科技、文化、卫生、新闻出版等部门要按照现行的领导体制和政策规定，继续推动行业体制改革。中央和国家机关负责组织所属事业单位进行改革。中央编办、财政部、人力资源社会保障部等部门要各司其职，密切配合，指导做好相关工作。各省（区、市）党委和政府对本地区的改革负总责，要建立领导小组，健全工作机制，结合实际研究制定实施意见并抓好组织落实。

30. 稳步实施。坚持分类指导、分业推进、分级组织、分步实施的工作方针，注意把握节奏，加强统筹协调，做到条块结合、上下结合，条件成熟的可率先改革，暂不具备条件的允许过渡，不搞“一刀切”。要继续深化改革试点，不断总结试点经验，完善相关政策措施。严禁突击提拔干部、严禁超职数配备干部或违反规定提高干部职级待遇。切实加强新闻宣传和思想政治工作，正确引导社会舆论，营造良好改革氛围，确保社会和谐稳定，确保国有资产不流失，确保公益事业健康发展。

2011 年 3 月 23 日

8. 国务院关于开展城镇居民社会养老保险试点的指导意见

国发〔2011〕18号

各省、自治区、直辖市人民政府，国务院各部委、各直属机构：

根据党的十七大精神和《中华人民共和国国民经济和社会发展第十二个五年规划纲要》、《中华人民共和国社会保险法》的规定，国务院决定，从2011年起开展城镇居民社会养老保险（以下简称城镇居民养老保险）试点。现就试点工作提出以下指导意见：

一、基本原则

城镇居民养老保险工作要高举中国特色社会主义伟大旗帜，以邓小平理论和“三个代表”重要思想为指导，深入贯彻落实科学发展观，按照加快建立覆盖城乡居民的社会保障体系的要求，逐步解决城镇无养老保障居民的老有所养问题。城镇居民养老保险试点的基本原则是“保基本、广覆盖、有弹性、可持续”。一是从城镇居民的实际情况出发，低水平起步，筹资标准和待遇标准要与经济发展及各方面承受能力相适应；二是个人（家庭）和政府合理分担责任，权利与义务相对应；三是政府主导和居民自愿相结合，引导城镇居民普遍参保；四是中央确定基本原则和主要政策，地方制定具体办法，城镇居民养老保险实行属地管理。

二、任务目标

建立个人缴费、政府补贴相结合的城镇居民养老保险制度，实行社会统筹和个人账户相结合，与家庭养老、社会救助、社会福利等其他社会保障政策相配套，保障城镇居民老年基本生活。2011年7月1日启动试点工作，实施范围与新型农村社会养老保险（以下简称新农保）试点基本一致，2012年基本实现城镇居民养老保险制度全覆盖。

三、参保范围

年满16周岁（不含在校学生）、不符合职工基本养老保险参保条件的城镇非从业居民，可以在户籍地自愿参加城镇居民养老保险。

四、基金筹集

城镇居民养老保险基金主要由个人缴费和政府补贴构成。

（一）个人缴费。参加城镇居民养老保险的城镇居民应当按规定缴纳养老保险费。缴费标准目前设为每年 100 元、200 元、300 元、400 元、500 元、600 元、700 元、800 元、900 元、1000 元 10 个档次，地方人民政府可以根据实际情况增设缴费档次。参保人自主选择档次缴费，多缴多得。国家依据经济发展和城镇居民人均可支配收入增长等情况适时调整缴费档次。

（二）政府补贴。政府对符合待遇领取条件的参保人全额支付城镇居民养老保险基础养老金。其中，中央财政对中西部地区按中央确定的基础养老金标准给予全额补助，对东部地区给予 50% 的补助。

地方人民政府应对参保人员缴费给予补贴，补贴标准不低于每人每年 30 元；对选择较高档次标准缴费的，可给予适当鼓励，具体标准和办法由省（区、市）人民政府确定。对城镇重度残疾人等缴费困难群体，地方人民政府为其代缴部分或全部最低标准的养老保险费。

（三）鼓励其他经济组织、社会组织和个人为参保人缴费提供资助。

五、建立个人账户

国家为每个参保人员建立终身记录的养老保险个人账户。个人缴费、地方人民政府对参保人的缴费补贴及其他来源的缴费资助，全部记入个人账户。个人账户储存额目前每年参考中国人民银行公布的金融机构人民币一年期存款利率计息。

六、养老金待遇

养老金待遇由基础养老金和个人账户养老金构成，支付终身。

中央确定的基础养老金标准为每人每月 55 元。地方人民政府可以根据实际情况提高基础养老金标准，对于长期缴费的城镇居民，可适当加发基础养老金，提高和加发部分的资金由地方人民政府支出。

个人账户养老金的月计发标准为个人账户储存额除以 139（与现行职工基本养老保险及新农保个人账户养老金计发系数相同）。参保人员死亡，个人账户中的资金余额，除政府补贴外，可以依法继承；政府补贴余额用于继续支付其他参保人的养老金。

七、养老金待遇领取条件

参加城镇居民养老保险的城镇居民，年满 60 周岁，可按月领取养老金。

城镇居民养老保险制度实施时，已年满 60 周岁，未享受职工基本养老保险待遇以及国家规定的其他养老待遇的，不用缴费，可按月领取基础养老金；距领取年龄不足 15 年的，应按年缴费，也允许补缴，累计缴费不超过 15 年；距领取年龄超过 15 年的，应按年缴费，累计缴费不少于 15 年。

要引导城镇居民积极参保、长期缴费，长缴多得；引导城镇居民养老保险待人均可支配收入增长等情况适时调整缴费档次。遇领取人员的子女按规定参保缴费。具体办法由省（区、市）人民政府规定。

八、待遇调整

国家根据经济发展和物价变动等情况，适时调整全国城镇居民养老保险基础养老金的最低标准。

九、基金管理

建立健全城镇居民养老保险基金财务会计制度。城镇居民养老保险基金纳入社会保障基金财政专户，实行收支两条线管理，单独记账、核算，按有关规定实现保值增值。试点阶段，城镇居民养老保险基金暂以试点县（区、市、旗，以下简称试点县）为单位管理，随着试点扩大和推开，逐步提高管理层次；有条件的地方也可直接实行省级管理。

十、基金监督

各级人力资源社会保障部门要切实履行城镇居民养老保险基金的监管职责，制定完善城镇居民养老保险各项业务管理规章制度，规范业务程序，建立健全内控制度和基金稽核制度，对基金的筹集、上解、划拨、发放进行监控和定期检查，并定期披露城镇居民养老保险基金筹集和支付信息，做到公开透明，加强社会监督。财政、监察、审计部门按各自职责实施监督，严禁挤占挪用，确保基金安全。试点地区社会保险经办机构和居委会每年在社区范围内对城镇居民的待遇领取资格进行公示，接受群众监督。

十一、经办管理服务

开展城镇居民养老保险试点的地区，要认真记录城镇居民参保缴费和领取待遇情况，建立参保档案，长期妥善保存；建立全国统一的城镇居民养老保险信息管理系统，与职工基本养老保险、新农保信息管理系统整合，纳入社会保障信息管理系统（“金保工程”）建设，并与其他公民信息管理系统实现信息资源共享；要大力推行社会保障卡，方便参保人持卡缴费、领取待遇和查询本人参保信息。试点地区要按照精简效能原则，整合现有社会保险经办管理资源，建立健全统一的新农保与城镇居民养老保险经办机构，加强经办能力建设。城镇居民养老保险工作经费纳入同级财政预算，不得从城镇居民养老保险基金中开支。

十二、相关制度衔接

有条件的地方，城镇居民养老保险应与新农保合并实施。其他地方应积极创造条件将两项制度合并实施。城镇居民养老保险与职工基本养老保险等其他养老保险制度的衔接办法，由人力资源社会保障部会同财政部制定。要妥善做好城镇居民养老保险制度与城镇居民最低生活保障、社会优抚等政策制度的配套衔接工作，具体办法由人力资源社会保障部、财政部会同有关部门研究制定。

十三、加强组织领导

城镇居民养老保险试点工作由国务院新型农村和城镇居民社会养老保险试点工作领导小组（以下简称国务院试点工作领导小组）统一领导，组织实施。国务院试点工作领导小组研究制定相关政策并督促检查政策的落实情况，总结评估试点工作，协调解决试点工作中出现的问题。

地方各级人民政府要充分认识开展城镇居民养老保险试点工作的重大意义，将其列入当地经济社会发展规划和年度目标管理考核体系，切实加强组织领导。各级人力资源社会保障部门要切实履行城镇居民养老保险工作行政主管部门的职责，会同有关部门做好城镇居民养老保险的统筹规划、政策制定、统一管理、综合协调等工作。试点地区试点工作领导小组负责本地区试点工作。

十四、制定具体办法和试点实施方案

各省（区、市）人民政府要根据本指导意见，结合本地区实际情况，制定试点具体实施办法，并报国务院试点工作领导小组备案；要在充分调研、多方论证、周密测算的基础上，提出切实可行的试点实施方案，按要求选择试点地区，报国务院试点工作领导小组审定。试点县的试点实施方案由各省（区、市）人民政府批准后实施，并报国务院试点工作领导小组备案。

十五、做好舆论宣传工作

建立城镇居民养老保险制度是深入贯彻落实科学发展观、加快建设覆盖城乡居民社会保障体系的重大决策，是调整收入分配结构、扩大国内消费需求的重大举措，是统筹城乡发展、推进基本公共服务均等化的重要政策，是实现广大城镇居民老有所养，促进家庭和睦、社会和谐的重大民生工程。

各地区和有关部门要坚持正确的舆论导向，加强对试点工作重要意义、基本原则和各项政策的宣传，使这项惠民政策深入人心，引导符合条件的城镇居民积极参保。同时，要弘扬中华民族敬老、养老的美德，引导子女依法履行赡养老人的义务。

各地要注意研究试点过程中出现的新情况、新问题，积极探索和总结解决问题的办法和经验，妥善处理改革、发展和稳定的关系，把好事办好。重要情况要及时向国务院试点工作领导小组报告。

2011 年 6 月 7 日

9. 国务院关于批转社会保障“十二五”规划纲要的通知

国发〔2012〕17 号

各省、自治区、直辖市人民政府，国务院各部委、各直属机构：

国务院同意人力资源社会保障部、发展改革委、民政部、财政部、卫生部、社保基金会制定的《社会保障“十二五”规划纲要》，现转发给你们，请认真贯彻执行。

附：社会保障“十二五”规划纲要

2012 年 6 月 14 日

社会保障“十二五”规划纲要

社会保障与人民幸福安康息息相关，事关改革开放和社会主义现代化事业全局。党的十六届六中全会和十七大提出，到2020年要基本建立覆盖城乡居民的社会保障体系。“十二五”时期是实现这一目标的关键时期，根据《中华人民共和国国民经济和社会发展第十二个五年规划纲要》，编制社会保障“十二五”规划纲要。

一、发展环境

“十一五”时期，是建国以来社会保障体系建设发展最快的时期，社会保障制度建设取得突破性进展，覆盖城乡居民的社会保障体系框架基本形成。公布了《中华人民共和国社会保险法》，修订了《工伤保险条例》。建立新型农村社会养老保险（以下简称新农保）制度并开展试点，全面建立企业职工基本养老保险省级统筹制度，建立并全面实施城镇居民基本医疗保险制度，新型农村合作医疗（以下简称新农合）制度和城乡医疗救助制度普遍实施，职工基本医疗保险制度进一步完善。建立和实施农村最低生活保障制度、城市生活无着的流浪乞讨人员救助制度，完善了灾害救助、临时救助等制度，社会慈善、社会捐赠、群众互助等社会扶助活动和志愿服务活动制度化建设取得明显成效。社会保障覆盖范围从城镇扩大到农村，从国有企业扩大到各类用人单位，从职工扩大到灵活就业人员和城乡居民，越来越多的人享有了基本社会保障，并解决了一批历史遗留的突出问题。社会保障水平有较大幅度提高。社会保障管理服务体系初步建立，形成了以各级社会保险经办机构为主干、以银行及各类定点服务机构为依托、以社区劳动保障工作平台为基础的社会保障管理服务组织体系和服务网络，并逐步向乡镇、行政村延伸。“金保工程”一期建设任务顺利完成，建立了中央、省、市三级网络，并全部实现省、部联网。

专栏1　社会保障“十一五”规划主要指标实现情况

城镇基本养老保险参保人数（万人）	17 487	22 300	25 707	47.0%
新农保参保人数（万人）[1]			10 277	
城镇基本医疗保险参保人数（万人）	13 783	30 000	43 263[2]	213.9%
新农合覆盖率	23.5%	>80%	95%[3]	

续表

工伤保险参保人数（万人）	8478	14 000	16 161	90.6%
失业保险参保人数（万人）	10 648	12 000	13 376	25.6%
生育保险参保人数（万人）	5408	8000	12 336	128.1%
社会保障卡持卡人数（万人）			10 300	

注：[1] 2005 年和“十一五”规划目标未列新农保参保人数，2009 年开始组织新农保试点，2010 年数据中不包括各地自行试点的参保人数。

[2] 2010 年城镇基本医疗保险实际参保人数中包括职工基本医疗保险 23 735 万人、城镇居民基本医疗保险 19 528 万人。

[3] 2010 年新农合参保人数 8.36 亿人。

“十二五”时期，是实现全面建设小康社会的关键时期，是加快经济发展方式转变、保持经济平稳较快发展的攻坚时期，也是社会保障领域深化改革和在关键环节上实现突破的重要时期。党中央、国务院高度重视社会保障体系建设，为社会保障事业加快发展提供了坚实的政治基础；改革开放 30 多年来，我国经济建设取得了举世瞩目的成就，综合国力极大增强，为社会保障事业加快发展提供了雄厚的经济基础；我国社会发展进入新的阶段，人民生活水平显著提高，广大人民群众的社会保障意识增强，对社会保障的期盼提高，为社会保障事业加快发展提供了良好的社会基础；社会保障制度经过 20 多年的改革探索，积累了宝贵的经验，为社会保障事业加快发展提供了丰富的实践基础。在充分认识社会保障事业加快发展的有利条件的同时，也必须清醒地看到，我国社会保障体系还不完善，城乡社会保障发展还不平衡，广大农村地区社会保障发展严重滞后，一些基本保障制度覆盖面比较窄；随着城镇化进程的不断推进，加强制度整合、衔接和推进管理服务一体化的要求日趋紧迫，难度不断提高；城乡间、不同群体间社会保障待遇差距仍然较大，矛盾比较突出；人口老龄化加快，养老保险个人账户大部分空账运行，社会保障长期资金平衡和基金保值增值压力加大；社会保险统筹层次低，信息化建设发展水平不均衡，管理服务体系不健全等问题尚未得到根本解决，在一定程度上成为完善社会保障体系、促进基本公共服务均等化发展的制约因素，必须研究采取相应措施，认真加以解决。

二、指导思想

高举中国特色社会主义伟大旗帜，以邓小平理论和“三个代表”重要思想为指导，深入贯彻落实科学发展观，坚持“广覆盖、保基本、多层次、可持续”的基本方针，以增强公平性、适应流动性、保证可持续性为重点，加快建立覆盖城乡居民的社会保障体系，使广大人民群众得到基本保障，共享经济社会发展的成果，促进社会主义和谐社会建设。基本要求是：

（一）更加注重保障公平。充分发挥社会保障再分配的调节功能，把人人享有基本社会保障作为优先目标，基本解决制度缺失问题，使人民群众都能享有相应的基本社会保障制度安排；逐步提高社会保障水平，使其与经济发展水平相适应；协调平衡各项社会保障制度的待遇水平，逐步缩小相关群体的保障水平差距，使广大人民群众平等共享经济社会发展成果。

（二）更加注重统筹城乡发展。以农民、农民工、被征地农民、城市无业人员和城乡残疾人等群体为重点，以促进城乡统筹、更好适应流动性要求为目标，加快社会保障制度整合，提高统筹层次，推进制度规范，完善政策体系，做好各类制度的衔接和社会保险关系的转移接续工作，努力清除影响就业人员转移就业和享受各类社会保障待遇的障碍，维护参保人员权益。

（三）更加注重优质高效服务。加强社会保障的基础设施建设，健全服务网络，提高社会保障公共服务可及性。加大政府对社会保障公共服务体系建设的投入，加快信息化建设，改进服务手段，提高社会保障公共服务便利性；加快理顺社会保障管理服务的体制机制，建立全国统一的社会化管理服务体系和规范的管理服务流程，加强标准化建设，提升服务质量，为广大群众提供均等化的社会保障公共服务。

（四）更加注重可持续发展。实行国家统一决策与分级管理相结合、公平与效率相结合、权利与义务相对应，明确划分社会保障事权，落实各级政府、用人单位和参保个人的主体责任，建立健全多渠道筹资机制，实现社会保障基金中长期平衡。进一步加大调整财政支出结构的力度，稳步提高社会保障支出占财政支出的比重。继续做实企业职工基本养老保险个人账户，扩大全国社会保障基金规模，充实国家战略储备。加强风险预测，保证资金长期收支平衡，积极稳妥推进基本养老保险基金投资运营，大力发展多层次社会保障体系，为应对人口老龄化高峰提供制度和资金保障。

三、发展目标

未来五年社会保障事业发展的主要目标是：社会保障制度基本完备，

体系比较健全，覆盖范围进一步扩大，保障水平稳步提高，历史遗留问题基本得到解决，为全面建设小康社会提供水平适度、持续稳定的社会保障网。

（一）制度建设。各项保障制度基本完备。机关事业单位养老保险制度改革稳步推进，已有各项保障制度不断完善。城乡统筹取得积极进展，多层次保障体系进一步完善。

（二）覆盖范围。基本养老保险、基本医疗保险保障人群实现基本覆盖。“十二五”期末，城镇基本养老保险参保人数达到3.57亿人，其中企业职工基本养老保险达到3.07亿人；新农保参保人数达到4.5亿人。城乡基本医疗保险参保率在2010年基础上提高3个百分点。工伤保险参保人数达到2.1亿人，失业保险参保人数达到1.6亿人，生育保险参保人数达到1.5亿人。城乡最低生活保障实现应保尽保。

（三）保障水平。继续提高各项社会保险待遇水平。企业职工基本养老金、城镇居民社会养老保险和新农保基础养老金稳步增长。职工基本医疗保险、城镇居民基本医疗保险和新农合在政策范围内住院费用支付比例达到75%左右。城镇居民基本医疗保险和新农合门诊统筹覆盖所有统筹地区，稳步推进职工基本医疗保险门诊统筹。失业保险、工伤保险、生育保险待遇标准和城乡低保标准稳步提高，工伤伤残职工享有基本的职业康复服务。

（四）服务体系建设。覆盖全社会的劳动就业和社会保障公共服务网络基本形成，全国所有街道（社区）、乡镇（行政村）基本完成劳动就业和社会保障基层服务平台建设，行政村普遍实施劳动就业和社会保障协管员制度。县级以上（含县级）普遍建立布局合理、功能齐全、信息联网的社会保障基础服务设施。国家统一标准的社会保障卡持卡人数达到8亿人。纳入社区管理的企业退休人员比例达到80%。社会养老服务体系和儿童福利服务体系更加完善，建立健全残疾人服务体系和农民工留守家属关爱服务体系。经常性社会捐助体系进一步完善，各乡镇。

专栏2　“十二五”时期社会保障发展主要目标

指　　标	2010年	2015年	增加
基本养老保险参保人数（亿人）	3.60	8.07	4.47
城镇基本养老保险参保人数（亿人）	2.57	3.57	1.00
新农保参保人数（亿人）	1.03	4.50	3.47

续表

指　　标	2010年	2015年	增加
基本医疗保险参保率（%）			3
工伤保险参保人数（亿人）	1.6	2.1	0.5
失业保险参保人数（亿人）	1.3	1.6	0.3
生育保险参保人数（亿人）	1.2	1.5	0.3
（街道）基本建立经常性捐助站（点）和慈善超市			
社会保障卡持卡人数（亿人）	1.03	8.00	6.97

注：2010年城镇基本养老保险参保人数中未包含城镇居民，2015年企业职工基本养老保险参保人数不少于3.07亿人。

四、大力推进社会保障制度建设，基本解决制度缺失问题

（一）加快健全养老保险制度。实现新农保制度全覆盖，提高基础养老金水平。完善企业职工基本养老保险制度。建立城镇居民社会养老保险制度，在试点的基础上全面实施。研究制定因病或非因工死亡参保人员遗属领取丧葬补助金和抚恤金办法，以及因病或非因工致残完全丧失劳动力参保人员领取病残津贴办法。在试点的基础上，积极稳妥地推动机关事业单位养老保险制度改革。

（二）加快完善医疗、工伤、失业、生育保险制度体系。进一步完善职工基本医疗保险、城镇居民基本医疗保险、新农合制度，积极推进门诊统筹。加强工伤预防工作，深入推进以职业康复为重点的工伤康复工作，预防工伤和职业病的发生，努力让更多工伤职工重返工作岗位。注重强化失业风险防范功能，继续推进规范失业保险基金支出范围政策实施，建立预防失业、促进就业的长效机制。研究探索建立生育保障制度体系。

（三）实施应对人口老龄化的社会保障政策。实行有利于促进就业的社会保障政策，建立社会保障待遇水平与缴费情况相挂钩的参保缴费激励约束机制。立足当前，着眼长远，继续做实企业职工基本养老保险个人账户，研究弹性延迟领取养老金年龄的政策。积极稳妥推进养老保险基金投资运营，实现基金保值增值。继续通过中央财政预算拨款、划拨国有资产、扩大彩票发行等渠道充实全国社会保障基金，为应对人口老龄化高峰做好准备。

（四）建立健全家庭养老支持政策。完善农村计划生育家庭奖励扶助

制度和计划生育家庭特别扶助制度，完善和落实城镇独生子女父母老年奖励政策，建立奖励扶助金动态调整机制，鼓励有条件的地区在基本养老保险基础上，积极探索为独生子女父母、无子女和失能老人提供必要的养老服务补贴和老年护理补贴。

（五）健全残疾人社会保障制度。完善残疾人社会保障体系，将残疾人纳入覆盖城乡居民的社会保障体系并予以重点保障和特殊扶助，研究制定针对残疾人特殊困难和需求的社会保障政策措施，扩大残疾人社会保障覆盖面，提高残疾人社会保障待遇。建立贫困残疾人生活补助和重度残疾人护理补贴制度。

（六）大力发展补充保险。在建立健全各项基本社会保险制度的基础上，针对人们不同的社会保障需求，落实和完善税收支持政策，积极稳妥发展多层次社会保障体系。发展企业年金和职业年金，鼓励用人单位为劳动者建立补充养老保险；鼓励个人建立储蓄性养老保险；统筹考虑各类人群的补充医疗保险政策，逐步建立适合不同群体、分不同档次的补充医疗保险制度；鼓励发挥商业保险补充性作用。

（七）进一步健全社会救助制度。完善城乡最低生活保障制度，规范管理，实现应保尽保。合理确定低保标准和补助水平。进一步完善临时救助制度，帮助缓解低收入家庭突发性、临时性生活困难。完善城乡医疗救助制度，做好与基本医疗保险制度的衔接。

专栏3　“十二五”时期社会保障制度建设专项行动

01	实现新农保制度全覆盖
02	建立并全面实施城镇居民社会养老保险制度
03	推进事业单位养老保险制度改革
04	研究制定公务员和参照公务员法管理单位的工作人员养老保险办法
05	建立基本养老保险参保人遗属待遇制度
06	建立基本养老保险参保人病残津贴制度
07	制定实施失业保险人员领取失业保险金期间继续参加职工基本医疗保险政策
08	建立工伤预防制度，完善行业工伤保险费率政策标准和企业浮动费率机制

五、加快城乡社会保障统筹，稳步推进保障制度和管理服务一体化建设

（一）统筹城乡社会保障体系。推进制度整合和城乡衔接，促进城乡

一体化社会保障体系建设。研究制定城乡社会保险制度衔接办法，实行城乡居民养老保险统一经办管理。探索整合城乡基本医疗保险管理职能和经办资源，鼓励以政府购买服务的方式，委托具有资质的商业保险机构经办各类医疗保障管理服务。

（二）进一步提高统筹层次。稳步提高各项社会保险统筹层次，扩大基金调剂和使用范围，增强基金共济能力。全面落实企业职工基本养老保险省级统筹，实现基础养老金全国统筹。新农保实现省级管理。全面实现医疗、工伤、失业、生育保险地（市）级统筹，逐步建立省级基金调剂制度，积极推进省级统筹。

（三）切实做好社会保险关系转移接续工作。以农民工为重点，妥善解决人员流动过程中社会保险关系转移接续问题，实现制度的有效衔接。全面实施城镇企业职工基本养老保险关系转移接续办法。落实医疗保险关系转移接续办法，实现医疗保险缴费年限在各地互认，累计合并计算。以异地安置退休人员为重点，完善异地就医管理服务，探索建立参保地委托就医地进行管理的协作机制。统一社会保险信息管理标准，实现相关信息指标体系和编码体系全国统一，方便全国范围信息交换，适应人员流动需要。

六、进一步扩大社会保障覆盖范围，基本养老、基本医疗保险保障人群实现基本覆盖

将符合条件的各类人群纳入制度体系，重点做好农民工、非公有制经济组织从业人员、灵活就业人员的参保工作。将大学生全部纳入城镇居民基本医疗保险制度。继续解决体制转轨的历史遗留问题，将各类关闭破产企业退休人员和困难企业职工纳入基本医疗保障体系，将未参保集体企业已退休人员纳入基本养老保险制度，将国有企业、集体企业“老工伤”人员全部纳入工伤保险统筹管理。强化新农保、新农合以及城镇居民基本医疗保险制度的政策激励机制，引导符合条件的人员积极参保、长期参保。完善被征地农民的社会保障政策，实行先保后征，应保尽保，切实保障他们的合法权益。研究明确公务员和参照公务员法管理事业单位人员工伤保险政策。研究制定残疾人参加各类社会保险和安置残疾人就业单位办理社会保险的优惠政策。加大资金支持力度，积极推进优抚对象、城乡残疾人和各类困难群体参加社会保险。

专栏4　“十二五”时期社会保障人群覆盖专项行动计划

01	基本实现新农保和城镇居民社会养老保险制度全覆盖
02	将未参保集体企业已退休人员和原“家属工”、“五七工”等纳入基本养老保险制度
03	将国有企业、集体企业“老工伤”人员全部纳入工伤保险制度
04	将未参保厂办大集体企业职工和退休人员纳入基本养老保险、基本医疗保险范围
05	将大学生全部纳入城镇居民基本医疗保险制度
06	探索建立参保地委托就医地进行管理的协作机制，完善异地就医管理服务

七、逐步提高保障标准，增强保障能力

根据经济社会发展情况，逐步提高各项社会保障水平，缩小城乡、区域、群体之间的社会保障待遇差距。统筹建立基本养老金正常调整机制，继续提高企业退休人员基本养老金水平，提高新农保和城镇居民社会养老保险基础养老金标准。以基层医疗卫生机构为依托，普遍开展和推进城镇居民基本医疗保险、新农合门诊医疗费用统筹，逐步将门诊常见病、多发病纳入保障范围。逐步提高基本医疗保险最高支付限额和住院费用支付比例，均衡职工基本医疗保险、城镇居民基本医疗保险、新农合的待遇水平。逐步提高各级财政对新农保、城镇居民社会养老保险、城镇居民基本医疗保险和新农合的补助标准。进一步完善失业保险金申领发放办法，健全失业保险金正常调整机制。建立健全职业康复标准、劳动能力鉴定标准和伤残辅助器具配置标准。健全城乡低保标准动态调整机制，逐步提高城乡最低生活保障水平。

专栏5　“十二五”时期改善社会保障待遇计划

01	提高养老保障水平 　　企业职工基本养老金稳定增长，提高新农保和城镇居民社会养老保险基础养老金水平
02	提高医疗保障水平 　　财政对城镇居民基本医疗保险和新农合的补助标准逐步提高，职工基本医疗保险、城镇居民基本医疗保险和新农合政策范围内住院费用支付比例均达到75%左右

续表

03	提高工伤、失业、生育保险待遇 提高工伤、失业、生育保险待遇水平，加强工伤预防和康复工作
04	提高城乡低保标准 城乡居民最低生活保障标准年均增长10%以上

八、建立健全社会救助体系，大力发展福利和慈善事业

（一）建立健全社会救助体系。完善以城乡低保制度为核心，以农村五保供养、灾害救助、医疗救助、住房救助、教育救助、流浪乞讨人员救助、殡葬救助为主要内容，以临时救助制度为补充，与慈善事业相衔接、统筹城乡、保障水平与经济社会发展水平相适应的社会救助体系，实现城乡社会救助全覆盖。进一步强化社会救助能力建设。进一步完善自然灾害救灾应急体系，提升灾害紧急救援能力，提高灾害救助水平。

（二）大力发展福利事业。以扶老、助残、救孤、济困为重点，逐步提高国民福利水平。坚持家庭、社区和福利机构相结合，逐步健全社会福利服务体系，加强老年人、残疾人、孤儿福利服务。贯彻落实《社会养老服务体系建设规划（2011—2015年）》，坚持政府主导、政策扶持、多方参与、统筹规划，加快养老服务体系建设，满足多元化养老服务需求。积极开展老年护理服务，建立居家养老三级服务网络；完善社区服务网络，加强社区福利设施建设；加快养老机构建设，加强养老机构标准化建设。加快养老护理员队伍建设。建立健全残疾人基本公共服务体系，为残疾人的生活和发展提供稳定的制度保障。以智力、精神、重度残疾人为重点对象，建立健全残疾人托养服务体系，加强精神卫生队伍建设，推动福利企业健康发展，做好辅助器具的研发生产装配企业资格认定以及假肢（矫形器）制作师职业资格考试和注册工作，提高残疾人福利水平，减轻残疾人家庭负担。

（三）大力发展慈善事业。建立与中国优秀传统文化及经济发展水平相一致，政府支持、社会举办、公众参与的具有中国特色的慈善事业发展体系，形成全社会人人参与的慈善事业新格局。完善慈善捐赠方面的政策法规和税收优惠政策，完善支持慈善事业发展的财政、彩票公益金等国家投入机制，规范慈善行业服务监管制度，提升慈善信息公共服务能力。发展经常性捐助站点和慈善超市，完善经常性社会捐助体系。完善慈善超市运行机制。

九、加强社会保障管理与监督，提升管理服务水平

（一）严格基金监管。加强社会保障基金监督管理，维护基金安全。健全社会保险基金预算管理制度，规范基金收支，明确政府投入责任。完善基金监管政策法规，积极稳妥推进基本养老保险基金投资运营，进一步规范企业年金、职业年金市场化运营。大力推行社会保险基金网络监管软件应用，逐步实现现场监督检查与非现场监管相结合。指导社会保险基金和企业年金、职业年金基金管理机构加强内控和风险防范，实行规范运作，提高基金管理能力和运作水平，实现基金保值增值。建立社会保险基金和企业年金、职业年金管理情况报告制度和信息披露制度。建立行政监督与社会监督相结合的基金监管机制。

（二）进一步加强医疗保险基金支付管理。落实深化医药卫生体制改革的要求，强化医疗保障对医疗服务的监控作用，引导控制医疗服务费用，促进提高医疗服务水平。完善基本医疗保险定点医疗机构和定点零售药店协议管理制度，建立实施分级管理标准，全面推进基本医疗费用即时结算。加快实现医疗费用异地就医即时结算。推进实行按病种付费、总额预付、按人头付费等方式，深化医疗保险付费方式改革。探索建立医疗保险经办机构与医疗机构、药品供应商的谈判机制。完善基本医疗保险支付范围管理。完善基本医疗保险药品目录、医疗服务项目管理办法。

（三）改进和加强社会保障管理服务。加快社会保障规范化、信息化、专业化建设步伐，提高管理服务水平。健全管理机制，完善专业标准，规范业务规程，整合经办资源，提升管理手段。建立公民社会保险登记制度，实现登记管理模式从以单位为依托向以社区为依托、以个人为对象的转变。逐步实现统一受理社会保险参保登记、统一核定缴费基数和数额、统一征收社会保险费、统一社会保险稽核、统一查处社会保险违规行为，加强社会保障业务档案、数据、信息网络管理，保证资料和信息的完整、准确、安全。建立全国统一的社会化服务体系，加强基础服务设施建设，设立电脑查询、电话查询和个性化咨询服务，积极探索网上申报、缴费、结算。探索合理利用各种社会资源提供社会保障公共服务。进一步完善新农保金融服务，健全服务体系，规范服务方式，积极支持银行业金融机构申请代理新农保和城镇居民社会养老保险发放业务，创新支付结算方式，提供优质高效服务。

专栏 6　“十二五”时期社会保障公共服务能力提升计划

01	加快信息化建设 实施“金保工程”二期建设项目，建设多险种统管、跨区域接续、城乡一体的社会保障经办服务系统，推行社会保障一卡通，提升社会保障监管和决策支持能力
02	延伸服务网络 在全国所有城市街道（社区）和乡镇（行政村）建立劳动就业和社会保障基层服务平台，在行政村普遍实施劳动就业和社会保障协管员制度
03	改善服务环境 开展国家、省级、市级社会保障服务平台建设，统筹考虑国家级和省级异地就医结算平台建设
04	实施标准化管理 研究制定有关社会保险标准 36 项，其中：国家标准 13 项，行业标准 23 项
05	建立专业化队伍 实施“社会保险百千万人才队伍建设工程”，培养 100 名左右掌握社会保险政策、精通经办业务的管理人才；培养 1000 名左右社会保险经办相关专业领域的业务专家；培养 10 000 名左右岗位管理能手和业务标兵

十、强化基础保障，确保纲要实施

（一）加强社会保障法制建设。认真贯彻《中华人民共和国社会保险法》和《工伤保险条例》，修订《失业保险条例》和《社会保险费征缴暂行条例》，制订医疗保险、养老保险、社会保险经办管理服务和基金监督等法规，以及与法律法规相配套的部门规章。加快社会救助法和慈善法立法进程，建立养老服务准入、退出和监管制度，构建完善的社会保障法律体系。

（二）加大政府公共财政对社会保障的投入。明确各级政府在社会保障方面的责任，建立政府对社会保障的正常投入机制和不同层级政府间的分担机制。各级政府要调整财政支出结构，逐步提高社会保障支出占财政支出的比重。加大中央财政对社会保障体系建设的投入，巩固现有筹资渠道，积极开辟其他资金来源。适应社会保障事业快速发展需要，切实保障社会保险经办机构管理服务所需经费以及社会救助等机构所需经费。

（三）健全社会保障公共服务体系。遵循方便、安全、低成本的原则，整合基层公共服务功能，延伸基层公共服务网络，加强劳动就业和社会保障平台建设。按照精简、高效、统一的原则，完善社会保障组织体系。开展大规模的专业培训，不断提高社会保障系统工作人员履行职责和提供服务的能力。充分利用社会资源，采取政府购买服务的方式加强和改善基本公共服务，提高服务质量和效率。

（四）推行社会保障一卡通。以实现社会保障全国一卡通为目标，完善协调机制，建立统一标准，全面发行社会保障卡，实现社会保障卡跨险种、跨地区广泛应用。加快推进“金保工程”二期建设，建立全国统一的社会保障信息系统，并逐步与医疗卫生、社会福利、社会救助等社会保障相关信息系统做好衔接，实现协同共享，为一卡通提供高效、安全的技术支持保障。

（五）继续做大做强社会保障战略储备资金。按照“可操作、可持续、有增长”的原则，研究多渠道补充全国社会保障基金；依据现有制度安排，通过完善国有股减转持相关政策、做好国有上市公司追溯部分的国有股份划转工作和扩大彩票发行等渠道，进一步加大对全国社会保障基金的支持力度，充实全国社会保障基金。

（六）加强社会保障科学研究和宣传。进一步推动理论和科技创新，为社会保障事业发展提供系统的理论指导和科技支撑。建立社会保障专家库、资料库和基础数据库。重点开展社会保障资金中长期平衡等涉及全局和长远的发展战略、基础理论和重大政策研究，形成有中国特色的社会保障理论和政策体系。加强政策评估、技术标准、量化分析、预警预测与社会保险精算等专题研究，建立数据分析系统。大力推广科研成果应用，促进决策、管理、服务科学化。多渠道筹集资金，增加科研经费投入。加强社会保障政策宣传和舆论引导。

（七）加强社会保障国际交流与合作。加强社会保障领域双边、多边合作，适时批准适合我国国情的社会保障国际公约，积极参与国际劳工公约和建议书等国际劳工标准的制订。通过双边谈判，签订双边社会保险互免协议。立足国情，学习借鉴国际社会保障管理服务经验，提高处理和解决实际问题的能力，加强社会保障对外宣传。

（八）实施社会保障重大项目。按照事权划分责任，分级负担，加大投入，在充分利用现有资源的基础上，统筹实施基层劳动就业和社会保障综合服务平台、社会保障服务平台、工伤康复示范平台和社会保障人才队伍建设等重大项目。

1. 基层劳动就业和社会保障综合服务平台建设。

整合和利用现有资源，继续加强基层劳动就业和社会保障公共服务平台建设，完善服务设施。将社会保障业务信息网延伸到基层服务中心和服务站，为广大人民群众提供更加便捷、高效的服务。整合县及县以下社会保障公共服务功能，加强基层社会保障公共服务工作人员队伍建设。

2. 社会保障服务平台建设。

加强国家、省级、市级社会保障服务平台建设，统筹考虑国家级和省级异地就医结算平台建设，改善参保人员参保缴费、社会保险关系转移、待遇核发、社会保险档案管理、异地就医结算等经办服务条件。

3. 社会保障信息化工程。

围绕广泛推行社会保障一卡通，全面加快社会保障信息化建设。加快实施“金保工程”二期项目。依托国家电子政务网络，建立覆盖全国、联通城乡、安全可靠的社会保障业务信息网络和跨地区信息交换结算平台，建立多险种统管、跨区域接续、城乡一体化的社会保障经办服务系统。完善社会保障基金业务监管系统、宏观决策支持系统和 12333 电话咨询服务系统。提升数据中心水平。统筹规划建设灾备中心。形成全国统一的社会保障网络安全信任体系。

4. 社会保险标准化工程。

坚持以人为本、急用先立、上下联动、试点先行的基本工作原则。从现在起到 2015 年，基本建立起结构合理、层次分明、重点突出、科学适用的社会保险国家标准体系，行业标准、地方标准与国家社会保险标准协调配套，将社会保险服务、评价、管理等领域的全过程纳入标准化管理轨道，实现对关键环节和关键因素的有效监控，以标准化手段提升社会保险经办管理服务能力。“十二五”时期，按照人力资源和社会保障标准化建设总体要求，充分调动社会各方力量和资源，研究制定有关社会保险标准。

5. 工伤康复示范平台建设工程。

充分利用现有医疗和康复资源，以国家级和区域性工伤康复平台为示范引导，以地区级康复平台为基础，以购买服务为主要方式，以促进工伤职工职业康复为主要目标，研究逐步构建功能完备、分布合理的工伤康复新格局。国家级工伤康复示范平台要依托现有资源，按照面向全国、辐射周边的要求，建设成为集医疗康复、职业康复、人才培训、康复科研及假肢矫形器装配于一体的具有国际先进水平的大型综合性国家级工伤康复示范平台。区域性工伤康复示范平台依托所在省份现有资源进行建设，主要建设成立足所在省份，辐射区域内其他省份，并通过区域性工伤康复平台的示范作用，带动区域内其他省区市地区级康复平台发展的以职业康复为核心的综合性工伤康复示范平台。地区级康复平台立足本地，利用现有资源开展系统规范的工伤康复工作。不同层次的工伤康复平台协同推进，共同促进全国以职业康复为核心的工伤康复体系建设。

6. 失业动态监测预警项目。

为发挥失业保险预防失业的作用，依托基层人力资源和社会保障平台，建立健全统一的失业动态监测预警指标体系，配置必要设备，开发实用软件，加强人员培训和能力建设。争取到"十二五"期末，在所有省级单位和设区市及部分县（市），设立失业动态监测点，跟踪了解监测企业岗位变化、失业人员就业需求等动态情况，适时发布失业预警信息，并相应采取措施，预防和减少失业。

7. 社会保障人才队伍建设工程。

以中高级专业人才队伍建设为龙头，带动人才队伍建设工程的全面实施。力争用5年左右的时间，初步建设一支优秀的业务骨干队伍：培养100名左右掌握社会保险政策、精通经办业务的管理人才，培养1000名左右社会保险经办相关专业领域的业务专家，培养10 000名左右岗位管理能手和业务标兵；利用现有资源特别是各级各类学校及其他教育机构，打造一批合格的人才教育培训基地，建立国家级高级管理和专业人才培训基地。同时，指导各地完善现有的干部培训设施，为开展分层次、分类别、多渠道、大规模、重实效的人才开发培训提供基础保障；基本完成专业教材的开发和师资的培养。开发学习支持服务系统，丰富教育培训手段，开展远程教育，构建统一的网上交流平台。

8. 建立低收入家庭认定体系。

加快建设全国低收入家庭认定体系，为落实针对低收入家庭的基本养老、基本医疗、基本住房、基本教育、最低生活保障等城乡困难家庭基本生活保障政策奠定坚实的基础。

（九）抓好规划的贯彻实施。加快建立覆盖城乡居民的社会保障体系，是坚持立党为公、执政为民的具体体现，是推动科学发展、促进社会和谐的重要工作，是保增长、保民生、保稳定的重要任务。各地区和各部门要深刻认识加快完善社会保障体系的重要性和紧迫性，把全面实施规划纲要纳入重要议事日程。要抓紧制定本地区、本部门的具体实施方案和年度计划，加强领导、明确责任、分工协作，统筹协调、抓好落实。要加大重点项目立项和推进力度，加强对规划实施情况的动态监测与跟踪分析，及时发现和解决规划执行过程中存在的问题，定期组织对规划实施情况的检查，开展规划执行情况期中和期末评估，确保规划各项任务落到实处。

10. 国务院关于建立统一的城乡居民基本养老保险制度的意见

国发〔2014〕8 号

各省、自治区、直辖市人民政府，国务院各部委、各直属机构：

按照党的十八大精神和十八届三中全会关于整合城乡居民基本养老保险制度的要求，依据《中华人民共和国社会保险法》有关规定，在总结新型农村社会养老保险（以下简称“新农保”）和城镇居民社会养老保险（以下简称城居保）试点经验的基础上，国务院决定，将新农保和城居保两项制度合并实施，在全国范围内建立统一的城乡居民基本养老保险（以下简称“城乡居民养老保险”）制度。现提出以下意见：

一、指导思想

高举中国特色社会主义伟大旗帜，以邓小平理论、“三个代表”重要思想、科学发展观为指导，贯彻落实党中央和国务院的各项决策部署，按照全覆盖、保基本、有弹性、可持续的方针，以增强公平性、适应流动性、保证可持续性为重点，全面推进和不断完善覆盖全体城乡居民的基本养老保险制度，充分发挥社会保险对保障人民基本生活、调节社会收入分配、促进城乡经济社会协调发展的重要作用。

二、任务目标

坚持和完善社会统筹与个人账户相结合的制度模式，巩固和拓宽个人缴费、集体补助、政府补贴相结合的资金筹集渠道，完善基础养老金和个人账户养老金相结合的待遇支付政策，强化长缴多得、多缴多得等制度的激励机制，建立基础养老金正常调整机制，健全服务网络，提高管理水平，为参保居民提供方便快捷的服务。“十二五”末，在全国基本实现新农保和城居保制度合并实施，并与职工基本养老保险制度相衔接。2020 年前，全面建成公平、统一、规范的城乡居民养老保险制度，与社会救助、社会福利等其他社会保障政策相配套，充分发挥家庭养老等传统保障方式的积极作用，更好保障参保城乡居民的老年基本生活。

三、参保范围

年满 16 周岁（不含在校学生），非国家机关和事业单位工作人员及不属于职工基本养老保险制度覆盖范围的城乡居民，可以在户籍地参加城乡居民养老保险。

四、基金筹集

城乡居民养老保险基金由个人缴费、集体补助、政府补贴构成。

（一）个人缴费

参加城乡居民养老保险的人员应当按规定缴纳养老保险费。缴费标准目前设为每年100元、200元、300元、400元、500元、600元、700元、800元、900元、1000元、1500元、2000元12个档次，省（区、市）人民政府可以根据实际情况增设缴费档次，最高缴费档次标准原则上不超过当地灵活就业人员参加职工基本养老保险的年缴费额，并报人力资源社会保障部备案。人力资源社会保障部会同财政部依据城乡居民收入增长等情况适时调整缴费档次标准。参保人自主选择档次缴费，多缴多得。

（二）集体补助

有条件的村集体经济组织应当对参保人缴费给予补助，补助标准由村民委员会召开村民会议民主确定，鼓励有条件的社区将集体补助纳入社区公益事业资金筹集范围。鼓励其他社会经济组织、公益慈善组织、个人为参保人缴费提供资助。补助、资助金额不超过当地设定的最高缴费档次标准。

（三）政府补贴

政府对符合领取城乡居民养老保险待遇条件的参保人全额支付基础养老金，其中，中央财政对中西部地区按中央确定的基础养老金标准给予全额补助，对东部地区给予50%的补助。

地方人民政府应当对参保人缴费给予补贴，对选择最低档次标准缴费的，补贴标准不低于每人每年30元；对选择较高档次标准缴费的，适当增加补贴金额；对选择500元及以上档次标准缴费的，补贴标准不低于每人每年60元，具体标准和办法由省（区、市）人民政府确定。对重度残疾人等缴费困难群体，地方人民政府为其代缴部分或全部最低标准的养老保险费。

五、建立个人账户

国家为每个参保人员建立终身记录的养老保险个人账户，个人缴费、地方人民政府对参保人的缴费补贴、集体补助及其他社会经济组织、公益慈善组织、个人对参保人的缴费资助，全部记入个人账户。个人账户储存额按国家规定计息。

六、养老保险待遇及调整

城乡居民养老保险待遇由基础养老金和个人账户养老金构成，支付终身。

（一）基础养老金。中央确定基础养老金最低标准，建立基础养老金最低标准正常调整机制，根据经济发展和物价变动等情况，适时调整全国基础养老金最低标准。地方人民政府可以根据实际情况适当提高基础养老金标准；对长期缴费的，可适当加发基础养老金，提高和加发部分的资金由地方人民政府支出，具体办法由省（区、市）人民政府规定，并报人力资源社会保障部备案。

（二）个人账户养老金。个人账户养老金的月计发标准，目前为个人账户全部储存额除以 139（与现行职工基本养老保险个人账户养老金计发系数相同）。参保人死亡，个人账户资金余额可以依法继承。

七、养老保险待遇领取条件

参加城乡居民养老保险的个人，年满 60 周岁、累计缴费满 15 年，且未领取国家规定的基本养老保障待遇的，可以按月领取城乡居民养老保险待遇。

新农保或城居保制度实施时已年满 60 周岁，在本意见印发之日前未领取国家规定的基本养老保障待遇的，不用缴费，自本意见实施之月起，可以按月领取城乡居民养老保险基础养老金；距规定领取年龄不足 15 年的，应逐年缴费，也允许补缴，累计缴费不超过 15 年；距规定领取年龄超过 15 年的，应按年缴费，累计缴费不少于 15 年。

城乡居民养老保险待遇领取人员死亡的，从次月起停止支付其养老金。有条件的地方人民政府可以结合本地实际探索建立丧葬补助金制度。社会保险经办机构应每年对城乡居民养老保险待遇领取人员进行核对；村（居）民委员会要协助社会保险经办机构开展工作，在行政村（社区）范围内对参保人待遇领取资格进行公示，并与职工基本养老保险待遇等领取记录进行比对，确保不重、不漏、不错。

八、转移接续与制度衔接

参加城乡居民养老保险的人员，在缴费期间户籍迁移、需要跨地区转移城乡居民养老保险关系的，可在迁入地申请转移养老保险关系，一次性转移个人账户全部储存额，并按迁入地规定继续参保缴费，缴费年限累计计算；已经按规定领取城乡居民养老保险待遇的，无论户籍是否迁移，其养老保险关系不转移。

城乡居民养老保险制度与职工基本养老保险、优抚安置、城乡居民最低生活保障、农村五保供养等社会保障制度以及农村部分计划生育家庭奖励扶助制度的衔接，按有关规定执行。

九、基金管理和运营

将新农保基金和城居保基金合并为城乡居民养老保险基金，完善城乡居民养老保险基金财务会计制度和各项业务管理规章制度。城乡居民养老保险基金纳入社会保障基金财政专户，实行收支两条线管理，单独记账、独立核算，任何地区、部门、单位和个人均不得挤占挪用、虚报冒领。各地要在整合城乡居民养老保险制度的基础上，逐步推进城乡居民养老保险基金省级管理。

城乡居民养老保险基金按照国家统一规定投资运营，实现保值增值。

十、基金监督

各级人力资源社会保障部门要会同有关部门认真履行监管职责，建立健全内控制度和基金稽核监督制度，对基金的筹集、上解、划拨、发放、存储、管理等进行监控和检查，并按规定披露信息，接受社会监督。财政部门、审计部门按各自职责，对基金的收支、管理和投资运营情况实施监督。对虚报冒领、挤占挪用、贪污浪费等违纪违法行为，有关部门按国家有关法律法规严肃处理。要积极探索有村（居）民代表参加的社会监督的有效方式，做到基金公开透明，制度在阳光下运行。

十一、经办管理服务与信息化建设

省（区、市）人民政府要切实加强城乡居民养老保险经办能力建设，结合本地实际，科学整合现有公共服务资源和社会保险经办管理资源，充实加强基层经办力量，做到精确管理、便捷服务。要注重运用现代管理方式和政府购买服务方式，降低行政成本，提高工作效率。要加强城乡居民养老保险工作人员专业培训，不断提高公共服务水平。社会保险经办机构要认真记录参保人缴费和领取待遇情况，建立参保档案，按规定妥善保存。地方人民政府要为经办机构提供必要的工作场地、设施设备、经费保障。城乡居民养老保险工作经费纳入同级财政预算，不得从城乡居民养老保险基金中开支。基层财政确有困难的地区，省市级财政可给予适当补助。

各地要在现有新农保和城居保业务管理系统基础上，整合形成省级集中的城乡居民养老保险信息管理系统，纳入“金保工程”建设，并与其他公民信息管理系统实现信息资源共享；要将信息网络向基层延伸，实现省、市、县、乡镇（街道）、社区实时联网，有条件的地区可延伸到行政村；要大力推行全国统一的社会保障卡，方便参保人持卡缴费、领取待遇和查询本人参保信息。

十二、加强组织领导和政策宣传

地方各级人民政府要充分认识建立城乡居民养老保险制度的重要性，将其列入当地经济社会发展规划和年度目标管理考核体系，切实加强组织领导；要优化财政支出结构，加大财政投入，为城乡居民养老保险制度建设提供必要的财力保障。各级人力资源社会保障部门要切实履行主管部门职责，会同有关部门做好城乡居民养老保险工作的统筹规划和政策制定、统一管理、综合协调、监督检查等工作。

各地区和有关部门要认真做好城乡居民养老保险政策宣传工作，全面准确地宣传解读政策，正确把握舆论导向，注重运用通俗易懂的语言和群众易于接受的方式，深入基层开展宣传活动，引导城乡居民踊跃参保、持续缴费、增加积累，保障参保人的合法权益。

各省（区、市）人民政府要根据本意见，结合本地区实际情况，制定具体实施办法，并报人力资源社会保障部备案。

本意见自印发之日起实施，已有规定与本意见不一致的，按本意见执行。

2014 年 2 月 21 日

11. 国务院办公厅关于印发机关事业单位职业年金办法的通知

国办发〔2015〕18号

各省、自治区、直辖市人民政府，国务院各部委、各直属机构：

《机关事业单位职业年金办法》已经国务院同意，现印发给你们，请认真贯彻执行。

2015年3月27日

机关事业单位职业年金办法

第一条　为建立多层次养老保险体系，保障机关事业单位工作人员退休后的生活水平，促进人力资源合理流动，根据《国务院关于机关事业单位工作人员养老保险制度改革的决定》（国发〔2015〕2号）等相关规定，制定本办法。

第二条　本办法所称职业年金，是指机关事业单位及其工作人员在参加机关事业单位基本养老保险的基础上，建立的补充养老保险制度。

第三条　本办法适用的单位和工作人员范围与参加机关事业单位基本养老保险的范围一致。

第四条　职业年金所需费用由单位和工作人员个人共同承担。单位缴纳职业年金费用的比例为本单位工资总额的8%，个人缴费比例为本人缴费工资的4%，由单位代扣。单位和个人缴费基数与机关事业单位工作人员基本养老保险缴费基数一致。

根据经济社会发展状况，国家适时调整单位和个人职业年金缴费的比例。

第五条　职业年金基金由下列各项组成：

（一）单位缴费；

（二）个人缴费；

（三）职业年金基金投资运营收益；

（四）国家规定的其他收入。

第六条 职业年金基金采用个人账户方式管理。个人缴费实行实账积累。对财政全额供款的单位，单位缴费根据单位提供的信息采取记账方式，每年按照国家统一公布的记账利率计算利息，工作人员退休前，本人职业年金账户的累计储存额由同级财政拨付资金记实；对非财政全额供款的单位，单位缴费实行实账积累。实账积累形成的职业年金基金，实行市场化投资运营，按实际收益计息。

职业年金基金投资管理应当遵循谨慎、分散风险的原则，保证职业年金基金的安全性、收益性和流动性。职业年金基金的具体投资管理办法由人力资源社会保障部、财政部会同有关部门另行制定。

第七条 单位缴费按照个人缴费基数的8%计入本人职业年金个人账户；个人缴费直接计入本人职业年金个人账户。

职业年金基金投资运营收益，按规定计入职业年金个人账户。

第八条 工作人员变动工作单位时，职业年金个人账户资金可以随同转移。工作人员升学、参军、失业期间或新就业单位没有实行职业年金或企业年金制度的，其职业年金个人账户由原管理机构继续管理运营。新就业单位已建立职业年金或企业年金制度的，原职业年金个人账户资金随同转移。

第九条 符合下列条件之一的可以领取职业年金：

（一）工作人员在达到国家规定的退休条件并依法办理退休手续后，由本人选择按月领取职业年金待遇的方式。可一次性用于购买商业养老保险产品，依据保险契约领取待遇并享受相应的继承权；可选择按照本人退休时对应的计发月数计发职业年金月待遇标准，发完为止，同时职业年金个人账户余额享有继承权。本人选择任一领取方式后不再更改。

（二）出国（境）定居人员的职业年金个人账户资金，可根据本人要求一次性支付给本人。

（三）工作人员在职期间死亡的，其职业年金个人账户余额可以继承。

未达到上述职业年金领取条件之一的，不得从个人账户中提前提取资金。

第十条 职业年金有关税收政策，按照国家有关法律法规和政策的相关规定执行。

第十一条 职业年金的经办管理工作，由各级社会保险经办机构负责。

第十二条 职业年金基金应当委托具有资格的投资运营机构作为投资管理人，负责职业年金基金的投资运营；应当选择具有资格的商业银行作为托管人，负责托管职业年金基金。委托关系确定后，应当签订书面合同。

第十三条　职业年金基金必须与投资管理人和托管人的自有资产或其他资产分开管理，保证职业年金财产独立性，不得挪作其他用途。

第十四条　县级以上各级人民政府人力资源社会保障行政部门、财政部门负责对本办法的执行情况进行监督检查。对违反本办法规定的，由人力资源社会保障行政部门和财政部门予以警告，责令改正。

第十五条　因执行本办法发生争议的，工作人员可按照国家有关法律、法规提请仲裁或者申诉。

第十六条　本办法自2014年10月1日起实施。已有规定与本办法不一致的，按照本办法执行。

第十七条　本办法由人力资源社会保障部、财政部负责解释。

12. 企业年金试行办法

中华人民共和国劳动和社会保障部令

第20号

《企业年金试行办法》已于2003年12月30日经劳动和社会保障部第7次部务会议通过，现予公布，自2004年5月1日起施行。

部长　郑斯林

二〇〇四年一月六日

企业年金试行办法

第一条　为建立多层次的养老保险制度，更好地保障企业职工退休后的生活，完善社会保障体系，根据劳动法和国务院的有关规定，制定本办法。

第二条　本办法所称企业年金，是指企业及其职工在依法参加基本养老保险的基础上，自愿建立的补充养老保险制度。建立企业年金，应当按照本办法的规定执行。

第三条　符合下列条件的企业，可以建立企业年金：

（一）依法参加基本养老保险并履行缴费义务；

（二）具有相应的经济负担能力；

（三）已建立集体协商机制。

第四条　建立企业年金，应当由企业与工会或职工代表通过集体协商确定，并制定企业年金方案。国有及国有控股企业的企业年金方案草案应当提交职工大会或职工代表大会讨论通过。

第五条　企业年金方案应当包括以下内容：

（一）参加人员范围；

（二）资金筹集方式；

（三）职工企业年金个人账户管理方式；

（四）基金管理方式；

（五）计发办法和支付方式；

（六）支付企业年金待遇的条件；

（七）组织管理和监督方式；

（八）中止缴费的条件；

（九）双方约定的其他事项。

企业年金方案适用于企业试用期满的职工。

第六条　企业年金方案应当报送所在地区县以上地方人民政府劳动保障行政部门。中央所属大型企业企业年金方案，应当报送劳动保障部。劳动保障行政部门自收到企业年金方案文本之日起15日内未提出异议的，企业年金方案即行生效。

第七条　企业年金所需费用由企业和职工个人共同缴纳。企业缴费的列支渠道按国家有关规定执行；职工个人缴费可以由企业从职工个人工资中代扣。

第八条　企业缴费每年不超过本企业上年度职工工资总额的十二分之一。企业和职工个人缴费合计一般不超过本企业上年度职工工资总额的六分之一。

第九条　企业年金基金由下列各项组成：

（一）企业缴费；

（二）职工个人缴费；

（三）企业年金基金投资运营收益。

第十条　企业年金基金实行完全积累，采用个人账户方式进行管理。

企业年金基金可以按照国家规定投资运营。企业年金基金投资运营收益并入企业年金基金。

第十一条　企业缴费应当按照企业年金方案规定比例计算的数额计入

职工企业年金个人账户；职工个人缴费额计入本人企业年金个人账户。

企业年金基金投资运营收益，按净收益率计入企业年金个人账户。

第十二条　职工在达到国家规定的退休年龄时，可以从本人企业年金个人账户中一次或定期领取企业年金。职工未达到国家规定的退休年龄的，不得从个人账户中提前提取资金。出境定居人员的企业年金个人账户资金，可根据本人要求一次性支付给本人。

第十三条　职工变动工作单位时，企业年金个人账户资金可以随同转移。职工升学、参军、失业期间或新就业单位没有实行企业年金制度的，其企业年金个人账户可由原管理机构继续管理。

第十四条　职工或退休人员死亡后，其企业年金个人账户余额由其指定的受益人或法定继承人一次性领取。

第十五条　建立企业年金的企业，应当确定企业年金受托人（以下简称受托人），受托管理企业年金。受托人可以是企业成立的企业年金理事会，也可以是符合国家规定的法人受托机构。

第十六条　企业年金理事会由企业和职工代表组成，也可以聘请企业以外的专业人员参加，其中职工代表应不少于三分之一。

第十七条　企业年金理事会除管理本企业的企业年金事务之外，不得从事其他任何形式的营业性活动。

第十八条　确定受托人应当签订书面合同。合同一方为企业，另一方为受托人。

第十九条　受托人可以委托具有资格的企业年金账户管理机构作为账户管理人，负责管理企业年金账户；可以委托具有资格的投资运营机构作为投资管理人，负责企业年金基金的投资运营。

受托人应当选择具有资格的商业银行或专业托管机构作为托管人，负责托管企业年金基金。

受托人与账户管理人、投资管理人和托管人确定委托关系，应当签订书面合同。

第二十条　企业年金基金必须与受托人、账户管理人、投资管理人和托管人的自有资产或其他资产分开管理，不得挪作其他用途。

企业年金基金管理应当执行国家有关规定。

第二十一条　县级以上各级人民政府劳动保障行政部门负责对本办法的执行情况进行监督检查。对违反本办法规定的，由劳动保障行政部门予以警告，责令改正。

第二十二条　因履行企业年金合同发生争议的，当事人可以依法提请仲裁或者诉讼；因订立或者履行企业年金方案发生争议的，按国家有关集体合同争议处理规定执行。

第二十三条 参加企业基本养老保险社会统筹的其他单位，可参照本办法的规定执行。

第二十四条 本办法自 2004 年 5 月 1 日起实施。原劳动部 1995 年 12 月 29 日发布的《关于印发〈关于建立企业补充养老保险制度的意见〉的通知》同时废止。

13. 企业年金基金管理试行办法

中华人民共和国劳动和社会保障部
中国银行业监督管理委员会
中国证券监督管理委员会　**令**
中国保险监督管理委员会

第 23 号

现公布《企业年金基金管理试行办法》，自 2004 年 5 月 1 日起施行。

中华人民共和国劳动和社会保障部部长　郑斯林
中国银行业监督管理委员会主席　刘明康
中国证券监督管理委员会主席　尚福林
中国保险监督管理委员会主席　吴定富
二〇〇四年二月二十三日

企业年金基金管理试行办法

第一章　总　则

第一条 为维护企业年金各方当事人的合法权益，规范企业年金基金管理，根据劳动法、信托法、合同法、证券投资基金法等法律和国务院有关规定，制定本办法。

第二条 企业年金基金的受托管理、账户管理、托管以及投资管理适用本办法。

本办法所称企业年金基金，是指根据依法制定的企业年金计划筹集的资金及其投资运营收益形成的企业补充养老保险基金。

第三条 设立企业年金的企业及其职工作为委托人与企业年金理事会或法人受托机构（以下简称受托人），受托人与企业年金基金账户管理机构（以下简称账户管理人）、企业年金基金托管机构（以下简称托管人）和企业年金基金投资管理机构（以下简称投资管理人），按照国家有关规定建立书面合同关系。

书面合同应当报劳动保障行政部门备案。

第四条 企业年金基金必须存入企业年金专户。企业年金基金财产独立于委托人、受托人、账户管理人、托管人、投资管理人和其他为企业年金基金管理提供服务的自然人、法人或其他组织的固有财产及其管理的其他财产。

企业年金基金财产的管理、运用或其他情形取得的财产和收益，应当归入基金财产。

第五条 委托人、受托人、账户管理人、托管人、投资管理人和其他为企业年金基金管理提供服务的自然人、法人或其他组织，因依法解散、被依法撤销或被依法宣告破产等原因进行终止清算的，企业年金基金财产不属于其清算财产。

第六条 企业年金基金财产的债权，不得与委托人、受托人、账户管理人、托管人、投资管理人和其他为企业年金基金管理提供服务的自然人、法人或其他组织固有财产的债务相抵销。不同企业的企业年金基金的债权债务，不得相互抵销。

第七条 非因企业年金基金财产本身承担的债务，不得对基金财产强制执行。

第八条 受托人、账户管理人、托管人、投资管理人和其他为企业年金基金管理提供服务的自然人、法人或其他组织必须恪尽职守，履行诚实、信用、谨慎、勤勉的义务。

第九条 劳动保障部负责制定企业年金基金管理的有关政策。劳动保障行政部门对企业年金基金管理进行监管。

第二章 受托人

第十条 本办法所称受托人，是指受托管理企业年金基金的企业年金理事会或符合国家规定的养老金管理公司等法人受托机构（以下简称法人受托机构）。

第十一条 企业年金理事会由企业代表和职工代表等人员组成，依法管理本企业的企业年金事务，不得从事任何形式的营业性活动。

企业年金理事会理事应当诚实守信、无重大违法记录，并不得以任何形式收取费用。

第十二条 法人受托机构应当具备下列条件：

（一）经国家金融监管部门批准，在中国境内注册；

（二）注册资本不少于1亿元人民币，且在任何时候都维持不少于1.5亿元人民币的净资产；

（三）具有完善的法人治理结构；

（四）取得企业年金基金从业资格的专职人员达到规定人数；

（五）具有符合要求的营业场所、安全防范设施和与企业年金基金受托管理业务有关的其他设施；

（六）具有完善的内部稽核监控制度和风险控制制度；

（七）近3年没有重大违法违规行为；

（八）国家规定的其他条件。

第十三条 受托人应当履行下列职责：

（一）选择、监督、更换账户管理人、托管人、投资管理人以及中介服务机构；

（二）制定企业年金基金投资策略；

（三）编制企业年金基金管理和财务会计报告；

（四）根据合同对企业年金基金管理进行监督；

（五）根据合同收取企业和职工缴费，并向受益人支付企业年金待遇；

（六）接受委托人、受益人查询，定期向委托人、受益人和有关监管部门提供企业年金基金管理报告。发生重大事件时，及时向委托人、受益人和有关监管部门报告；

（七）按照国家规定保存与企业年金基金管理有关的记录至少15年；

（八）国家规定和合同约定的其他职责。

第十四条 本办法所称受益人，是指参加企业年金计划并享有受益权的企业职工。

第十五条 法人受托机构具备账户管理或投资管理业务资格，可以兼任账户管理人或投资管理人，但应当保证各项管理之间的独立性。

第十六条 有下列情形之一的，法人受托机构职责终止：

（一）违反与委托人合同约定的；

（二）利用企业年金基金财产为其谋取利益，或为他人谋取不正当利益的；

（三）依法解散、被依法撤销、被依法宣告破产或被依法接管的；

（四）被依法取消企业年金基金受托管理业务资格的；

（五）委托人有证据认为更换受托人符合受益人利益的；

（六）有关监管部门有充分理由和依据认为更换受托人符合受益人利益的；

（七）国家规定和合同约定的其他情形。

企业年金理事会有前款规定情形之一的，应当按国家规定重新组成。

第十七条　受托人职责终止的，委托人应当在30日内委任新的受托人。

受托人职责终止的，应当妥善保管企业年金基金受托管理资料，及时办理受托管理业务移交手续，新受托人应当及时接收。

第十八条　受托人职责终止的，应当按照规定聘请会计师事务所对受托管理进行审计，将审计结果报委托人并报有关监管部门备案。

第三章　账户管理人

第十九条　本办法所称账户管理人，是指受托人委托管理企业年金基金账户的专业机构。

第二十条　账户管理人应当具备下列条件：

（一）经国家有关部门批准，在中国境内注册的独立法人；

（二）注册资本不少于5000万元人民币；

（三）具有完善的法人治理结构；

（四）取得企业年金基金从业资格的专职人员达到规定人数；

（五）具有相应的企业年金基金账户信息管理系统；

（六）具有符合要求的营业场所、安全防范设施和与企业年金基金账户管理业务有关的其他设施；

（七）具有完善的内部稽核监控制度和风险控制制度；

（八）国家规定的其他条件。

第二十一条　账户管理人应当履行下列职责：

（一）建立企业年金基金企业账户和个人账户；

（二）记录企业、职工缴费以及企业年金基金投资收益；

（三）及时与托管人核对缴费数据以及企业年金基金账户财产变化状况；

（四）计算企业年金待遇；

（五）提供企业年金基金企业账户和个人账户信息查询服务；

（六）定期向受托人和有关监管部门提交企业年金基金账户管理报告；

（七）按照国家规定保存企业年金基金账户管理档案至少15年；

（八）国家规定和合同约定的其他职责。

第二十二条　有下列情形之一的，账户管理人职责终止：

（一）违反与受托人合同约定的；

（二）利用企业年金基金财产为其谋取利益，或为他人谋取不正当利益的；

（三）依法解散、被依法撤销、被依法宣告破产或被依法接管的；

（四）被依法取消企业年金基金账户管理业务资格的；

（五）受托人有证据认为更换账户管理人符合受益人利益的；

（六）有关监管部门有充分理由和依据认为更换账户管理人符合受益人利益的；

（七）国家规定和合同约定的其他情形。

第二十三条　账户管理人职责终止的，受托人应当在30日内确定新的账户管理人。

账户管理人职责终止的，应当妥善保管企业年金基金账户管理资料，及时办理账户管理业务移交手续，新账户管理人应当及时接收。

第二十四条　账户管理人职责终止的，应当按照规定聘请会计师事务所对账户管理进行审计，将审计结果报受托人并报有关监管部门备案。

第四章　托管人

第二十五条　本办法所称托管人，是指受托人委托保管企业年金基金财产的商业银行或专业机构。

单个企业年金计划托管人由一家商业银行或专业机构担任。

第二十六条　托管人应当具备下列条件：

（一）经国家金融监管部门批准，在中国境内注册的独立法人；

（二）净资产不少于50亿元人民币；

（三）取得企业年金基金从业资格的专职人员达到规定人数；

（四）具有保管企业年金基金财产的条件；

（五）具有安全高效的清算、交割系统；

（六）具有符合要求的营业场所、安全防范设施和与企业年金基金托管业务有关的其他设施；

（七）具有完善的内部稽核监控制度和风险控制制度；

（八）国家规定的其他条件。

商业银行担任托管人，应当设有专门的基金托管部门。

第二十七条　托管人应当履行下列职责：

（一）安全保管企业年金基金财产；

（二）以企业年金基金名义开设基金财产的资金账户和证券账户；

（三）对所托管的不同企业年金基金财产分别设置账户，确保基金财产的完整和独立；

（四）根据受托人指令，向投资管理人分配企业年金基金财产；

（五）根据投资管理人投资指令，及时办理清算、交割事宜；

（六）负责企业年金基金会计核算和估值，复核、审查投资管理人计算的基金财产净值；

（七）及时与账户管理人、投资管理人核对有关数据，按照规定监督投资管理人的投资运作；

（八）定期向受托人提交企业年金基金托管和财务会计报告；

（九）定期向有关监管部门提交企业年金基金托管报告；

（十）按照国家规定保存企业年金基金托管业务活动记录、账册、报表和其他相关资料至少15年；

（十一）国家规定和合同约定的其他职责。

第二十八条　托管人发现投资管理人的投资指令违反法律、行政法规、其他有关规定或合同约定的，应当拒绝执行，立即通知投资管理人，并及时向受托人和有关监管部门报告。

托管人发现投资管理人依据交易程序已经生效的投资指令违反法律、行政法规、其他有关规定或合同约定的，应当立即通知投资管理人，并及时向受托人和有关监管部门报告。

第二十九条　有下列情形之一的，托管人职责终止：

（一）违反与受托人合同约定的；

（二）利用企业年金基金财产为其谋取利益，或为他人谋取不正当利益的；

（三）依法解散、被依法撤销、被依法宣告破产或被依法接管的；

（四）被依法取消企业年金基金托管业务的；

（五）受托人有证据认为更换托管人符合受益人利益的；

（六）有关监管部门有充分理由和依据认为更换托管人符合受益人利益的；

（七）国家规定和合同约定的其他情形。

第三十条　托管人职责终止的，受托人应当在 30 日内确定新的托管人。

托管人职责终止的，应当妥善保管企业年金基金托管资料，及时办理托管业务移交手续，新托管人应当及时接收。

第三十一条　托管人职责终止的，应当按照规定聘请会计师事务所对托管进行审计，将审计结果报受托人并报有关监管部门备案。

第三十二条　禁止托管人有下列行为：

（一）托管的企业年金基金财产与其固有财产混合管理；

（二）托管的企业年金基金财产与托管的其他财产混合管理；

（三）托管的不同企业年金基金财产混合管理；

（四）挪用托管的企业年金基金财产；

（五）国家规定和合同约定禁止的其他行为。

第五章　投资管理人

第三十三条　本办法所称投资管理人，是指受托人委托投资管理企业年金基金财产的专业机构。

第三十四条　投资管理人应当具备下列条件：

（一）经国家金融监管部门批准，在中国境内注册，具有受托投资管理、基金管理或资产管理资格的独立法人；

（二）综合类证券公司注册资本不少于 10 亿元人民币，且在任何时候都维持不少于 10 亿元人民币的净资产；基金管理公司、信托投资公司、保险资产管理公司或其他专业投资机构注册资本不少于 1 亿元人民币，且在任何时候都维持不少于 1 亿元人民币的净资产；

（三）具有完善的法人治理结构；

（四）取得企业年金基金从业资格的专职人员达到规定人数；

（五）具有符合要求的营业场所、安全防范设施和与企业年金基金投资管理业务有关的其他设施；

（六）具有完善的内部稽核监控制度和风险控制制度；

（七）近 3 年没有重大违法违规行为；

（八）国家规定的其他条件。

第三十五条　投资管理人应当履行下列职责：

（一）对企业年金基金财产进行投资；

（二）及时与托管人核对企业年金基金会计核算和估值结果；

（三）建立企业年金基金投资管理风险准备金；

（四）定期向受托人和有关监管部门提交投资管理报告；

（五）根据国家规定保存企业年金基金财产会计凭证、会计账簿、年度财务会计报告和投资记录至少15年；

（六）国家规定和合同约定的其他职责。

第三十六条　有下列情形之一的，投资管理人应当及时向受托人和有关监管部门报告：

（一）企业年金基金财产市场价值大幅度波动的；

（二）减资、合并、分立、依法解散、被依法撤销、决定申请破产或被申请破产的；

（三）涉及重大诉讼或仲裁的；

（四）董事、监事、经理及其他高级管理人员发生重大变动的；

（五）可能使企业年金基金财产价值受到重大影响的其他事项；

（六）国家规定和合同约定的其他情形。

第三十七条　有下列情形之一的，投资管理人职责终止：

（一）违反与受托人合同约定的；

（二）利用企业年金基金财产为其谋取利益，或为他人谋取不正当利益的；

（三）依法解散、被依法撤销、被依法宣告破产或被依法接管的；

（四）被依法取消企业年金基金投资管理资格的；

（五）受托人有证据认为更换投资管理人符合受益人利益的；

（六）有关监管部门有充分理由和依据认为更换投资管理人符合受益人利益的；

（七）国家规定和合同约定的其他情形。

第三十八条　投资管理人职责终止的，受托人应当在30日内确定新的投资管理人。

投资管理人职责终止的，应当妥善保管企业年金基金投资管理资料，及时办理投资管理业务移交手续，新投资管理人应当及时接收。

第三十九条　投资管理人职责终止的，应当按照规定聘请会计师事务所对投资管理进行审计，将审计结果报受托人并报有关监管部门备案。

第四十条　禁止投资管理人有下列行为：

（一）将其固有财产或他人财产混同于企业年金基金财产；

（二）不公平对待其管理的不同企业年金基金财产；

（三）挪用企业年金基金财产；

（四）国家规定和合同约定禁止的其他行为。

第六章　中介服务机构

第四十一条　本办法所称中介服务机构，是指为企业年金管理提供服务的投资顾问公司、信用评估公司、精算咨询公司、律师事务所、会计师事务所等专业机构。

第四十二条　中介服务机构经委托可以从事下列业务：

（一）为企业设计企业年金计划；

（二）为企业年金管理提供咨询；

（三）为受托人选择账户管理人、托管人、投资管理人提供咨询；

（四）对企业年金管理绩效进行评估；

（五）对企业年金基金财务报告进行审计；

（六）国家规定和合同约定的其他业务。

第四十三条　中介服务机构提供企业年金中介服务应当严格遵守相关职业准则。

第七章　企业年金基金投资

第四十四条　企业年金基金投资管理应当遵循谨慎、分散风险的原则，充分考虑企业年金基金财产的安全性和流动性，实行专业化管理。

第四十五条　投资管理人的董事、监事、经理和其他从业人员，不得担任托管人或其他投资管理人的任何职务。

投资管理人与托管人不得为同一人，不得相互出资或相互持有股份。

第四十六条　企业年金基金财产的投资范围，限于银行存款、国债和其他具有良好流动性的金融产品，包括短期债券回购、信用等级在投资级以上的金融债和企业债、可转换债、投资性保险产品、证券投资基金、股票等。

第四十七条　企业年金基金财产的投资，按市场价计算应当符合下列规定：

（一）投资银行活期存款、中央银行票据、短期债券回购等流动性产品及货币市场基金的比例，不低于基金净资产的20%；

（二）投资银行定期存款、协议存款、国债、金融债、企业债等固定收益类产品及可转换债、债券基金的比例，不高于基金净资产的50%。其中，投资国债的比例不低于基金净资产的20%；

（三）投资股票等权益类产品及投资性保险产品、股票基金的比例，不高于基金净资产的 30%。其中，投资股票的比例不高于基金净资产的 20%。

第四十八条　根据金融市场变化和投资运作情况，劳动保障部会同中国银监会、中国证监会和中国保监会，适时对企业年金基金投资管理机构、投资产品和比例进行调整。

第四十九条　单个投资管理人管理的企业年金基金财产，投资于一家企业所发行的证券或单只证券投资基金，按市场价计算，不得超过该企业所发行证券或该基金份额的 5%；也不得超过其管理的企业年金基金财产总值的 10%。

第五十条　投资管理人管理的企业年金基金财产投资于自己管理的金融产品须经受托人同意。

第五十一条　企业年金基金不得用于信用交易，不得用于向他人贷款和提供担保。

投资管理人不得从事使企业年金基金财产承担无限责任的投资。

第八章　收益分配及费用

第五十二条　账户管理人根据企业年金基金财产净值和净值增长率，按周或按日足额记入企业年金基金企业账户和个人账户。

第五十三条　受托人提取的管理费不高于受托管理企业年金基金财产净值的 0.2%。

第五十四条　账户管理人的管理费按每户每月不超过 5 元人民币的限额，由设立企业年金计划的企业另行缴纳。

第五十五条　托管人提取的托管费不高于托管企业年金基金财产净值的 0.2%。

第五十六条　投资管理人提取的管理费不高于投资管理企业年金基金财产净值的 1.2%。

第五十七条　根据企业年金基金管理情况，劳动保障部会同中国银监会、中国证监会和中国保监会，适时对有关管理费或托管费进行调整。

第五十八条　投资管理人从当期收取的管理费中，提取 20% 作为企业年金基金投资管理风险准备金，专项用于弥补企业年金基金投资亏损。企业年金基金投资管理风险准备金在托管银行专户存储，余额达到投资管理企业年金基金财产净值的 10% 时可不再提取。

第九章　信息披露

第五十九条　受托人、账户管理人、托管人和投资管理人应当按照规定向有关监管部门报告企业年金基金管理情况，并对所报告内容的真实性、完整性负责。

第六十条　受托人应当在每季度结束后15日内向委托人提交季度企业年金基金管理报告；并应当在年度结束后45日内向委托人提交年度企业年金基金管理报告，其中年度企业年金基金财务会计报告须经会计师事务所审计。

第六十一条　账户管理人应当在每季度结束后10日内向受托人提交季度企业年金基金账户管理报告；并应当在年度结束后30日内向受托人提交年度企业年金基金账户管理报告。

第六十二条　托管人应当在每季度结束后10日内向受托人提交季度企业年金基金托管和财务会计报告；并应当在年度结束后30日内向受托人提交年度企业年金基金托管和财务会计报告，其中年度财务会计报告须经会计师事务所审计。

第六十三条　投资管理人应当在每季度结束后10日内向受托人提交经托管人确认的季度企业年金基金投资组合报告；并应当在年度结束后30日内向受托人提交经托管人确认的年度企业年金基金投资管理报告。

第十章　监督检查

第六十四条　法人受托机构、账户管理人、托管人、投资管理人开展企业年金基金管理相关业务应当向劳动保障部提出申请。法人受托机构、投资管理人向劳动保障部提出申请前应当先经其业务监管部门同意，托管人向劳动保障部提出申请前应当先向其业务监管部门备案。

第六十五条　劳动保障部收到法人受托机构、账户管理人、托管人、投资管理人的申请后，应当组织专家评审委员会，按照规定进行审慎评审。经评审符合条件的，由劳动保障部会同有关部门确认公告；经评审不符合条件的，应当书面通知申请人。

专家评审委员会由有关部门代表和社会专业人士组成。

第六十六条　受托人、账户管理人、托管人、投资管理人开展企业年金基金管理相关业务，应当接受劳动保障行政部门的监管。

受托人、托管人和投资管理人的业务监管部门按照各自职责对其经营活动进行监督。

第六十七条　凡违反本办法规定的，由劳动保障部予以警告，责令限期改正；逾期不改的，可责令其停止企业年金基金管理相关业务。

第十一章　附　则

第六十八条　企业年金基金管理，国务院另有规定的，从其规定。

第六十九条　本办法自2004年5月1日起施行。

14. 企业年金基金管理办法

中华人民共和国人力资源和社会保障部
中国银行业监督管理委员会
中国证券监督管理委员会
中国保险监督管理委员会　**令**

第11号

新修订的《企业年金基金管理办法》已经2011年1月11日人力资源和社会保障部第58次部务会审议通过，中国银行监督管理委员会、中国证券监督管理委员会、中国保险监督管理委员会审议通过。现予公布，自2011年5月1日起施行。劳动和社会保障部、中国银行业监督管理委员会、中国证券监督管理委员会、中国保险监督管理委员会于2004年2月23日发布的《企业年金基金管理试行办法》（劳动和社会保障部令第23号）同时废止。

人力资源和社会保障部部长　尹蔚民
中国银行业监督管理委员会主席　刘明康
中国证券监督管理委员会主席　尚福林
中国保险监督管理委员会主席　吴定富
二〇一一年二月十二日

企业年金基金管理办法

第一章　总　则

第一条　为维护企业年金各方当事人的合法权益，规范企业年金基金管理，根据劳动法、信托法、合同法、证券投资基金法等法律和国务院有关规定，制定本办法。

第二条 企业年金基金的受托管理、账户管理、托管、投资管理以及监督管理适用本办法。

本办法所称企业年金基金，是指根据依法制定的企业年金计划筹集的资金及其投资运营收益形成的企业补充养老保险基金。

第三条 建立企业年金计划的企业及其职工作为委托人，与企业年金理事会或者法人受托机构（以下简称受托人）签订受托管理合同。

受托人与企业年金基金账户管理机构（以下简称账户管理人）、企业年金基金托管机构（以下简称托管人）和企业年金基金投资管理机构（以下简称投资管理人）分别签订委托管理合同。

第四条 受托人应当将受托管理合同和委托管理合同报人力资源社会保障行政部门备案。

第五条 一个企业年金计划应当仅有一个受托人、一个账户管理人和一个托管人，可以根据资产规模大小选择适量的投资管理人。

第六条 同一企业年金计划中，受托人与托管人、托管人与投资管理人不得为同一人；建立企业年金计划的企业成立企业年金理事会作为受托人的，该企业与托管人不得为同一人；受托人与托管人、托管人与投资管理人、投资管理人与其他投资管理人的总经理和企业年金从业人员，不得相互兼任。

同一企业年金计划中，法人受托机构具备账户管理或者投资管理业务资格的，可以兼任账户管理人或者投资管理人。

第七条 法人受托机构兼任投资管理人时，应当建立风险控制制度，确保各项业务管理之间的独立性；设立独立的受托业务和投资业务部门，办公区域、运营管理流程和业务制度应当严格分离；直接负责的高级管理人员、受托业务和投资业务部门的工作人员不得相互兼任。

同一企业年金计划中，法人受托机构对待各投资管理人应当执行统一的标准和流程，体现公开、公平、公正原则。

第八条 企业年金基金缴费必须归集到受托财产托管账户，并在45日内划入投资资产托管账户。企业年金基金财产独立于委托人、受托人、账户管理人、托管人、投资管理人和其他为企业年金基金管理提供服务的自然人、法人或者其他组织的固有财产及其管理的其他财产。

企业年金基金财产的管理、运用或者其他情形取得的财产和收益，应当归入基金财产。

第九条 委托人、受托人、账户管理人、托管人、投资管理人和其他为企业年金基金管理提供服务的自然人、法人或者其他组织，因依法解散、被依法撤销或者被依法宣告破产等原因进行终止清算的，企业年金基金财产不属于其清算财产。

第十条　企业年金基金财产的债权，不得与委托人、受托人、账户管理人、托管人、投资管理人和其他为企业年金基金管理提供服务的自然人、法人或者其他组织固有财产的债务相互抵销。不同企业年金计划的企业年金基金的债权债务，不得相互抵销。

第十一条　非因企业年金基金财产本身承担的债务，不得对基金财产强制执行。

第十二条　受托人、账户管理人、托管人、投资管理人和其他为企业年金基金管理提供服务的自然人、法人或者其他组织必须恪尽职守，履行诚实、信用、谨慎、勤勉的义务。

第十三条　人力资源社会保障部负责制定企业年金基金管理的有关政策。人力资源社会保障行政部门对企业年金基金管理进行监管。

第二章　受托人

第十四条　本办法所称受托人，是指受托管理企业年金基金的符合国家规定的养老金管理公司等法人受托机构（以下简称法人受托机构）或者企业年金理事会。

第十五条　建立企业年金计划的企业，应当通过职工大会或者职工代表大会讨论确定，选择法人受托机构作为受托人，或者成立企业年金理事会作为受托人。

第十六条　企业年金理事会由企业代表和职工代表等人员组成，也可以聘请企业以外的专业人员参加，其中职工代表不少于三分之一。理事会应当配备一定数量的专职工作人员。

第十七条　企业年金理事会中的职工代表和企业以外的专业人员由职工大会、职工代表大会或者其他形式民主选举产生。企业代表由企业方聘任。

理事任期由企业年金理事会章程规定，但每届任期不得超过三年。理事任期届满，连选可以连任。

第十八条　企业年金理事会理事应当具备下列条件：

（一）具有完全民事行为能力；

（二）诚实守信，无犯罪记录；

（三）具有从事法律、金融、会计、社会保障或者其他履行企业年金理事会理事职责所必需的专业知识；

（四）具有决策能力；

（五）无个人所负数额较大的债务到期未清偿情形。

第十九条　企业年金理事会依法独立管理本企业的企业年金基金事务，不受企业方的干预，不得从事任何形式的营业性活动，不得从企业年金基金财产中提取管理费用。

第二十条　企业年金理事会会议，应当由理事本人出席；理事因故不能出席，可以书面委托其他理事代为出席，委托书中应当载明授权范围。

理事会作出决议，应当经全体理事三分之二以上通过。理事会应当对会议所议事项的决定形成会议记录，出席会议的理事应当在会议记录上签名。

第二十一条　理事应当对企业年金理事会的决议承担责任。理事会的决议违反法律、行政法规、本办法规定或者理事会章程，致使企业年金基金财产遭受损失的，理事应当承担赔偿责任。但经证明在表决时曾表明异议并记载于会议记录的，该理事可以免除责任。

企业年金理事会对外签订合同，应当由全体理事签字。

第二十二条　法人受托机构应当具备下列条件：

（一）经国家金融监管部门批准，在中国境内注册的独立法人；

（二）注册资本不少于5亿元人民币，且在任何时候都维持不少于5亿元人民币的净资产；

（三）具有完善的法人治理结构；

（四）取得企业年金基金从业资格的专职人员达到规定人数；

（五）具有符合要求的营业场所、安全防范设施和与企业年金基金受托管理业务有关的其他设施；

（六）具有完善的内部稽核监控制度和风险控制制度；

（七）近3年没有重大违法违规行为；

（八）国家规定的其他条件。

第二十三条　受托人应当履行下列职责：

（一）选择、监督、更换账户管理人、托管人、投资管理人；

（二）制定企业年金基金战略资产配置策略；

（三）根据合同对企业年金基金管理进行监督；

（四）根据合同收取企业和职工缴费，向受益人支付企业年金待遇，并在合同中约定具体的履行方式；

（五）接受委托人查询，定期向委托人提交企业年金基金管理和财务会计报告。发生重大事件时，及时向委托人和有关监管部门报告；定期向有关监管部门提交开展企业年金基金受托管理业务情况的报告；

（六）按照国家规定保存与企业年金基金管理有关的记录自合同终止之日起至少15年；

（七）国家规定和合同约定的其他职责。

第二十四条 本办法所称受益人，是指参加企业年金计划并享有受益权的企业职工。

第二十五条 有下列情形之一的，法人受托机构职责终止：

（一）违反与委托人合同约定的；

（二）利用企业年金基金财产为其谋取利益，或者为他人谋取不正当利益的；

（三）依法解散、被依法撤销、被依法宣告破产或者被依法接管的；

（四）被依法取消企业年金基金受托管理业务资格的；

（五）委托人有证据认为更换受托人符合受益人利益的；

（六）有关监管部门有充分理由和依据认为更换受托人符合受益人利益的；

（七）国家规定和合同约定的其他情形。

企业年金理事会有前款第（二）项规定情形的，企业年金理事会职责终止，由委托人选择法人受托机构担任受托人。企业年金理事会有第（一）、（三）至（七）项规定情形之一的，应当按照国家规定重新组成，或者由委托人选择法人受托机构担任受托人。

第二十六条 受托人职责终止的，委托人应当在45日内委任新的受托人。

受托人职责终止的，应当妥善保管企业年金基金受托管理资料，在45日内办理完毕受托管理业务移交手续，新受托人应当接收并行使相应职责。

第三章 账户管理人

第二十七条 本办法所称账户管理人，是指接受受托人委托管理企业年金基金账户的专业机构。

第二十八条 账户管理人应当具备下列条件：

（一）经国家有关部门批准，在中国境内注册的独立法人；

（二）注册资本不少于5亿元人民币，且在任何时候都维持不少于5

亿元人民币的净资产；

（三）具有完善的法人治理结构；

（四）取得企业年金基金从业资格的专职人员达到规定人数；

（五）具有相应的企业年金基金账户信息管理系统；

（六）具有符合要求的营业场所、安全防范设施和与企业年金基金账户管理业务有关的其他设施；

（七）具有完善的内部稽核监控制度和风险控制制度；

（八）近3年没有重大违法违规行为；

（九）国家规定的其他条件。

第二十九条　账户管理人应当履行下列职责：

（一）建立企业年金基金企业账户和个人账户；

（二）记录企业、职工缴费以及企业年金基金投资收益；

（三）定期与托管人核对缴费数据以及企业年金基金账户财产变化状况，及时将核对结果提交受托人；

（四）计算企业年金待遇；

（五）向企业和受益人提供企业年金基金企业账户和个人账户信息查询服务；向受益人提供年度权益报告；

（六）定期向受托人提交账户管理数据等信息以及企业年金基金账户管理报告；定期向有关监管部门提交开展企业年金基金账户管理业务情况的报告；

（七）按照国家规定保存企业年金基金账户管理档案自合同终止之日起至少15年；

（八）国家规定和合同约定的其他职责。

第三十条　有下列情形之一的，账户管理人职责终止：

（一）违反与受托人合同约定的；

（二）利用企业年金基金财产为其谋取利益，或者为他人谋取不正当利益的；

（三）依法解散、被依法撤销、被依法宣告破产或者被依法接管的；

（四）被依法取消企业年金基金账户管理业务资格的；

（五）受托人有证据认为更换账户管理人符合受益人利益的；

（六）有关监管部门有充分理由和依据认为更换账户管理人符合受益人利益的；

（七）国家规定和合同约定的其他情形。

第三十一条　账户管理人职责终止的，受托人应当在45日内确定新的账户管理人。

账户管理人职责终止的，应当妥善保管企业年金基金账户管理资料，在45日内办理完毕账户管理业务移交手续，新账户管理人应当接收并行使相应职责。

第四章　托管人

第三十二条　本办法所称托管人，是指接受受托人委托保管企业年金基金财产的商业银行。

第三十三条　托管人应当具备下列条件：

（一）经国家金融监管部门批准，在中国境内注册的独立法人；

（二）注册资本不少于50亿元人民币，且在任何时候都维持不少于50亿元人民币的净资产；

（三）具有完善的法人治理结构；

（四）设有专门的资产托管部门；

（五）取得企业年金基金从业资格的专职人员达到规定人数；

（六）具有保管企业年金基金财产的条件；

（七）具有安全高效的清算、交割系统；

（八）具有符合要求的营业场所、安全防范设施和与企业年金基金托管业务有关的其他设施；

（九）具有完善的内部稽核监控制度和风险控制制度；

（十）近3年没有重大违法违规行为；

（十一）国家规定的其他条件。

第三十四条　托管人应当履行下列职责：

（一）安全保管企业年金基金财产；

（二）以企业年金基金名义开设基金财产的资金账户和证券账户等；

（三）对所托管的不同企业年金基金财产分别设置账户，确保基金财产的完整和独立；

（四）根据受托人指令，向投资管理人分配企业年金基金财产；

（五）及时办理清算、交割事宜；

（六）负责企业年金基金会计核算和估值，复核、审查和确认投资管理人计算的基金财产净值；

（七）根据受托人指令，向受益人发放企业年金待遇；

（八）定期与账户管理人、投资管理人核对有关数据；

（九）按照规定监督投资管理人的投资运作，并定期向受托人报告投资监督情况；

（十）定期向受托人提交企业年金基金托管和财务会计报告；定期向有关监管部门提交开展企业年金基金托管业务情况的报告；

（十一）按照国家规定保存企业年金基金托管业务活动记录、账册、报表和其他相关资料自合同终止之日起至少 15 年；

（十二）国家规定和合同约定的其他职责。

第三十五条 托管人发现投资管理人依据交易程序尚未成立的投资指令违反法律、行政法规、其他有关规定或者合同约定的，应当拒绝执行，立即通知投资管理人，并及时向受托人和有关监管部门报告。

托管人发现投资管理人依据交易程序已经成立的投资指令违反法律、行政法规、其他有关规定或者合同约定的，应当立即通知投资管理人，并及时向受托人和有关监管部门报告。

第三十六条 有下列情形之一的，托管人职责终止：

（一）违反与受托人合同约定的；

（二）利用企业年金基金财产为其谋取利益，或者为他人谋取不正当利益的；

（三）依法解散、被依法撤销、被依法宣告破产或者被依法接管的；

（四）被依法取消企业年金基金托管业务资格的；

（五）受托人有证据认为更换托管人符合受益人利益的；

（六）有关监管部门有充分理由和依据认为更换托管人符合受益人利益的；

（七）国家规定和合同约定的其他情形。

第三十七条 托管人职责终止的，受托人应当在 45 日内确定新的托管人。

托管人职责终止的，应当妥善保管企业年金基金托管资料，在 45 日内办理完毕托管业务移交手续，新托管人应当接收并行使相应职责。

第三十八条 禁止托管人有下列行为：

（一）托管的企业年金基金财产与其固有财产混合管理；

（二）托管的企业年金基金财产与托管的其他财产混合管理；

（三）托管的不同企业年金计划、不同企业年金投资组合的企业年金基金财产混合管理；

（四）侵占、挪用托管的企业年金基金财产；

（五）国家规定和合同约定禁止的其他行为。

第五章　投资管理人

第三十九条　本办法所称投资管理人，是指接受受托人委托投资管理企业年金基金财产的专业机构。

第四十条　投资管理人应当具备下列条件：

（一）经国家金融监管部门批准，在中国境内注册，具有受托投资管理、基金管理或者资产管理资格的独立法人；

（二）具有证券资产管理业务的证券公司注册资本不少于10亿元人民币，且在任何时候都维持不少于10亿元人民币的净资产；养老金管理公司注册资本不少于5亿元人民币，且在任何时候都维持不少于5亿元人民币的净资产；信托公司注册资本不少于3亿元人民币，且在任何时候都维持不少于3亿元人民币的净资产；基金管理公司、保险资产管理公司、证券资产管理公司或者其他专业投资机构注册资本不少于1亿元人民币，且在任何时候都维持不少于1亿元人民币的净资产；

（三）具有完善的法人治理结构；

（四）取得企业年金基金从业资格的专职人员达到规定人数；

（五）具有符合要求的营业场所、安全防范设施和与企业年金基金投资管理业务有关的其他设施；

（六）具有完善的内部稽核监控制度和风险控制制度；

（七）近3年没有重大违法违规行为；

（八）国家规定的其他条件。

第四十一条　投资管理人应当履行下列职责：

（一）对企业年金基金财产进行投资；

（二）及时与托管人核对企业年金基金会计核算和估值结果；

（三）建立企业年金基金投资管理风险准备金；

（四）定期向受托人提交企业年金基金投资管理报告；定期向有关监管部门提交开展企业年金基金投资管理业务情况的报告；

（五）根据国家规定保存企业年金基金财产会计凭证、会计账簿、年度财务会计报告和投资记录自合同终止之日起至少15年；

（六）国家规定和合同约定的其他职责。

第四十二条　有下列情形之一的，投资管理人应当及时向受托人报告：

（一）企业年金基金单位净值大幅度波动的；

（二）可能使企业年金基金财产受到重大影响的有关事项；

（三）国家规定和合同约定的其他情形。

第四十三条 有下列情形之一的，投资管理人职责终止：

（一）违反与受托人合同约定的；

（二）利用企业年金基金财产为其谋取利益，或者为他人谋取不正当利益的；

（三）依法解散、被依法撤销、被依法宣告破产或者被依法接管的；

（四）被依法取消企业年金基金投资管理业务资格的；

（五）受托人有证据认为更换投资管理人符合受益人利益的；

（六）有关监管部门有充分理由和依据认为更换投资管理人符合受益人利益的；

（七）国家规定和合同约定的其他情形。

第四十四条 投资管理人职责终止的，受托人应当在45日内确定新的投资管理人。

投资管理人职责终止的，应当妥善保管企业年金基金投资管理资料，在45日内办理完毕投资管理业务移交手续，新投资管理人应当接收并行使相应职责。

第四十五条 禁止投资管理人有下列行为：

（一）将其固有财产或者他人财产混同于企业年金基金财产；

（二）不公平对待企业年金基金财产与其管理的其他财产；

（三）不公平对待其管理的不同企业年金基金财产；

（四）侵占、挪用企业年金基金财产；

（五）承诺、变相承诺保本或者保证收益；

（六）利用所管理的其他资产为企业年金计划委托人、受益人或者相关管理人谋取不正当利益；

（七）国家规定和合同约定禁止的其他行为。

第六章 基金投资

第四十六条 企业年金基金投资管理应当遵循谨慎、分散风险的原则，充分考虑企业年金基金财产的安全性、收益性和流动性，实行专业化管理。

第四十七条 企业年金基金财产限于境内投资，投资范围包括银行存款、国债、中央银行票据、债券回购、万能保险产品、投资连结保险产品、证券投资基金、股票，以及信用等级在投资级以上的金融债、企业（公司）债、可转换债（含分离交易可转换债）、短期融资券和中期票据等金融产品。

第四十八条 每个投资组合的企业年金基金财产应当由一个投资管理

人管理，企业年金基金财产以投资组合为单位按照公允价值计算应当符合下列规定：

（一）投资银行活期存款、中央银行票据、债券回购等流动性产品以及货币市场基金的比例，不得低于投资组合企业年金基金财产净值的5%；清算备付金、证券清算款以及一级市场证券申购资金视为流动性资产；投资债券正回购的比例不得高于投资组合企业年金基金财产净值的40%。

（二）投资银行定期存款、协议存款、国债、金融债、企业（公司）债、短期融资券、中期票据、万能保险产品等固定收益类产品以及可转换债（含分离交易可转换债）、债券基金、投资连结保险产品（股票投资比例不高于30%）的比例，不得高于投资组合企业年金基金财产净值的95%。

（三）投资股票等权益类产品以及股票基金、混合基金、投资连结保险产品（股票投资比例高于或者等于30%）的比例，不得高于投资组合企业年金基金财产净值的30%。其中，企业年金基金不得直接投资于权证，但因投资股票、分离交易可转换债等投资品种而衍生获得的权证，应当在权证上市交易之日起10个交易日内卖出。

第四十九条　根据金融市场变化和投资运作情况，人力资源社会保障部会同中国银监会、中国证监会和中国保监会，适时对投资范围和比例进行调整。

第五十条　单个投资组合的企业年金基金财产，投资于一家企业所发行的股票，单期发行的同一品种短期融资券、中期票据、金融债、企业（公司）债、可转换债（含分离交易可转换债），单只证券投资基金，单个万能保险产品或者投资连结保险产品，分别不得超过该企业上述证券发行量、该基金份额或者该保险产品资产管理规模的5%；按照公允价值计算，也不得超过该投资组合企业年金基金财产净值的10%。

单个投资组合的企业年金基金财产，投资于经备案的符合第四十八条投资比例规定的单只养老金产品，不得超过该投资组合企业年金基金财产净值的30%，不受上述10%规定的限制。

第五十一条　投资管理人管理的企业年金基金财产投资于自己管理的金融产品须经受托人同意。

第五十二条　因证券市场波动、上市公司合并、基金规模变动等投资管理人之外的因素致使企业年金基金投资不符合本办法第四十八条、第五十条规定的比例或者合同约定的投资比例的，投资管理人应当在可上市交易之日起10个交易日内调整完毕。

第五十三条　企业年金基金证券交易以现货和国务院规定的其他方式进行，不得用于向他人贷款和提供担保。

投资管理人不得从事使企业年金基金财产承担无限责任的投资。

第七章　收益分配及费用

第五十四条　账户管理人应当采用份额计量方式进行账户管理，根据企业年金基金单位净值，按周或者按日足额记入企业年金基金企业账户和个人账户。

第五十五条　受托人年度提取的管理费不高于受托管理企业年金基金财产净值的 0.2%。

第五十六条　账户管理人的管理费按照每户每月不超过 5 元人民币的限额，由建立企业年金计划的企业另行缴纳。

保留账户和退休人员账户的账户管理费可以按照合同约定由受益人自行承担，从受益人个人账户中扣除。

第五十七条　托管人年度提取的管理费不高于托管企业年金基金财产净值的 0.2%。

第五十八条　投资管理人年度提取的管理费不高于投资管理企业年金基金财产净值的 1.2%。

第五十九条　根据企业年金基金管理情况，人力资源社会保障部会同中国银监会、中国证监会和中国保监会，适时对有关管理费进行调整。

第六十条　投资管理人从当期收取的管理费中，提取 20% 作为企业年金基金投资管理风险准备金，专项用于弥补合同终止时所管理投资组合的企业年金基金当期委托投资资产的投资亏损。

第六十一条　当合同终止时，如所管理投资组合的企业年金基金财产净值低于当期委托投资资产的，投资管理人应当用风险准备金弥补该时点的当期委托投资资产亏损，直至该投资组合风险准备金弥补完毕；如所管理投资组合的企业年金基金当期委托投资资产没有发生投资亏损或者风险准备金弥补后有剩余的，风险准备金划归投资管理人所有。

第六十二条　企业年金基金投资管理风险准备金应当存放于投资管理人在托管人处开立的专用存款账户，余额达到投资管理人所管理投资组合基金财产净值的 10% 时可以不再提取。托管人不得对投资管理风险准备金账户收取费用。

第六十三条　风险准备金由投资管理人进行管理，可以投资于银行存款、国债等高流动性、低风险金融产品。风险准备金产生的投资收益，应当纳入风险准备金管理。

第八章　计划管理和信息披露

第六十四条　企业年金单一计划指受托人将单个委托人交付的企业年金基金，单独进行受托管理的企业年金计划。

企业年金集合计划指同一受托人将多个委托人交付的企业年金基金，集中进行受托管理的企业年金计划。

第六十五条　法人受托机构设立集合计划，应当制定集合计划受托管理合同，为每个集合计划确定账户管理人、托管人各一名，投资管理人至少三名；并分别与其签订委托管理合同。

集合计划受托人应当将制定的集合计划受托管理合同、签订的委托管理合同以及该集合计划的投资组合说明书报人力资源社会保障部备案。

第六十六条　一个企业年金方案的委托人只能建立一个企业年金单一计划或者参加一个企业年金集合计划。委托人加入集合计划满3年后，方可根据受托管理合同规定选择退出集合计划。

第六十七条　发生下列情形之一的，企业年金单一计划变更：

（一）企业年金计划受托人、账户管理人、托管人或者投资管理人变更；

（二）企业年金基金管理合同主要内容变更；

（三）企业年金计划名称变更；

（四）国家规定的其他情形。

发生前款规定情形时，受托人应当将相关企业年金基金管理合同重新报人力资源社会保障行政部门备案。

第六十八条　企业年金单一计划终止时，受托人应当组织清算组对企业年金基金财产进行清算。清算费用从企业年金基金财产中扣除。

清算组由企业代表、职工代表、受托人、账户管理人、托管人、投资管理人以及由受托人聘请的会计师事务所、律师事务所等组成。

清算组应当自清算工作完成后3个月内，向人力资源社会保障行政部门和受益人提交经会计师事务所审计以及律师事务所出具法律意见书的清算报告。

人力资源社会保障行政部门应当注销该企业年金计划。

第六十九条　受益人工作单位发生变化，新工作单位已经建立企业年金计划的，其企业年金个人账户权益应当转入新工作单位的企业年金计划管理。新工作单位没有建立企业年金计划的，其企业年金个人账户权益可以在原法人受托机构发起的集合计划设置的保留账户统一管理；原受托人是企业年金理事会的，由企业与职工协商选择法人受托机构管理。

第七十条 企业年金单一计划终止时，受益人企业年金个人账户权益应当转入原法人受托机构发起的集合计划设置的保留账户统一管理；原受托人是企业年金理事会的，由企业与职工协商选择法人受托机构管理。

第七十一条 发生以下情形之一的，受托人应当聘请会计师事务所对企业年金计划进行审计。审计费用从企业年金基金财产中扣除。

（一）企业年金计划连续运作满三个会计年度时；

（二）企业年金计划管理人职责终止时；

（三）国家规定的其他情形。

账户管理人、托管人、投资管理人应当自上述情况发生之日起配合会计师事务所对企业年金计划进行审计。受托人应当自上述情况发生之日起的 50 日内向委托人以及人力资源社会保障行政部门提交审计报告。

第七十二条 受托人应当在每季度结束后 30 日内向委托人提交企业年金基金管理季度报告；并应当在年度结束后 60 日内向委托人提交企业年金基金管理和财务会计年度报告。

第七十三条 账户管理人应当在每季度结束后 15 日内向受托人提交企业年金基金账户管理季度报告；并应当在年度结束后 45 日内向受托人提交企业年金基金账户管理年度报告。

第七十四条 托管人应当在每季度结束后 15 日内向受托人提交企业年金基金托管和财务会计季度报告；并应当在年度结束后 45 日内向受托人提交企业年金基金托管和财务会计年度报告。

第七十五条 投资管理人应当在每季度结束后 15 日内向受托人提交经托管人确认财务管理数据的企业年金基金投资组合季度报告；并应当在年度结束后 45 日内向受托人提交经托管人确认财务管理数据的企业年金基金投资管理年度报告。

第七十六条 法人受托机构、账户管理人、托管人和投资管理人发生下列情形之一的，应当及时向人力资源社会保障部报告；账户管理人、托管人和投资管理人应当同时抄报受托人。

（一）减资、合并、分立、依法解散、被依法撤销、决定申请破产或者被申请破产的；

（二）涉及重大诉讼或者仲裁的；

（三）董事长、总经理、直接负责企业年金业务的高级管理人员发生变动的；

（四）国家规定的其他情形。

第七十七条　受托人、账户管理人、托管人和投资管理人应当按照规定报告企业年金基金管理情况，并对所报告内容的真实性、完整性负责。

第九章　监督检查

第七十八条　法人受托机构、账户管理人、托管人、投资管理人开展企业年金基金管理相关业务，应当向人力资源社会保障部提出申请。法人受托机构、账户管理人、投资管理人向人力资源社会保障部提出申请前应当先经其业务监管部门同意，托管人向人力资源社会保障部提出申请前应当先向其业务监管部门备案。

第七十九条　人力资源社会保障部收到法人受托机构、账户管理人、托管人、投资管理人的申请后，应当组织专家评审委员会，按照规定进行审慎评审。经评审符合条件的，由人力资源社会保障部会同有关部门确认公告；经评审不符合条件的，应当书面通知申请人。

专家评审委员会由有关部门代表和社会专业人士组成。每次参加评审的专家应当从专家评审委员会中随机抽取产生。

第八十条　受托人、账户管理人、托管人、投资管理人开展企业年金基金管理相关业务，应当接受人力资源社会保障行政部门的监管。

法人受托机构、账户管理人、托管人和投资管理人的业务监管部门按照各自职责对其经营活动进行监督。

第八十一条　人力资源社会保障部依法履行监督管理职责，可以采取以下措施：

（一）查询、记录、复制与被调查事项有关的企业年金基金管理合同、财务会计报告等资料；

（二）询问与调查事项有关的单位和个人，要求其对有关问题做出说明、提供有关证明材料；

（三）国家规定的其他措施。

委托人、受托人、账户管理人、托管人、投资管理人和其他为企业年金基金管理提供服务的自然人、法人或者其他组织，应当积极配合检查，如实提供有关资料，不得拒绝、阻挠或者逃避检查，不得谎报、隐匿或者销毁相关证据材料。

第八十二条 人力资源社会保障部依法进行调查或者检查时，应当至少由两人共同进行，并出示证件，承担下列义务：

（一）依法履行职责，秉公执法，不得利用职务之便谋取私利；

（二）保守在调查或者检查时知悉的商业秘密；

（三）为举报人员保密。

第八十三条 法人受托机构、中央企业集团公司成立的企业年金理事会、账户管理人、托管人、投资管理人违反本办法规定或者企业年金基金管理费、信息披露相关规定的，由人力资源社会保障部责令改正。其他企业（包括中央企业子公司）成立的企业年金理事会，违反本办法规定或者企业年金基金管理费、信息披露相关规定的，由管理合同备案所在地的省、自治区、直辖市或者计划单列市人力资源社会保障行政部门责令改正。

第八十四条 受托人、账户管理人、托管人、投资管理人发生违法违规行为可能影响企业年金基金财产安全的，或者经责令改正而不改正的，由人力资源社会保障部暂停其接收新的企业年金基金管理业务。给企业年金基金财产或者受益人利益造成损害的，依法承担赔偿责任；构成犯罪的，依法追究刑事责任。

第八十五条 人力资源社会保障部将法人受托机构、账户管理人、托管人、投资管理人违法行为、处理结果以及改正情况予以记录，同时抄送业务监管部门。在企业年金基金管理资格有效期内，有三次以上违法记录或者一次以上经责令改正而不改正的，在其资格到期之后 5 年内，不再受理其开展企业年金基金管理业务的申请。

第八十六条 会计师事务所和律师事务所提供企业年金中介服务应当严格遵守相关职业准则和行业规范。

第十章 附 则

第八十七条 企业年金基金管理，国务院另有规定的，从其规定。

第八十八条 本办法自 2011 年 5 月 1 日起施行。劳动和社会保障部、中国银行业监督管理委员会、中国证券监督管理委员会、中国保险监督管理委员会于 2004 年 2 月 23 日发布的《企业年金基金管理试行办法》（劳动保障部令第 23 号）同时废止。

15. 企业年金基金管理机构资格认定暂行办法

中华人民共和国劳动和社会保障部令

第 24 号

《企业年金基金管理机构资格认定暂行办法》已于 2004 年 12 月 24 日经劳动和社会保障部第 9 次部务会议通过，现予公布，自 2005 年 3 月 1 日起施行。

部长　郑斯林

二〇〇四年十二月三十一日

企业年金基金管理机构资格认定暂行办法

第一条　为规范企业年金基金管理机构资格认定工作，根据《中华人民共和国行政许可法》、《国务院对确需保留的行政审批项目设定行政许可的决定》和国家有关规定，制定本办法。

第二条　本办法所称企业年金基金管理机构，是指从事企业年金基金管理业务的法人受托机构、账户管理人、托管人和投资管理人等补充养老保险经办机构。

第三条　从事企业年金基金管理业务的机构，必须根据本办法规定的程序，取得相应的企业年金基金管理资格。

劳动保障部负责企业年金基金管理机构资格认定。

第四条　申请企业年金基金管理资格的机构（以下简称申请人）应当按照本办法附件规定的内容与格式，向劳动保障部提出书面申请。

第五条　法人受托机构应当具备下列条件：

（一）经国家金融监管部门批准，在中国境内注册；

（二）注册资本不少于 1 亿元人民币，且在任何时候都维持不少于 1.5 亿元人民币的净资产；

（三）具有完善的法人治理结构；

（四）取得企业年金基金从业资格的专职人员达到规定人数；

（五）具有符合要求的营业场所、安全防范设施和与企业年金基金受托管理业务有关的其他设施；

（六）具有完善的内部稽核监控制度和风险控制制度；

（七）近 3 年没有重大违法违规行为；

（八）国家规定的其他条件。

第六条　账户管理人应当具备下列条件：

（一）经国家有关部门批准，在中国境内注册的独立法人；

（二）注册资本不少于 5000 万元人民币；

（三）具有完善的法人治理结构；

（四）取得企业年金基金从业资格的专职人员达到规定人数；

（五）具有相应的企业年金基金账户管理信息系统；

（六）具有符合要求的营业场所、安全防范设施和与企业年金基金账户管理业务有关的其他设施；

（七）具有完善的内部稽核监控制度和风险控制制度；

（八）国家规定的其他条件。

本条第（五）项规定的企业年金基金账户管理信息系统规范，由劳动保障部另行制定。

第七条　托管人应当具备下列条件：

（一）经国家金融监管部门批准，在中国境内注册的独立法人；

（二）净资产不少于 50 亿元人民币；

（三）取得企业年金基金从业资格的专职人员达到规定人数；

（四）具有保管企业年金基金财产的条件；

（五）具有安全高效的清算、交割系统；

（六）具有符合要求的营业场所、安全防范设施和与企业年金基金托管业务有关的其他设施；

（七）具有完善的内部稽核监控制度和风险控制制度；

（八）国家规定的其他条件。

商业银行担任托管人，应当设有专门的基金托管部门。

第八条　投资管理人应当具备下列条件：

（一）经国家金融监管部门批准，在中国境内注册，具有受托投资管理、基金管理或者资产管理资格的独立法人；

（二）综合类证券公司注册资本不少于 10 亿元人民币，且在任何时候都维持不少于 10 亿元人民币的净资产；基金管理公司、信托投资公司、保险资产管理公司或者其他专业投资机构注册资本不少于 1 亿元人民币，且在任何时候都维持不少于1亿元人民币的净资产；

（三）具有完善的法人治理结构；

（四）取得企业年金基金从业资格的专职人员达到规定人数；

（五）具有符合要求的营业场所、安全防范设施和与企业年金基金投资管理业务有关的其他设施；

（六）具有完善的内部稽核监控制度和风险控制制度；

（七）近3年没有重大违法违规行为；

（八）国家规定的其他条件。

第九条　劳动保障部对申请人提出的申请，应当根据下列情况分别作出处理：

（一）申请材料存在可以当场更正错误的，应当允许申请人当场更正；

（二）申请材料不齐全或者不符合法定形式的，应当场或者在5个工作日内一次告知申请人需要补正的全部内容。逾期不告知的，自收到申请材料之日起即为受理；

（三）申请材料齐全、符合法定形式，或者申请人按照要求提交全部补正申请材料的，劳动保障部应当受理申请人申请。

劳动保障部受理或者不受理申请人申请，应当出具加盖劳动保障部专用印章和注明日期的书面凭证。

正在接受司法机关或者有关监管机关立案调查的机构，在被调查期间，劳动保障部不受理其申请。

第十条　劳动保障部受理申请人申请后，应当组建专家评审委员会对申请材料进行评审。评审委员会专家按照专业范围从专家库中随机抽取产生。专家库由有关部门代表和社会专业人士组成。

专家评审委员会对申请人申请材料按照分期分类的原则进行评审，所需时间由劳动保障部书面告知申请人。

第十一条　劳动保障部认为必要时应当指派2名以上工作人员，根据申请人申请材料对申请人进行现场检查。

第十二条　劳动保障部根据专家评审委员会评审结果及现场检查情况，会商中国银监会、中国证监会、中国保监会后，认定企业年金基金管理机构资格，并于认定之日起10个工作日内，向申请人颁发企业年金基金管理资格证书。证书制式由劳动保障部统一印制。

对于未取得企业年金基金管理资格的申请人，由劳动保障部书面通知，说明理由并告知申请人享有依法申请行政复议或者提起行政诉讼的权利。

第十三条　劳动保障部会同中国银监会、中国证监会、中国保监会，在全国性报刊上公告取得企业年金基金管理资格的机构。

第十四条　企业年金基金管理机构的资格证书有效期为3年，期限届满前3个月应当向劳动保障部提出延续申请。

第十五条　有下列情形之一的，劳动保障部应当办理企业年金基金管理机构资格的注销手续：

（一）企业年金基金管理机构资格有效期届满未延续的；

（二）企业年金基金管理机构依法解散、被依法撤销、被依法宣告破产或者被依法接管的；

（三）企业年金基金管理机构资格被依法撤销的；

（四）国家规定的应当注销企业年金基金管理机构资格的其他情形。

劳动保障部办理企业年金基金管理机构资格的注销手续后，会同中国银监会、中国证监会、中国保监会，在全国性报刊上公告。

第十六条　申请人隐瞒有关情况或者提供虚假材料的，劳动保障部不予受理或者不予认定企业年金基金管理机构资格，并给予警告；申请人1年内不得再次申请企业年金基金管理机构资格。

第十七条　申请人采用贿赂、欺诈等不正当手段取得企业年金基金管理机构资格的，劳动保障部会商中国银监会、中国证监会、中国保监会后取消其资格；申请人3年内不得再次申请企业年金基金管理机构资格；构成犯罪的，移交司法机关依法追究刑事责任。

第十八条　劳动保障部建立健全企业年金基金监管制度，定期或者不定期对有关机构企业年金基金管理运营情况进行监督检查。

第十九条　本办法自2005年3月1日起施行。

16. 国务院关于机关事业单位工作人员养老保险制度改革的决定

国发〔2015〕2号

各省、自治区、直辖市人民政府，国务院各部委、各直属机构：

按照党的十八大和十八届三中、四中全会精神，根据《中华人民共和国社会保险法》等相关规定，为统筹城乡社会保障体系建设，建立更加公平、可持续的养老保险制度，国务院决定改革机关事业单位工作人员养老保险制度。

一、改革的目标和基本原则。以邓小平理论、“三个代表”重要思想、科学发展观为指导，深入贯彻党的十八大、十八届三中、四中全会精神和党中央、国务院决策部署，坚持全覆盖、保基本、多层次、可持续方针，以增强公平性、适应流动性、保证可持续性为重点，改革现行机关事业单位工作人员退休保障制度，逐步建立独立于机关事业单位之外、资金来源多渠道、保障方式多层次、管理服务社会化的养老保险体系。改革应遵循以下基本原则：

（一）公平与效率相结合。既体现国民收入再分配更加注重公平的要求，又体现工作人员之间贡献大小差别，建立待遇与缴费挂钩机制，多缴多得、长缴多得，提高单位和职工参保缴费的积极性。

（二）权利与义务相对应。机关事业单位工作人员要按照国家规定切实履行缴费义务，享受相应的养老保险待遇，形成责任共担、统筹互济的养老保险筹资和分配机制。

（三）保障水平与经济发展水平相适应。立足社会主义初级阶段基本国情，合理确定基本养老保险筹资和待遇水平，切实保障退休人员基本生活，促进基本养老保险制度可持续发展。

（四）改革前与改革后待遇水平相衔接。立足增量改革，实现平稳过渡。对改革前已退休人员，保持现有待遇并参加今后的待遇调整；对改革后参加工作的人员，通过建立新机制，实现待遇的合理衔接；对改革前参加工作、改革后退休的人员，通过实行过渡性措施，保持待遇水平不降低。

（五）解决突出矛盾与保证可持续发展相促进。统筹规划、合理安排、量力而行，准确把握改革的节奏和力度，先行解决目前城镇职工基本养老保险制度不统一的突出矛盾，再结合养老保险顶层设计，坚持精算平衡，逐步完善相关制度和政策。

二、改革的范围。本决定适用于按照公务员法管理的单位、参照公务员法管理的机关（单位）、事业单位及其编制内的工作人员。

三、实行社会统筹与个人账户相结合的基本养老保险制度。基本养老保险费由单位和个人共同负担。单位缴纳基本养老保险费（以下简称单位缴费）的比例为本单位工资总额的20%，个人缴纳基本养老保险费（以下简称个人缴费）的比例为本人缴费工资的8%，由单位代扣。按本人缴费工资8%的数额建立基本养老保险个人账户，全部由个人缴费形成。个人工资超过当地上年度在岗职工平均工资300%以上的部分，不计入个人缴费工资基数；低于当地上年度在岗职工平均工资60%的，按当地在岗职工平均工资的60%计算个人缴费工资基数。

个人账户储存额只用于工作人员养老，不得提前支取，每年按照国家统一公布的记账利率计算利息，免征利息税。参保人员死亡的，个人账户余额可以依法继承。

四、改革基本养老金计发办法。本决定实施后参加工作、个人缴费年限累计满15年的人员，退休后按月发给基本养老金。基本养老金由基础养老金和个人账户养老金组成。退休时的基础养老金月标准以当地上年度在岗职工月平均工资和本人指数化月平均缴费工资的平均值为基数，缴费每满1年发给1%。个人账户养老金月标准为个人账户储存额除以计发月数，计发月数根据本人退休时城镇人口平均预期寿命、本人退休年龄、利息等因素确定（详见附件）。

本决定实施前参加工作、实施后退休且缴费年限（含视同缴费年限，下同）累计满15年的人员，按照合理衔接、平稳过渡的原则，在发给基础养老金和个人账户养老金的基础上，再依据视同缴费年限长短发给过渡性养老金。具体办法由人力资源社会保障部会同有关部门制定并指导实施。

本决定实施后达到退休年龄但个人缴费年限累计不满15年的人员，其基本养老保险关系处理和基本养老金计发比照《实施〈中华人民共和国社会保险法〉若干规定》（人力资源社会保障部令第13号）执行。

本决定实施前已经退休的人员，继续按照国家规定的原待遇标准发放基本养老金，同时执行基本养老金调整办法。

机关事业单位离休人员仍按照国家统一规定发给离休费，并调整相关待遇。

五、建立基本养老金正常调整机制。根据职工工资增长和物价变动等情况，统筹安排机关事业单位和企业退休人员的基本养老金调整，逐步建立兼顾各类人员的养老保险待遇正常调整机制，分享经济社会发展成果，保障退休人员基本生活。

六、加强基金管理和监督。建立健全基本养老保险基金省级统筹；暂不具备条件的，可先实行省级基金调剂制度，明确各级人民政府征收、管理和支付的责任。机关事业单位基本养老保险基金单独建账，与企业职工基本养老保险基金分别管理使用。基金实行严格的预算管理，纳入社会保障基金财政专户，实行收支两条线管理，专款专用。依法加强基金监管，确保基金安全。

七、做好养老保险关系转移接续工作。参保人员在同一统筹范围内的机关事业单位之间流动，只转移养老保险关系，不转移基金。参保人员跨统筹范围流动或在机关事业单位与企业之间流动，在转移养老保险关系的同时，基本养老保险个人账户储存额随同转移，并以本人改革后各年度实际缴费工资为基数，按12%的总和转移基金，参保缴费不足1年的，按实际缴费月数计算转移基金。转移后基本养老保险缴费年限（含视同缴费年限）、个人账户储存额累计计算。

八、建立职业年金制度。机关事业单位在参加基本养老保险的基础上，应当为其工作人员建立职业年金。单位按本单位工资总额的8%缴费，个人按本人缴费工资的4%缴费。工作人员退休后，按月领取职业年金待遇。职业年金的具体办法由人力资源社会保障部、财政部制定。

九、建立健全确保养老金发放的筹资机制。机关事业单位及其工作人员应按规定及时足额缴纳养老保险费。各级社会保险征缴机构应切实加强基金征缴，做到应收尽收。各级政府应积极调整和优化财政支出结构，加大社会保障资金投入，确保基本养老金按时足额发放，同时为建立职业年金制度提供相应的经费保障，确保机关事业单位养老保险制度改革平稳推进。

十、逐步实行社会化管理服务。提高机关事业单位社会保险社会化管理服务水平，普遍发放全国统一的社会保障卡，实行基本养老金社会化发放。加强街道、社区人力资源社会保障工作平台建设，加快老年服务设施和服务网络建设，为退休人员提供方便快捷的服务。

十一、提高社会保险经办管理水平。各地要根据机关事业单位工作人员养老保险制度改革的实际需要，加强社会保险经办机构能力建设，适当充实工作人员，提供必要的经费和服务设施。人力资源社会保障部负责在京中央国家机关及所属事业单位基本养老保险的管理工作，同时集中受托管理其职业年金基金。中央国家机关所属京外单位的基本养老保险实行属地化管理。社会保险经办机构应做好机关事业单位养老保险参保登记、缴费申报、关系转移、待遇核定和支付等工作。要按照国家统一制定的业务经办流程和信息管理系统建设要求，建立健全管理制度，由省级统一集中管理数据资源，实现规范化、信息化和专业化管理，不断提高工作效率和服务质量。

十二、加强组织领导。改革机关事业单位工作人员养老保险制度，直接关系广大机关事业单位工作人员的切身利益，是一项涉及面广、政策性强的工作。各地区、各部门要充分认识改革工作的重大意义，切实加强领导，精心组织实施，向机关事业单位工作人员和社会各界准确解读改革的目标和政策，正确引导舆论，确保此项改革顺利进行。各地区、各部门要按照本决定制定具体的实施意见和办法，报人力资源社会保障部、财政部备案后实施。人力资源社会保障部要会同有关部门制定贯彻本决定的实施意见，加强对改革工作的协调和指导，及时研究解决改革中遇到的问题，确保本决定的贯彻实施。

本决定自2014年10月1日起实施，已有规定与本决定不一致的，按照本决定执行。

2015年1月3日

17. 国务院办公厅关于印发机关事业单位职业年金办法的通知

国办发〔2015〕18号

各省、自治区、直辖市人民政府，国务院各部委、各直属机构：

《机关事业单位职业年金办法》已经国务院同意，现印发给你们，请认真贯彻执行。

2015年3月27日

机关事业单位职业年金办法

第一条 为建立多层次养老保险体系，保障机关事业单位工作人员退休后的生活水平，促进人力资源合理流动，根据《国务院关于机关事业单位工作人员养老保险制度改革的决定》（国发〔2015〕2号）等相关规定，制定本办法。

第二条 本办法所称职业年金，是指机关事业单位及其工作人员在参加机关事业单位基本养老保险的基础上，建立的补充养老保险制度。

第三条 本办法适用的单位和工作人员范围与参加机关事业单位基本养老保险的范围一致。

第四条　职业年金所需费用由单位和工作人员个人共同承担。单位缴纳职业年金费用的比例为本单位工资总额的8%，个人缴费比例为本人缴费工资的4%，由单位代扣。单位和个人缴费基数与机关事业单位工作人员基本养老保险缴费基数一致。

根据经济社会发展状况，国家适时调整单位和个人职业年金缴费的比例。

第五条　职业年金基金由下列各项组成：

（一）单位缴费；

（二）个人缴费；

（三）职业年金基金投资运营收益；

（四）国家规定的其他收入。

第六条　职业年金基金采用个人账户方式管理。个人缴费实行实账积累。对财政全额供款的单位，单位缴费根据单位提供的信息采取记账方式，每年按照国家统一公布的记账利率计算利息，工作人员退休前，本人职业年金账户的累计储存额由同级财政拨付资金记实；对非财政全额供款的单位，单位缴费实行实账积累。实账积累形成的职业年金基金，实行市场化投资运营，按实际收益计息。

职业年金基金投资管理应当遵循谨慎、分散风险的原则，保证职业年金基金的安全性、收益性和流动性。职业年金基金的具体投资管理办法由人力资源社会保障部、财政部会同有关部门另行制定。

第七条　单位缴费按照个人缴费基数的8%计入本人职业年金个人账户；个人缴费直接计入本人职业年金个人账户。

职业年金基金投资运营收益，按规定计入职业年金个人账户。

第八条　工作人员变动工作单位时，职业年金个人账户资金可以随同转移。工作人员升学、参军、失业期间或新就业单位没有实行职业年金或企业年金制度的，其职业年金个人账户由原管理机构继续管理运营。新就业单位已建立职业年金或企业年金制度的，原职业年金个人账户资金随同转移。

第九条　符合下列条件之一的可以领取职业年金：

（一）工作人员在达到国家规定的退休条件并依法办理退休手续后，由本人选择按月领取职业年金待遇的方式。可一次性用于购买商业养老保险产品，依据保险契约领取待遇并享受相应的继承权；可选择按照本人退休时对应的计发月数计发职业年金月待遇标准，发完为止，同时职业年金个人账户余额享有继承权。本人选择任一领取方式后不再更改。

（二）出国（境）定居人员的职业年金个人账户资金，可根据本人要求一次性支付给本人。

（三）工作人员在职期间死亡的，其职业年金个人账户余额可以继承。

未达到上述职业年金领取条件之一的，不得从个人账户中提前提取资金。

第十条 职业年金有关税收政策，按照国家有关法律法规和政策的相关规定执行。

第十一条 职业年金的经办管理工作，由各级社会保险经办机构负责。

第十二条 职业年金基金应当委托具有资格的投资运营机构作为投资管理人，负责职业年金基金的投资运营；应当选择具有资格的商业银行作为托管人，负责托管职业年金基金。委托关系确定后，应当签订书面合同。

第十三条 职业年金基金必须与投资管理人和托管人的自有资产或其他资产分开管理，保证职业年金财产独立性，不得挪作其他用途。

第十四条 县级以上各级人民政府人力资源社会保障行政部门、财政部门负责对本办法的执行情况进行监督检查。对违反本办法规定的，由人力资源社会保障行政部门和财政部门予以警告，责令改正。

第十五条 因执行本办法发生争议的，工作人员可按照国家有关法律、法规提请仲裁或者申诉。

第十六条 本办法自 2014 年 10 月 1 日起实施。已有规定与本办法不一致的，按照本办法执行。

第十七条 本办法由人力资源社会保障部、财政部负责解释。